Cuadernos Marginales 51

Cristóbal Serra

ANTOLOGIA DEL HUMOR NEGRO ESPAÑOL

Del Lazarillo a Bergamín

Tusquets Editor

Diseño de este volumen: Clotet - Tusquets

Tusquets Editor, Lauria, 134, 4.°, 2.ª Barcelona - 9
ISBN 84 - 7223 - 051 - 1
Depósito Legal: B. 40394 - 1976
Gráficas Diamante, Zamora, 83, Barcelona - 5

Indice

Prefacio

Se ha dicho que lo negativo y lóbrego es un valor per se *en Breton y sus seguidores. Nadie ignora la importancia que al «humor negro» han concedido los surrealistas en su aventura literaria.*

La devoción irrestricta por Swift, pongamos por caso, es justificadísima. Como es justificada la devoción por otros nombres ingleses y alemanes que con razón merecen figurar en el elenco universal del humor negro. Pero, junto a estas reverencias, jamás comprendimos cómo la Antología del humor negro *de Breton pudo excluir nombres como el de Quevedo.*

Si los surrealistas conquistaron a Góngora entre los poetas, ¿por qué olvidaron a Quevedo? Siempre nos pareció esto un olvido imperdonable y siempre nos preguntamos cómo pudo incurrir en una laguna tan lamentable el resucitador del «humor negro».

En busca de razones para explicar tamaña omisión, dimos con una explicación tal vez plausible. ¿No podría ser que Breton contemplara nuestros valores con mirada desdeñosa? Es muy posible que muy pocos escritores nuestros hayan encontrado gracia a sus ojos perspicaces, pero también jupiterinos. Creador del concepto altisonante: la rebeldía del espíritu, todo texto que no fuera lo arisco que él deseaba, todo texto que no tuviera una tenebrosidad sui generis, *era automáticamente rechazado por su magisterio crítico.*

Tan flagrantes o llamativas resultaron, por una vez al menos, las omisiones de autores españoles —en esta antología del humor negro— que un crítico francés, Aimé Patri (en la revista «Paru», París) se vio obligado a censurarlas, recordando con el mejor tino que no podían faltar Cervantes, Valle-Inclán y Unamuno.

El autor de esta antología tiene una deuda contraída con la generosa rectificación de este francés, pues, gracias a ella, se sintió espoleado a completar la nómina de «preteridos» por el desdén o por el sesgo unilateral de Breton. Una simple discrepancia entre compatriotas le dio ocasión para que articulara este libro —que no pretende ser exhaustivo pero sí representativo. Por lo menos, no van a faltar en esta antología los nombres olvidados o desechados en la otra.

Pasando ahora a nuevas precisiones, el autor no ignora las limitaciones de su trabajo. Y no ignora tampoco los criterios dispares que pueda despertar su antología. Es posible que muchos no vean claro que Cervantes tiene tonos sombríos o que Gracián sea un amargo «humorista». Es posible que muchos de los juicios no resulten todo lo objetivos que ciertos críticos exigen. Ahora bien, no se quiso hacer de esta antología un libro sabio, teñido de erudición. Acaso lo que se quiso es ofrecer unos cuantos atisbos y unas cuantas aproximaciones.

Lo que se verá es que el autor es un decidido entusiasta del humor negro español, en lo que éste tiene de producto espontáneo, nada tenebroso, y nunca gélidamente desalmado. La vena apasionada de España asoma en estas páginas. Esta vena corre desde el dieciséis, cuando el aldabonazo del Lazarillo. Y debe ser inagotable porque, en cada siglo, ofrece muestras y qué muestras. Así, tiene el lector un muestrario cuasi —total del «humor negro español». Quien se acerque a estas páginas, ha de encontrar el gusto verdadero del «acíbar hispánico» a que se refirió Unamuno.

Tan acibaradas páginas existen gracias a que pudimos hermanar unos textos que se ajustan a un talante común. Estas páginas contienen: la más pura picaresca; dos muestras cervantinas; la desazón barroca; la desazón dieciochesca; el amarguismo romántico; el acíbar escondido de Valle, Unamuno, Machado, Juan Ramón Jiménez. Y con ellos, están páginas ramonianas que no podían faltar, así como otras de Bergamín. Páginas las más de ellas antiacadémicas pero llenas de gracia, profundidad de intuición y misterio, que acreditan una literatura y a la gente hispánica.

Cristóbal Serra

EL LAZARILLO DE TORMES (1554)

A pesar del oro de ultramar, España va bajando los peldaños del sepulcro, en los últimos tiempos del imperio carolingio. Irónica situación la de un imperio que aspira a dominar el mundo y ya se sabe económicamente depauperado. Cuando el autor anónimo del Lazarillo *redacta su libro, no se propone tan sólo reflejar el estado caótico de la economía española en el siglo dieciséis, pero, cualquiera fuese su propósito literario, nos presenta un cuadro desolador. Y gracias a este maravilloso libro sabemos (aun contando que alguna hipérbola artística contiene el relato) a qué grado llegó la falta de pan en el país, hasta qué punto los españoles que no pertenecían a la nobleza ni al clero lucharon a brazo partido por el mendrugo y la sopa.*

La imagen de una España conquistadora de los tiempos carolingios se desvanece ante el crudo testimonio económico-social de aquel existir hispánico. En este libro queda la vida en cueros, despellejada, y se nos muestra la sórdida lucha que bajo ella alienta, del mismo modo que el escritor ascético nos muestra el polvo y los huesos en que todo acaba.

En el mismo año de la aparición del Lazarillo *(1554), salía a luz en España otro extraño libro, que se encontró a su lado —rara coincidencia— en los Indices condenatorios de la Inquisición. El libro llevaba por título:* De la Oración y Consideración. *Su autor: Fray Luis de Granada. De un realismo más siniestro que el lazarillesco, como él nos enseña y señala la soledad del hombre en el mundo.*

El Lazarillo *no se propone ninguna lección edi-*

ficante. Su tono es irónico y sarcástico. El sesgo irónico, el estrabismo del humorista negro, la ambigüedad peculiar de las grandes creaciones del espíritu, colocan a esta novela-testimonio fuera del casillero de las reflexiones moralizadoras. Este protopícaro de la literatura española vive, antes que una vida atribulada, una secuencia de vacuidades humanas. Vacía y negativa es la visión del vivir humano que nos ofrece el Lazarillo. *El vacío existencial, que se presta a la literatura desesperada, adquiere con este libro donoso una dinamicidad irónica. Las burlas endiabladas de que son objeto unos y otros, tienen su lado faceto, que no otra cosa sino un chiste brutal es todo el* Lazarillo.

El humor negro lazarillesco reside sobre todo en el tono, en las notas de amargura de este relato autobiográfico ficticio. Y se echa de ver principalmente en las muchas peripecias del personaje central que realiza su aprendizaje pícaro en un mundo hostil y cerrado.

La lucha silenciosa y enconada del ciego y Lázaro es el momento culminante del humor negro de este misterioso libro. Lázaro se siente ante el más adverso de los enemigos. El ciego representa un mundo enemigo, tenebroso y amenazador. A él le deberá el conocimiento de la negrura de la experiencia («al darle una gran calabazada en el diablo del toro») y a él asimismo le deberá el negro sabor de la venganza (recordad la correspondiente venganza final de Lázaro). Esto es, el ciego le enseñó que la vida es corruptora y corruptor el hombre.

El Clérigo es un engendro del sarcasmo del autor del Lazarillo *que debió ser, si no erasmista, de la casta exasperada de los «cristianos nuevos». Las gentes de iglesia son tratadas sin miramientos en este libro escrito con un estilo coloquial y con un lenguaje de fuego que, al decir de Bergamín, esconde en sutiles trazos de humo su sombrío diseño.*

Pues sepa V.M. ante todas cosas que a mí llaman Lázaro de Tormes, hijo de Tomé González y de Antona Pérez, naturales de Tejares, aldea de Salamanca. Mi nascimiento fue dentro del río Tormes, por la cual causa tomé el sobrenombre, y fue desta manera. Mi padre, que Dios perdone, tenía cargo de proveer una molienda de una aceña que está ribera de aquel río, en la cual fue molinero más de quince años; y estando mi madre una noche en la aceña, preñada de mí, tomóle el parto y parióme allí; de manera que con verdad me puedo decir nacido en el río.

Pues siendo yo niño de ocho años, achacaron a mi padre ciertas sangrías mal hechas en los costales de los que allí a moler venían, por lo cual fue preso, y confesó, y no negó, y padesció persecución por justicia. Espero en Dios que está en la Gloria, pues el Evangelio los llama bienaventurados. En este tiempo se hizo cierta armada contra moros, entre los cuales fue mi padre, que a la sazón estaba desterrado por el desastre ya dicho, con cargo de acemilero de un caballo que allá fue; y con su señor, como leal criado, feneció su vida.

Mi viuda madre, como sin marido y sin abrigo se viese, determinó arrimarse a los buenos por ser uno dellos, y vínose a vivir a la ciudad, y alquiló una casilla, y metíase a guisar de comer a ciertos estudiantes, y llevaba la ropa a ciertos mozos de caballos del Comendador de la Magdalena; de manera que fue frecuentando las caballerizas. Ella y un hombre moreno, de aquéllos que las bestias curaban, vinieron en conocimiento. Este algunas veces se venía a nuestra casa, y se iba a la mañana; otras veces de día llegaba a la puerta, en achaque de comprar huevos, y entrábase en casa. Yo, al principio de su entrada, pesábame con él y habíale miedo, viendo el color y mal gesto que tenía; mas de que vi que con su venida mejoraba el comer, fuile queriendo bien, porque siempre traía pan, pedazos de carne, y en el invierno leños, a que nos calentábamos.

De manera que continuando la posada y conversación, mi madre vino a darme un negrito muy bonito, el cual yo brincaba y ayudaba a callentar. Y acuérdome que estando el negro de mi padrastro trebejando[1] con el mozuelo, como el niño vía a mi madre y a mí blancos, y a él no, huía dél con miedo para mi madre, y señalando con el dedo decía: «¡Madre, coco!». Respondió él riendo: «¡Hideputa!».

Yo, aunque bien mochacho, noté aquella palabra de mi hermanico, y dije entre mí: «¡Cuántos debe de haber en el mundo que huyen de otros porque no se ven a sí mismos!».

Quiso nuestra fortuna que la conversación del Zaide, que así se llamaba, llegó a oídos del mayordomo, y hecha pesquisa, hallóse que la mitad por medio de la cebada que para las bestias le daban hurtaba y salvados, leña, almohazas, mandiles, y las mantas y sábanas de los caballos hacía perdidas; y cuando otra cosa no tenía, las bestias desherraba, y con todo esto acudía a mi madre para criar a mi hermanico. No nos maravillemos de un clérigo, ni de un fraile porque el uno hurta de los pobres, y el otro de casa para sus devotas y para ayuda de otro tanto, cuando a un pobre esclavo el amor le animaba a esto.

Y probósele cuanto digo y aún más, porque a mí, con amenazas, me preguntaban, y como niño res-

1. Trebejando: jugando.

pondía, y descubría cuanto sabía con miedo, hasta ciertas herraduras que por mandato de mi madre a un terrero vendí.

Al triste de mi padrastro azotaron y pringaron [2], y a mi madre pusieron pena por justicia, sobre el acostumbrado centenario [3], que en casa del sobredicho Comendador no entrase, ni al lastimado Zaide en la suya acogiese.

Por no echar la soga tras el caldero, la triste se esforzó y cumplió la sentencia y por evitar peligro y quitarse de malas lenguas se fue a servir a los que al presente vivían en el mesón de la Solana y allí, padesciendo mil importunidades, se acabó de criar mi hermanico hasta que supo andar, y a mí hasta ser buen mozuelo, que iba a los huéspedes por vino y candelas y por lo demás que me mandaban.

En este tiempo vino a posar al mesón un ciego, el cual, pareciéndole que yo sería para adestralle [4], me pidió a mi madre, y ella me encomendó a él diciéndole cómo era hijo de buen hombre, el cual, por ensalzar la fe, había muerto en la de los Gelves, y que ella confiaba en Dios no saldría peor hombre que mi padre, y que le rogaba me tratase bien y mirase por mí, pues era huérfano.

El respondió que así lo haría y que me recibía no por mozo, sino por hijo. Y así le comencé a servir y adestrar a mi nuevo y viejo amo.

Como estuvimos en Salamanca algunos días, paresciéndole a mi amo que no era la ganancia a su contento, determinó irse de allí, y cuando nos hubimos de partir yo fui a ver a mi madre, y ambos llorando, me dio su bendición y dijo:

—Hijo, ya sé que no te veré más; procura de ser bueno, y Dios te guíe; criado te he y con buen amo te he puesto, válete por ti.

2. Quiere decir que le untaron el cuerpo con aceite hirviendo.
3. Centenario: cien azotes.
4. Adestralle: guiarle.

Y así, me fui para mi amo, que esperándome estaba.

Salimos de Salamanca, y llegando a la puente, está a la entrada della un animal de piedra, que casi tiene forma de toro [5], y el ciego mandóme que llegase cerca del animal, y allí puesto, me dijo:

—Lázaro, llega el oído a este toro y oirás gran ruido dentro dél.

Yo simplemente llegué, creyendo ser así; y como sintió que tenía la cabeza par de la piedra, afirmó recio la mano y dióme una gran calabazada en el diablo del toro, que más de tres días me turó [6] el dolor de la cornada, y díjome:

—Necio, aprende, que el mozo del ciego un punto ha de saber más que el diablo.

* * *

Visto esto y las malas burlas que el ciego burlaba de mí, determiné de todo en todo dejalle, y como lo traía pensado y lo tenía en la voluntad, con este postrer juego que me hizo, afirmélo más. Y fue así, que luego otro día salimos por la villa a pedir limosna y había llovido mucho la noche antes; y porque el día también llovía, y andaba rezando debajo de unos portales que en aquel pueblo había, donde no nos mojamos [7]; mas como la noche se venía, y el llover no cesaba, díjome el ciego:

—Lázaro, esta agua es muy porfiada, y cuando la noche más cierra, más recia; acojámonos a la posada con tiempo.

Para ir allá, habíamos de pasar un arroyo que con la mucha agua iba grande.

5. Este animal —de piedra berroqueña— todavía existe hoy.
6. Turó: duró.
7. Mojamos: mojábamos.

Yo le dije:

—Tío, el arroyo va muy ancho; mas si queréis, yo veo por donde travesemos más aína [8] sin nos mojar, porque se estrecha allí mucho, y saltando pasaremos a pie enjuto.

Parecióle buen consejo, y dijo:

—Discreto eres, por esto te quiero bien. Llévame a ese lugar donde el arroyo se ensangosta, que agora es invierno y sabe mal el agua, y más llevar los pies mojados.

Yo que vi el aparejo a mi deseo, saquéle de bajo los portales, y llevélo derecho de un pilar o poste de piedra que en la plaza estaba, sobre el cual y sobre otros cargaban saledizos de aquellas casas, y díjele:

—Tío, éste es el paso más angosto que en el arroyo hay.

Como llovía recio y el triste se mojaba, y con la priesa que llevábamos de salir del agua, que encima nos caía, y lo más principal, porque Dios le cegó aquella hora el entendimiento (fue por darme dél venganza), creyóse de mí y dijo:

—Ponme bien derecho y salta tú el arroyo.

Yo le puse bien derecho enfrente del pilar, y doy un salto y póngome detrás del poste como quien espera tope de toro y díjele:

—¡Sus! Saltá [9] todo lo que podáis, porque deis deste cabo del agua.

Aún apenas lo había acabado de decir, cuando se abalanza el pobre ciego como cabrón, y de toda su fuerza arremete, tomando un paso atrás de la corrida para hacer mayor salto, y da con la cabeza en el poste, que sonó tan recio como si diera con una gran calabaza, y cayó luego para atrás, medio muerto y hendida la cabeza.

8. Aína: fácilmente.
9. Saltá: saltad.

—¿Cómo, y olistes la longaniza y no el poste? ¡Olé! [10] —le dije yo.

Y déjole en poder de mucha gente que lo había ido a socorrer, y tomo la puerta de la villa en los pies de un trote, y antes que la noche viniese di conmigo en Torrijos. No supe más lo que Dios dél hizo, ni curé de lo saber.

10. Olé: oled.

Cómo Lázaro se asentó con un clérigo y de las cosas que con él pasó

Otro día, no paresciéndome estar allí seguro, fuime a un lugar que llaman Maqueda, adonde me toparon mis pecados con un clérigo, que llegando a pedir limosna, me preguntó si sabía ayudar a misa. Yo dije que sí, como era verdad, que aunque maltratado, mil cosas me mostró el pecador del ciego, y una dellas fue ésta. Finalmente el clérigo me recibió por suyo.

Escapé del trueno y di en el relámpago, porque era el ciego para con éste un Alexandre Magno, con ser la misma avaricia, como he contado. No digo más sino que toda la lacería del mundo estaba encerrada en éste; no sé si de su cosecha era o lo había anexado con el hábito de clerecía.

El tenía un arcaz viejo y cerrado con su llave, la cual traía atada con una agujeta del paletoque, y en viniendo el bodigo [11] de la iglesia, por su mano era luego allí lanzado, y tornaba a cerrar el arca; y en toda la casa no había ninguna cosa de comer, como suele estar en otras: algún tocino colgado al humero, algún queso puesto en alguna tabla o en el armario, algún canastillo con algunos pedazos de pan que de la mesa sobran, que me parece a mí que aunque dello no me aprovechara, con la vista dello me consolara.

Solamente había una horca de cebollas, y tras la llave, en una cámara en lo alto de la casa. Déstas tenía yo de ración una para cada cuatro días, y

11. Bodigo, oblada o pan que los fieles ofrecen en la iglesia por sus difuntos y son para el cura.

cuando le pedía la llave para ir por ella, si alguno estaba presente, echaba mano al falsopeto [12], y con gran continencia la desataba y me la daba, diciendo:

—Toma, y vuélvela luego, y no hagáis sino golosinar.

Como si debajo della estuvieran todas las conservas de Valencia, con no haber en la dicha cámara como dije, maldita la otra cosa que las cebollas colgadas de un clavo, las cuales él tenía tan bien por cuenta, que si por malos de mis pecados me desmandara a más de mi tasa, me costara caro.

Finalmente, yo me finaba de hambre. Pues ya que [13] conmigo tenía poca caridad, consigo usaba más. Cinco blancas de carne era su ordinario para comer y cenar; verdad es que partía conmigo del caldo. Que de la carne ¡tan blanco el ojo!, sino un poco de pan, y ¡pluguiera a Dios que me demediara!

Los sábados cómense en esta tierra cabezas de carnero, y enviábame por una que costaba tres maravedís. Aquélla la cocía y comía los ojos, y la lengua, y el cogote y sesos, y la carne, que en las quijadas tenía, y dábame todos los huesos roídos, y dábamelos en el plato, diciendo:

—Toma, come, triunfa, que para ti es el mundo; mejor vida tienes que el Papa.

«¡Tal te la dé Dios!», decía yo paso entre mí.

A cabo de tres semanas que estuve con él, vine a tanta flaqueza que no me podía tener en las piernas de pura hambre. Vime claramente ir a la sepultura, si Dios y mi saber no me remediaran. Para usar de mis mañas no tenía aparejo, por no tener en qué dalle salto, y aunque algo hubiera, no pudiera cegalle, como hacía al que Dios perdone, si de aquella calabazada feneció, que todavía, aunque astuto, con faltalle aquel

12. Falsopeto: bola grande que de ordinario se trae junto al pecho.
13. Ya que: aunque.

preciado sentido, no me sentía; mas estotro, ninguno hay que tan aguda vista tuviese como él tenía.

Cuando al ofertorio estábamos, ninguna blanca en la concha caía que no era dél registrada: el un ojo tenía en la gente y el otro en mis manos. Bailábanle los ojos en el casco como si fueran de azogue. Cuantas blancas ofrecían tenía por cuenta, y acabado el ofrecer, luego me quitaba la concheta y la ponía sobre el altar.

No era yo señor de asirle una blanca todo el tiempo que con él viví, o por mejor decir morí. De la taberna nunca le traje una blanca de vino, mas aquel poco que da la ofrenda había metido en su arcaz, compasaba de tal forma que le duraba toda la semana.

Y por ocultar su gran mezquindad, decíame:

—Mira, mozo, los sacerdotes han de ser muy templados en su comer y beber, y por esto yo no me desmando como otros.

Mas el lacerado mentía falsamente, porque en cofradías y mortuorios que rezamos, a costa ajena comía como lobo, y bebía más que un saludador.

Y porque dije de mortuorios, Dios me perdone, que jamás fui enemigo de la naturaleza humana, sino entonces; y esto era porque comíamos bien y me hartaban. Deseaba y aún rogaba a Dios que cada día matase el suyo. Y cuando dábamos sacramento a los enfermos, especialmente la Extremaunción, como manda el clérigo rezar a los que están allí, yo cierto no era el postrero de la oración, y con todo mi corazón y buena voluntad rogaba al Señor, no que le echase a la parte que más servido fuese, como se suele decir, mas que le llevase deste mundo. Y cuando alguno déstos escapaba (Dios me lo perdone), que mil veces le daba al diablo, y el que se moría, otras tantas bendiciones llevaba de mí dichas. Porque en todo tiempo que allí estuve, que serían casi seis meses, solas veinte personas fallecieron, y éstas bien creo que las maté yo, o por mejor decir, murieron a mi recuesta [14]. Porque viendo el Señor mi rabiosa y continua muerte, pienso que holgaba de matarlos para darme a mí vida. Mas de lo que al presente padecía remedio no hallaba; que si el día que enterrábamos yo vivía, los días que no había muerto, por quedar bien vezado de la hartura, tornando a mi cotidiana hambre, más lo sentía. De manera que en nada hallaba descanso, salvo en la muerte, que yo también para mí como para los otros, deseaba algunas veces; mas no la vía, aunque estaba siempre en mí.

Pensé muchas veces irme de aquel mezquino amo, mas por dos cosas lo dejaba: la primera, por no me atrever a mis piernas, por temer de la flaqueza que de pura hambre me venía; la otra, porque consideraba y decía: «Yo he tenido dos amos: el primero traíame muerto de hambre, y dejándole, topé con estotro, que me tiene ya con ella en la sepultura: pues si deste desisto y doy en otro más bajo, ¿qué será sino fenecer?».

Con esto no me osaba menear, porque tenía por fe que todos los grados había de hallar más ruines. Y a abajar otro punto, no sonara Lázaro ni se oyera en el mundo.

Pues estando en tal aflicción, cual plega al Señor libra della a todo fiel cristiano, y sin saber darme consejo, viéndome ir de mal en peor, un día que el cuitado, ruín y lacerado de mi amo había ido fuera del lugar, llegóse acaso a mi puerta un calderero, el cual yo creo que fue ángel enviado por mí por la mano de Dios en aquel hábito. Preguntóme si tenía algo que adobar. «En mí teníades bien que hacer, y no haríades poco si me remediásedes», dije de paso, que no me oyó.

Mas como no era tiempo de gastarlo en decir gracias, alumbrado por el Espíritu Santo, le dije:

—Tío, una llave deste arcaz he perdido, y temo

14. Recuesta: petición.

mi señor me azote. Por vuestra vida veáis si en ésas que traéis hay alguna que le haga, que yo os lo pagaré.

Comenzó a probar el angélico calderero una y otra de un gran sartal que dellas traía, y yo a ayudalle con mis flacas oraciones. Cuando no me cato[15], veo en figuras de panes, como dicen, la cara de Dios dentro del arcaz, y abierto, díjele:

—Yo no tengo dineros que os dar por la llave mas tomad de ahí el pago.

El tomó un bodigo de aquéllos, el que mejor le pareció, y dándome mi llave, se fue muy contento, dejándome más a mí.

Mas no toqué en nada por el presente, porque no fuese la falta sentida, y aun porque me vi de tanto bien señor parecióme que la hambre no se me osaba llegar. Vino el mísero de mi amo, y quiso Dios no miró en la oblada, que el ángel había llevado.

Y otro día, en saliendo[16] de casa, abro mi paraíso panal[17], y tomo entre las manos y dientes un bodigo, y en dos credos le hice invisible, no se me olvidando el arca abierta, y comienzo a barrer la casa con mucha alegría, paresciéndome con aquel remedio remediar dende en adelante la triste vida. Y así estuve con ello aquel día y otro gozoso. Mas no estaba en mi dicha que me durase mucho aquel descanso, porque luego, al tercer día, me vino la terciana derecha.

Y fue que veo a deshora el que me mataba de hambre sobre nuestro arcaz, volviendo y revolviendo, contando y tornando a contar los panes. Yo disimulaba, y en mi secreta oración y devociones y plegarias, decía: «¡San Juan y ciégale!».

Después que estuvo un gran rato echando la cuenta, por días y dedos contando, dijo:

—Si no tuviera a tan buen recaudo esta arca, yo

15. Cuando no me cato: cuando no pienso en ello.
16. En saliendo de casa: en saliendo el clérigo de casa.
17. Paraíso panal: paraíso de pan.

dijera que me habían tomado della panes; pero de hoy más, sólo por cerrar puerta a la sospecha, quiero tener buena cuenta con ello: nueve quedan y un pedazo.

«¡Nuevas malas te dé Dios!», dije yo entre mí.

Parecióme con lo que dijo pasarme el corazón con saeta de montero, y comenzóme el estómago a escarbar de hambre, viéndose puesto en la diesta pasada. Fue fuera de casa. Yo, por consolarme, abro el arca y, como vi el pan, comencélo de adorar [18], no osando recibillo. Contélos, si a dicha el lacerado se errara, y hallé su cuenta más verdadera que yo quisiera. Lo más que yo pude hacer fue dar en ellos mil besos, y lo más delicado que yo pude, del partido partí un poco al pelo que él estaba, y con aquél pasé aquel día, no tan alegre como el pasado.

Mas como la hambre creciese, mayormente que tenía el estómago hecho a más pan aquellos dos o tres días ya dichos, moría mala muerte; tanto, que otra cosa no hacía en viéndome solo sino abrir y cerrar el arca, y contemplar en aquella cara de Dios que así dicen los niños. Mas el mismo Dios, que socorre a los afligidos, viéndome en tal estrecho trujo a mi memoria un pequeño remedio: que, considerando entre mí, dije: «Este arquetón es viejo y grande y roto por algunas partes, aunque pequeños agujeros. Puédese pensar que ratones, entrando en él, hacen daño a este pan. Sacarlo entero no es cosa conveniente, porque verá la falta el que en tanta me hace vivir. Esto bien se sufre».

Y comienzo a desmigajar el pan sobre unos no muy costosos manteles que allí estaban, y tomo uno y dejo otro, de manera que en cada cual de tres o cuatro desmigajé un poco. Después, como quien toma grajea, lo comí, y algo me consolé. Mas él, como viniese a comer y abriese el arca, vio el mal pesar, y sin duda creyó ser ratones los que el daño

18. Adorar y recibir aluden irónicamente a la comunión.

habían hecho, porque estaba muy al propio contrahecho de como ellos lo suelen hacer. Miró todo el arcaz de un cabo a otro y vióle ciertos agujeros, por do sospechaba habían entrado. Llamóme diciendo:

—¡Lázaro! ¡Mira, mira qué persecución ha venido aquesta noche por nuestro pan!

Yo híceme muy maravillado, preguntándole qué sería.

—¡Qué ha de ser! —dijo él—. Ratones, que no dejan cosa a vida.

Pusímonos a comer, y quiso Dios, que aún en esto me fue bien, que me cupo más pan que la laceria que me solía dar, porque rayó con un cuchillo todo lo que pensó ser ratonado, diciendo:

—Cómete eso, que el ratón cosa limpia es.

CERVANTES
(1547-1616)

El Quijote, máxima creación literaria del genio cervantino, ha sido objeto de glosas y contra-glosas que han creado toda una literatura parasitaria de la magna obra. Concertar los encontrados criterios interpretativos de este libro con clave, indirecto y ambiguo, es tarea punto menos que imposible, pues, hay quien lo quiere totalmente exotérico, quien lo mira como obra de puro entretenimiento, y hasta quien lo desdeña por representar demasiado fielmente «la ingénita ingenuidad española». Quienes se muestran desdeñosos con la obra (que ha conseguido con razón ser un mito literario) sólo ven la fábula insignificante del Quijote o sólo reparan la materia mezquina, trivial, con que ha sido adobada la historia del alucinante y tal vez alucinado hidalgo. No ven que con tan pobre y monótono material se ha forjado la más honda tramoya literaria que han conocido las edades.

El Quijote está escrito con sin igual llaneza pero esconde una enjundia pocas veces superada en la literatura universal. Sin necesidad de apelar al ditirambo, diremos que jamás una obra de humor alcanzó tan alta categoría estética. El Quijote podrá ofrecer imperfecciones formales, desaliños insignificantes, pero, en el plano del humor, no corre peligro alguno de desdoro o crítica. Creemos «que no puede haber burla contra la mayor burla del mundo», pues, lo cómico esencial tiene en el Quijote una calidad y una categoría que no admite la glosa caricaturesca, sino la reflexión grave, el contrapunto filosófico.

Que corra escrita la filosofía del Quijote no tiene

nada de extraño, pues la obra cervantina atesora una sabiduría que proporcionaron a Cervantes su conocimiento de la vida, sus desilusiones personales y su escepticismo. Su genial símbolo será siempre estandarte de la ejemplaridad filosófica asistemática.

Entre las diversas interpretaciones que caben del hidalgo soñador y del brutal realista Sancho, hay una interpretación que nos atrae más que ninguna otra. Y es ésta: la locura, hermana del sueño, puede ser más persuasiva que la Razón si la contemplan soñadores. Entonces, visto así, el Quijote es un breviario filosófico destinado a las almas románticas, al propio tiempo que nos muestra la otra cara, el más feroz antiromanticismo.

El poeta Heine lloraba siempre que leía el Quijote. ¿Quién no ha de llorar leyéndolo, si tiene sensibles las entretelas del corazón? Seguir los capítulos del Quijote es sentirse decepcionado viendo las humillaciones y ridiculeces que Cervantes impone al héroe. En todo el libro, Don Quijote no consigue ni una sola victoria que le exima de su condición de víctima. Todas las aventuras quijotescas acaban en desastres o en victorias ficticias. ¿Sería mucho pedir alguna consumada victoria? Pues sí, porque la vida sin tacha de Don Quijote no es acreedora a ningún galardón terrenal. El Caballero de la Triste Figura representa el rostro de la Poesía y éste sólo puede recibir puñetazos de la sociedad.

El Quijote, como se ha observado agudamente, es el libro más tristemente adulto que existe. Nadie debiera leerlo hasta haber tenido las primeras revelaciones de Sileno en el oscuro bosque de la desesperanza. Nadie puede negar la indecible amargura con que fueron escritas sus mejores páginas.

* * *

Si hay un tema que haya apasionado a Cervantes, éste es el de la locura. No sólo noveló los desvaríos quijotescos, sino que inventó también otros estupendos disparates. El del Licenciado Vidriera, por ejemplo. El licenciado no desdice del Quijote ni un punto, y hasta nos atreveríamos a decir que es más disparatado que el mismísimo hidalgo manchego. Su locura, angustiosa realidad, consiste en creerse un ser de cristal. Atroz cautiverio, fragilidad monstruosa, que empapa de tristeza indecible las densísimas páginas del «Licenciado Vidriera». En su extraña manía de creerse de vidrio, el licenciado no es siquiera ser. Es máscara, es campana que suena con lúgubre tañido de sí misma. Y no le perdonan la rara fragilidad ni el trueno, ni la chiquillería increíblemente cruel.

La felicemente acabada aventura de los leones

Cuenta la historia que cuando don Quijote daba voces a Sancho que le trajese el yelmo, estaba él comprando unos requesones que los pastores le vendían; y acosado de la mucha prisa de su amo, no supo qué hacer de ellos ni en qué traerlos, y por no perderlos, que ya los tenía pagados, acordó de echarlos en la celada de su señor, y con este buen recado volvió a ver lo que le quería, el cual en llegando le dijo:

—Dame, amigo, esa celada: que yo sé poco de aventuras, o lo que allí descubro es alguna que me ha de necesitar, y me necesita, a tomar mis armas.

El del Verde Gabán, que esto oyó, tendió la vista por todas partes, y no descubrió otra cosa que un carro que hacia ellos venía, con dos o tres banderas pequeñas, que le dieron a entender que el tal carro debía de traer moneda de su Majestad, y así se lo dijo a don Quijote; pero él no le dio crédito, siempre creyendo y pensando que todo lo que le sucediese habían de ser aventuras y más aventuras, y así, respondió al hidalgo:

—Hombre apercebido, medio combatido. No se pierde nada en que yo me aperciba, que sé por experiencia que tengo enemigos visibles e invisibles, y no sé cuándo, ni adónde, ni en qué tiempo, ni en qué figuras me han de acometer.

Y volviéndose a Sancho le pidió la celada; el cual, como no tuvo lugar a sacar los requesones, le fue forzoso dársela como estaba. Tomóla don Quijote, y sin que echase de ver lo que dentro venía, con toda prisa se la encajó en la cabeza; y como los requesones se apretaron y exprimieron, comenzó a correr el suero por todo el rostro y barbas de don Quijote, de lo que recibió tal susto, que dijo a Sancho:

—¿Qué será esto, Sancho, que parece que se me ablandan los cascos, o se me derriten los sesos, o que sudo de los pies a la cabeza? Y si es que sudo, en verdad que no es de miedo; sin duda creo que es terrible la aventura que ahora quiere sucederme. Dame, si tienes, con que me limpie; que el copioso sudor me ciega los ojos.

Calló Sancho y dióle un paño, y dio con él gracias a Dios de que su señor no hubiese caído en el caso. Limpióse don Quijote, y quitóse la celada por ver qué cosa era la que, a su parecer, le enfriaba la cabeza, y viendo aquellas gachas blancas dentro de la celada, las llegó a las narices y en oliéndole dijo:

—Por vida de mi señora Dulcinea del Toboso, que son requesones los que aquí me has puesto, traidor, bergante y mal mirado escudero.

A lo que con gran flema y disimulación respondió Sancho:

—Si son requesones, démelos vuesa merced; que yo me los comeré... Pero cómalos el diablo, que debió de ser el que ahí los puso. ¿Yo había de tener atrevimiento de ensuciar el yelmo de vuesa merced?

—Todo puede ser —dijo don Quijote.

Y todo lo miraba el hidalgo, y de todo se admiraba, especialmente cuando, después de haberse limpiado don Quijote cabeza, rostro, y barbas y celada, se la encajó, y afirmándose bien en los estribos, requiriendo la espada y asiendo la lanza, dijo:

—Ahora, venga lo que viniere; que aquí estoy con ánimo de tomarme con el mesmo Satanás en persona.

Llegó, en esto, el carro de las banderas, en el cual no venía otra gente que el carretero, en las mulas, y un hombre sentado en la delantera. Púsose don Quijote delante, y dijo:

—¿A dónde vais, hermano? ¿Qué carro es éste, qué lleváis en él y qué banderas son aquestas?

A lo que respondió el carretero:

—El carro es mío, lo que va en él son dos bravos leones enjaulados, que el general de Orán envía a la corte, presentados[1] a Su Majestad; las banderas son del Rey nuestro señor, en señal que aquí va cosa suya.

—¿Y son grandes los leones? —preguntó don Quijote.

—Tan grandes —respondió el hombre que iba a la puerta del carro— que no han pasado mayores ni tan grandes de Africa a España jamás; y yo soy el leonero, y he pasado otros: pero como éstos, ninguno. Son hembra y macho: el macho va en esta jaula primera, y la hembra en la de atrás, y ahora van hambrientos porque no han comido hoy; y así, vuesa merced se desvíe; que es menester llegar presto donde les demos de comer.

A lo que dijo don Quijote, sonriéndose un poco.

—¿Leoncitos a mí? ¿A mí leoncitos, y a tales horas? Pues, ¡por Dios que han de ver esos señores que acá los envían si soy yo hombre que se espanta de leones! Apeaos, buen hombre, y pues sois el leonero, abrid esas jaulas y echadme esas bestias fuera; que en mitad desta campaña les daré a conocer quién es don Quijote de la Mancha, a despecho y pesar de los encantadores que a mí los envían.

—¡Ta!, ¡ta! —dijo a esta sazón entre sí el hidalgo—. Dado ha señal de quién es nuestro buen caballero; los requesones sin duda le han ablandado los cascos y madurado los sesos. Señor caballero, los caballeros andantes han de acometer las aventuras que prometen esperanzas de salir bien dellas, y no aquéllas que de todo en todo la quitan; porque la valentía que se entra en la jurisdicción de la temeridad más tiene de locura que de fortaleza. Cuanto

1. Presentados significa aquí regalados.

más que estos leones no vienen contra vuesa merced, ni lo sueñan: van presentados a Su Majestad, y no será bien detenerlos ni impedirles su viaje.

—Váyase vuesa merced, señor hidalgo —respondió don Quijote—, a entender con su perdigón manso y con su hurón atrevido, y deje a cada uno hacer su oficio. Este es el mío y yo sé si vienen a mí o no estos señores leones. —Y volviéndose al leonero le dijo: —¡Voto a tal, don bellaco, que si no abrís luego las jaulas, que con esta lanza os he de coser con el carro!

El carretero, que vio la determinación de aquella armada fantasma, le dijo:

—Señor mío, vuesa merced sea servido, por caridad, de dejarme desuncir las mulas y ponerme en salvo con ellas antes que se desenvainen [2] los leones, porque si me las matan quedaré rematado para toda la vida; que no tengo otra hacienda sino este carro y estas mulas.

—¡Oh, hombre de poca fe! —respondió don Quijote—. Apéate, y desunce, y haz lo que quisieres; que presto verás que trabajaste en vano y que pudieras ahorrar desta diligencia.

Apeóse el carretero y desunció a gran prisa, y el leonero dijo a grandes voces:

—Séanme testigos cuantos aquí están cómo contra mi voluntad y forzado abro las jaulas y suelto los leones, y de que protesto a este señor que todo el mal y daño que estas bestias hicieren corra y vaya por su cuenta, con más mis salarios y derechos. Vuestras mercedes, señores, se pongan en cobro antes que abra: que yo seguro estoy que no me han de hacer daño.

Otra vez le persuadió el hidalgo que no hiciese locura semejante; que era tentar a Dios acometer tal disparate. A lo que respondió don Quijote que él

2. Se desenvainen: se saquen.

sabía lo que hacía. Respondióle el hidalgo que lo mirase bien; que él entendía que se engañaba.

—Ahora, señor —replicó don Quijote—, si vuesa merced no quiere ser oyente desta que, a su parecer, ha de ser tragedia, pique la torilla y póngase en salvo.

Oído lo cual por Sancho, con lágrimas en los ojos le suplicó desistiese de tal empresa, en cuya comparación habían sido tortas y pan pintado lo de los molinos de viento y la temerosa de los batanes, y, finalmente, todas las hazañas que había acometido en todo el discurso de su vida.

—Mire, señor —decía Sancho—, que aquí no hay encanto ni cosa que lo valga; que yo he visto por entre las verjas y resquicios de la jaula una uña de león verdadero, y saco por ella que el tal león, cuya debe de ser la tal uña, es mayor que una montaña.

—El miedo, a lo menos —respondió don Quijote—, te le hará parecer mayor que la mitad del mundo. Retírate, Sancho, y déjame; y si aquí muriese, ya sabes nuestro antiguo concierto: acudirás a Dulcinea, y no te digo más.

Visto el leonero ya puesto en postura a don Quijote, y que no podía dejar de soltar al león macho, so pena de caer en la desgracia del indignado y atrevido caballero, abrió de par en par la primera jaula, donde estaba, como se ha dicho, el león, el cual pareció de grandeza extraordinaria y de espantable y fea catadura. Lo primero que hizo fue revolverse en la jaula donde venía echado, y tender la garra, y desperezarse todo; abrió la boca y bostezó muy despacio, y con casi dos palmos de lengua que sacó fuera se despolvoreó los ojos y se lavó el rostro; hecho esto, sacó la cabeza fuera de la jaula y miró a todas partes con los ojos hechos brasas, vista y ademán para poner espanto a la misma temeridad. Sólo don Quijote lo miraba atentamente, deseando que saltase ya del carro y viniese con él a las manos, entre las cuales pensaba hacerle pedazos.

Hasta aquí llegó el extremo de su jamás vista locura. Pero el generoso león, más comedido que arrogante, no haciendo caso de niñerías ni de bravatas, después de haber mirado a una y otra parte, como se ha dicho, volvió las espaldas y enseñó sus traseras partes a don Quijote, y con gran flema y remanso se volvió a echar en la jaula; viendo lo cual don Quijote, mandó al leonero que le diese de palos y le irritase para echarle fuera.

Sucedió que en este tiempo llegó a Salamanca una dama de todo rumbo y manejo. Acudieron luego a la añagaza y reclamo todos los pájaros del lugar, sin quedar vademecum [3] que no la visitase. Dijéronle a Tomás que aquella dama decía que había estado en Italia y en Flandes, y por ver si la conocía fue a visitarla, de cuya visita y vista quedó ella enamorada de Tomás; y él, sin echar de ver en ello, si no era por fuerza y llevado de otros no quería entrar en su casa. Finalmente, ella le descubrió su voluntad y le ofreció su hacienda. Pero como él atendía más a sus libros que a otros pasatiempos, en ninguna manera respondía al gusto de la señora, la cual, viéndose desdeñada y a su parecer aborrecida, y que por medios ordinarios y comunes no podía conquistar la roca de la voluntad de Tomás, acordó de buscar otros medios a su parecer más eficaces y bastantes para salir con el cumplimiento de sus deseos; y así, aconsejada de una morisca, en un membrillo toledano dio a Tomás unos destos que llaman hechizos, creyendo que le daba cosa que le forzase la voluntad a quererla, como si hubiese en el mundo yerbas, encantos ni palabras suficientes a forzar el libre albedrío. Y así, las que dan estas bebidas o comidas amatorias se llaman veneficios [4], porque no es otra cosa lo que hacen sino dar

3. Se daba el nombre de vademecum a ciertos criados de estudiantes ricos.

4. Veneficios: venéficas. *Veneficium* es propiamente el mismo hechizo o encantamiento.

veneno a quien las toma, como lo tiene mostrado la experiencia en muchas y diversas ocasiones. Comió en tan mal punto Tomás el membrillo, que al momento comenzó a herir de pie y de mano como si tuviera alferecía, y sin volver en sí estuvo muchas horas, al cabo de las cuales volvió como atontado, y dijo con lengua turbada y tartamuda, que un membrillo que había comido le había muerto, y declaró quién se le había dado. La justicia, que tuvo noticia del caso, fue a buscar la malhechora; pero ya ella, viendo el mal suceso, se había puesto en cobro, y no pareció jamás.

Seis meses estuvo en la cama Tomás, en los cuales se secó y se puso, como suele decirse, en los huesos, y mostraba tener turbados todos los sentidos. Y aunque le hicieron los remedios posibles, sólo le sanaron la enfermedad del cuerpo, pero no de lo del entendimiento, porque quedó sano, y loco de la más extraña locura que entre las locuras hasta entonces se había visto. Imaginóse el desdichado que era todo hecho de vidrio, y con esta imaginación, cuando alguno se llegaba a él, daba terribles voces, pidiendo y suplicando con palabras y razones concertadas que no se le acercasen, porque le quebrarían, que real y verdaderamente él no era como los otros hombres, que todo era de vidrio, de pies a cabeza. Para sacarle desta extraña imaginación, muchos, sin atender a sus voces y rogativas, arremetieron a él y le abrazaron, diciéndole que advirtiese y mirase como no se quebraba. Pero lo que se granjeaba en esto era que el pobre se echaba en el suelo dando mil gritos, y luego le tomaba un desmayo, del cual no volvía en sí en cuatro horas, y cuando volvía era renovando las plegarias y rogativas de que otra vez no le llegasen. Decía que le hablasen desde lejos y le preguntasen lo que quisiesen, porque a todo les respondería con más entendimiento, por ser hombre de vidrio y no de carne; que el vidrio, por ser de materia sutil y delicada, obraba por ella el alma con más prontitud y eficacia que no por la del cuerpo, pesada y terrestre. Quisieron algunos experimentar si era verdad lo que decía, y así le preguntaron muchas y difíciles cosas, a las cuales respondió espontáneamente con grandísima agudeza de ingenio, cosa que causó admiración a los más letrados de la universidad y a los profesores de la medicina y filosofía, viendo que en un sujeto donde se contenía tan extraordinaria locura como el pensar que fuese de vidrio, se encerrase tan grande entendimiento, que respondiese a toda pregunta con propiedad y agudeza.

Pidió Tomás le diesen alguna funda donde pusiese aquel vaso quebradizo de su cuerpo, porque al vestirse algún vestido estrecho no se quebrase; y así le dieron una ropa parda y una camisa muy ancha, que él se vistió con mucho tiento y se ciñó con una cuerda de algodón. No quiso calzarse zapatos en ninguna manera, y el orden que tuvo para que le diesen de comer sin que a él llegase, fue poner en la punta de una vara una vasera de orinal[5], en el cual le ponían alguna cosa de fruta de las que la sazón del tiempo ofrecía. Carne ni pescado no lo quería; no bebía sino en fuente o en río, y esto con las manos. Cuando andaba por las calles, iba por la mitad dellas, mirando a los tejados, temeroso no le cayese alguna teja encima y le quebrase. Los veranos dormía en el campo al cielo abierto, y los inviernos se metía en algún mesón, y en el pajar se enterraba hasta la garganta, diciendo que aquélla era la más propia y más segura cama que podían tener los hombres de vidrio. Cuando tronaba, temblaba como un azogado, y se salía al campo y no entraba en poblado hasta haber pasado la tempestad.

Tuviéronle encerrado sus amigos mucho tiempo; pero viendo que su desgracia pasaba adelante, determinaron de condescender con lo que él les pedía,

5. Vasera de orinal: especie de canastilla de paja en que se colocaba aquel adminículo.

que era le dejasen andar libre, y así le dejaron, y él salió por la ciudad causando admiración y lástima a todos los que le conocían. Cercáronle luego los muchachos; pero él con la vara los detenía y les rogaba le hablasen apartados, porque no se quebrase, que por ser hombre de vidrio era muy tierno y quebradizo. Los muchachos, que son la más traviesa generación[6] del mundo, a despecho de sus ruegos y voces le comenzaron a tirar trapos y aun piedras, por ver si era de vidrio como él decía; pero él daba tantas voces y hacía tales extremos, que movía a los hombres a que riñesen y castigasen a los muchachos porque no le tirasen. Mas un día, que le fatigaron mucho, se volvió a ellos, diciendo:

—¿Qué me queréis, muchachos, porfiados como moscas, sucios como chinches, atrevidos como pulgas? ¿Soy yo por ventura el monte Testacho[7] de Roma, para que me tiréis tantos tiestos y tejas?

Por oírle reñir y responder a todos, le seguían siempre muchos, y los muchachos tomaron y tuvieron por mejor partido antes oílle que tiralle. Pasando, pues, una vez por la ropería de Salamanca, le dijo una ropera:

—En mi ánima, señor licenciado, que me pesa de su desgracia; pero ¿qué haré, que no puedo llorar?

El se volvió a ella, y muy mesurado le dijo:

—Filioe Hierusalem, plorate super vos, et super filios vestros.

Entendió el marido de la ropera la malicia del dicho, y díjole:

—Hermano Licenciado Vidriera (que así decía él que se llamaba), más tenéis de bellaco que de loco.

—No se me da un ardite, respondió él, como no tenga nada de necio.

Pasando un día por la casa llana y venta co-

6. Generación significa *casta, género* o *especie.*

7. El Monte Testaccio, uno de los cinco montes artificiales de Roma, está formado por restos de cacharros, tejas y ladrillos.

mún[8], vio que estaban a la puerta della muchas de sus moradoras, y dijo que eran bagajes del ejército de Satanás, que estaban alojadas en el mesón del infierno.

Preguntóle uno que qué consejo o consuelo daría a un amigo suyo que estaba muy triste porque su mujer se le había ido con otro. A lo cual respondió:

—Dile que dé gracias a Dios por haber permitido le llevasen de su casa a su enemigo.

—Luego, ¿no irá a buscarla? —dijo el otro.

—Ni por pienso, replicó Vidriera, porque sería el hallarla hallar un perpetuo y verdadero testigo de su deshonra.

—Ya que eso sea así, dijo el mismo, ¿qué haré yo para tener paz con mi mujer?

Respondióle:

—Dale lo que hubiere menester; déjala que mande a todos los de tu casa, pero no sufras que ella te mande a ti.

Díjole un muchacho:

—Señor Licenciado Vidriera, yo me quiero desgarrar de mi padre[9], porque me azota muchas veces.

Y respondióle:

—Advierte, niño, que los azotes que los padres dan a los hijos, honran, y los del verdugo afrentan.

Estando a la puerta de una iglesia, vio que entraba un labrador de los que siempre blasonan de cristianos viejos, y detrás dél venía uno que no estaba en tan buena opinión como el primero, y el Licenciado dio grandes voces al labrador, diciendo:

—Esperad, Domingo, a que pase el sábado[10].

8. Designa Cervantes la mancebía pública con uno de los eufemismos al uso.

9. Desgarrarse del padre valía tanto coom huir de la casa paterna.

10. En este *griel pro gro,* Domingo es el cristiano viejo, y el sábado el cristiano nuevo, el sospechoso de ascendencia judaica.

De los maestros de escuela decía que eran dichosos, pues trataban siempre con ángeles; y que fueran dichosísimos, si los angelitos no fueran mocosos.

Otro le preguntó que qué le parecía de las alcahuetas. Respondió que no lo eran las apartadas, sino las vecinas.

Las nuevas de su locura y de sus respuestas y dichos se extendieron por toda Castilla, y llegando a noticia de un príncipe o señor que estaba en la corte, quiso enviar por él, y encargóselo a un caballero amigo suyo que estaba en Salamanca, que se lo enviase. Y topándole el caballero un día, le dijo:

—Sepa el señor Licenciado Vidriera que un gran personaje de la corte le quiere ver y envía por él.

A lo cual respondió:

—Vuesa merced me excuse con ese señor, que yo no soy bueno para palacio, porque tengo vergüenza y no sé lisonjear.

Con todo esto, el caballero le envió a la corte, y para traerle usaron con él desta invención: pusiéronle en unas arganas de paja, como aquéllas donde llevan el vidrio, igualando los tercios con piedras, y entre paja puestos algunos vidrios, porque se diese a entender que como vaso de vidrio le llevaban. Llegó a Valladolid; entró de noche y desembanastáronle en la casa del señor que había enviado por él, de quien fue muy bien recibido, diciéndole:

—Sea muy bien venido el señor Licenciado Vidriera: ¿cómo ha ido en el camino? ¿Cómo va de salud?

A lo cual respondió:

—Ningún camino hay malo como se acabe, sino es el que va a la horca. De salud estoy neutral, porque están encontrados mis pulsos con mi cerebro.

Otro día, habiendo visto en muchas alcándaras muchos neblíes y otros pájaros de volatería, dijo que la caza de altanería era digna de príncipes y de grandes señores; pero que advirtiesen que con ella echaba el gusto censo sobre el provecho a más de dos mil por uno. La caza de liebres dijo que era muy gustosa, y más cuando se cazaba con galgos prestados.

El caballero gustó de su locura, y dejóle salir por la ciudad debajo del amparo y guarda de un hombre que tuviese cuenta que los muchachos no le hiciesen mal, de los cuales y de toda la corte fue conocido en seis días, y a cada paso, en cada calle y en cualquiera esquina, respondía a todas las preguntas que le hacían. Entre las cuales les preguntó un estudiante si era poeta, porque le parecía que tenía ingenio para todo. A lo cual respondió:

—Hasta ahora no he sido tan necio ni tan venturoso.

QUEVEDO
(1580-1646)

Quevedo pasa entre el pueblo por un vulgar chascarrillero y por un bufón escatológico, cuando lo cierto es que escribió libros que tienen temblor de apocalipsis y que son tal vez los más tremebundos de toda la literatura española.

Quevedo era un hombre de gafas ahumadas que siempre vio la vida con colores sombríos. Quizá deba a una infeliz niñez el fondo de amargura que se advierte siempre en su psicología de genio atravesado.

Nacido patizambo, superará su complejo de inferioridad haciendo burla de sí mismo y mofándose de todo. Hasta lo religioso (que merecía su veneración) fue blanco de su escarnio. Así debieron creerlo sus delatores y denunciantes religiosos cuando se escandalizaron de sus burlerías infernales. Aquellos báratros tal vez tenían demasiado de tramoya y no respondían a un auténtico sentimiento de respeto.

Hombre mal avenido consigo mismo y desavenido con el orden social que le tocó vivir, Quevedo nos da la impresión de que el malhumor y el amarguismo fueron en él estados permanentes. Hay una diferencia esencial entre la sátira cervantina y la quevedesca. Cervantes despierta angustia pero no pulveriza. Quevedo sí, y hasta hace añicos cuanto toca.

Quevedo es el mayor pesimista que ha dado nuestra raza. Basta leer su tratado ascético La Cuna y la sepultura *para saber hasta qué grado alcanza su pesimismo existencial. En estas páginas, quizá las más negras y también las más magistrades de Quevedo, se nos dicen verdades que de tan verdaderas resultan humillantes para el hombre. Este libro corto, saturado de poesía y de dolorida ciencia humana, es el más extraordinario de los libritos de ascética estoico-cristiana que tenemos en español. Quien no quiera entender que la mayor afrenta, la más penosa humillación, es la muerte, que se muere viviendo, no comprenderá las amargas verdades quevedescas.*

Los Sueños *de Quevedo podrían enjuiciarse como viajes insólitos. ¿Qué son sino un viaje insólito por unos infiernos de burlas? Tienen del viaje imaginario la transposición fantástica y también incitan a la crítica de un estado determinado de las cosas. Se desarrollan a expensas de un desplazamiento satírico. Quevedo se supone transportado fuera del mundo. Una vez sito en la religión de la irreal, puede desplegar una sátira valiente y libre. Puede dar rienda suelta a la imaginación y al pensamiento. Desde este punto de vista, son innegables las afinidades de los* Sueños *con los viajes insólitos de Swift. Aunque medien sus diferencias. En los* Sueños, *el punto de partida es la nota de desesperación y de melancolía, pero, producida la explosión primera, luego es un chisporrotear de gracias que alegran la tétrica invención. En el color son también insuperables. Espina explica la riqueza colorística de los* Sueños *así: «Hay en su paleta el color roña, el color homicida, el color esquizofrénico, como lo hay en Ribera y el Greco, y a ellos junta el color festivo y el color burdel que más tarde también tendrán Goya y Solana».*

En sus cinco sueños Quevedo se comporta como un desalmado humorista, tanta es la rabia con que traza un cuadro terrible de la sociedad de su tiempo. Todo es ceniza «luzbélica» en esa zarabanda despiadada que linda con lo infrahumano. La idea que se saca de estos cuadros tétricos, de estos chafarrinones geniales, es la corrupción general. Pintor de luces sombrías, de claroscuros, hace pensar más en los artistas plásticos que en los escritores. En el

Durero de «La Melancolía» y en los artífices góticos de gárgolas y quimeras.

Quevedo en los Sueños *es un escritor que ve a lo medieval. La retina quevedesca retiene aún mucho de Edad Media. La manera de tratar el demonio es toda ella medieval. Como en retablo sombrío, el protagonista, el Demonio, actúa constantemente. Entre las figuras de sus diablos grotescos, la muerte danza «haciendo crujir su esqueleto mientras ríe con una risa sepulcral». El humor no nace con los antiguos ni con los modernos sino en los tiempos medios. Y el Demonio —el Vicio de los Misterios— incorpora el humor moderno con todos sus elementos. El Demonio no es realmente cómico, pero eso es así porque es cifra de todo humor. El demonio es un nihilista y nuestro genio cáustico, después de mucha tramoya, también se complace en acabar en nada, o en una directa contradicción.*

Quevedo se muestra a lo largo de los Sueños *como un consumado humorista, pero hay uno de ellos —«El mundo por de dentro»— que brilla en la noche sepulcral de su pesimismo. Pocos textos del humor negro universal pueden compararse a esta obra maestra desbordante de humor avernal y de audacia imaginativa. Otras obras como el «Siglo del cuerno» y el «Epistolario del Caballero de la Tenaza» también nos dan la pavura de la noche quevedesca. Y a ellas hay que añadir «El Buscón» —que Bergamín ve como un luminoso chispazo que nos deja inmediatamente a oscuras, en la más tenebrosa oscuridad.*

—Y ¿cómo se llama —dije yo— la calle mayor del mundo donde hemos de ir?

—Llámase —respondió— Hipocresía. Calle que empieza con el mundo y se acabará con él, y no hay nadie casi que no tenga sino una casa, un cuarto o un aposento en ella. Unos son vecinos y otros paseantes: que hay muchas diferencias de hipócritas, y todos cuantos ves por ahí lo son.

Y, ¿ves aquel que gana de comer como sastre y se viste como hidalgo? Es hipócrita, y el día de fiesta, con el raso y el terciopelo y el cintillo y la cadena de oro, se desfigura de suerte que no le conocerán las tijeras y agujas y jabón, y parecerá tan poco oficial, que aun parece que dice verdad.

¿Ves aquel hidalgo con aquel que es como caballero? Pues, debiendo medirse con su hacienda, ir solo, por ser hipócrita y parecer lo que no es, se va metiendo a caballero, y, por sustentar un lacayo, ni sustenta lo que dice ni lo que hace, pues ni lo cumple ni lo paga. Y la hidalguía y la ejecutoria le sirve sólo de pontífice en dispensarle los casamientos que hace con sus deudas: que está más casado con ellas que con su mujer.

Aquel caballero, por ser señoría, no hay diligencia que no haga y ha procurado hacerse Venecia por su señoría, sino que, como se fundó en el viento para serlo, se había de fundar en el agua. Sustenta, por parecer señor, caza de halcones, que lo primero que matan es a su amo de hambre con la costa y luego el rocín en que los llevan, y después, cuando mucho, una graja o un milano.

Y ninguno es lo que parece. El señor, por tener

acciones de grande, se empeña, y el grande remeda ceremonia de Rey.

Pues, ¿qué diré de los discretos? ¿Ves aquél aciago de cara? Pues, siendo un mentecato, por parecer discreto y ser tenido por tal, se alaba de que tiene poca memoria, quéjase de melancolía, vive descontento y préciase de malregido, y es hipócrita, que parece entendido y es mentecato.

¿No ves los viejos, hipócritas de barbas, con las canas envainadas en tinta, querer en todo parecer muchachos? ¿No ves a los niños preciarse de dar consejos y presumir de cuerdos? Pues todo es hipocresía.

Pues en los nombres de las cosas, ¿no la hay la mayor del mundo? El zapatero de viejo se llama entretenedor del calzado. El botero, sastre del vino, porque le hace de vestir. El mozo de mulas, gentilhombre de camino. El bodegón, estado; el bodegonero, contador. El verdugo se llama miembro de la justicia, y el corchete, criado. El fullero, diestro; el ventero, huésped; la taberna, ermita; la putería casa [1]; las putas, damas; las alcahuetas, dueñas; los cornudos, honrados. Amistad llaman al amancebamiento, trato a la usura, burla a la estafa, gracia la mentira, donaire la malicia, descuido la bellaquería, valiente al desvergonzado, cortesano al vagabundo, al negro, moreno; señor maestro al albardero, y señor doctor al platicante. Así que ni son lo que parecen ni lo que se llaman: hipócritas en el nombre y en el hecho.

¡Pues unos nombres que hay generales! A toda pícara, señora hermosa; a todo hábito largo, señor licenciado; a todo gallofero [2], señor soldado; a todo bien vestido, señor hidalgo; a todo capigorrón [3] o

1. Propiamente casa llana, por estos allanada o abierta a todos.
2. Gallofero, mendigo, que pide la gallofa.
3. Capigorrón, que anda de capa, y gorra para más fácilmente vivir libre y ocioso.

lo que fuere, canónigo o arcediano; a todo escribano, secretario.

De suerte que todo el hombre es mentira por cualquier parte que le examines, si no es que, ignorante como tú, crea las apariencias. ¿Ves los pecados? Pues todos son hipocresía, y en ella empiezan y acaban y della nacen y se alimentan la ira, la gula, la soberbia, la avaricia, la lujuria, la pereza, el homicidio y otros mil.

—¿Cómo me puedes tú decir ni probarlo, si vemos que son diferentes y distintos?

—No me espanto que eso ignores, que lo saben pocos. Oye y entenderás con facilidad eso, que así te parece contrario, que bien se conviene. Todos los pecados son malos: eso bien lo confiesas. Y también confiesas con los filósofos y teólogos que la voluntad apetece lo malo debajo de razón de bien, y que para pecar no basta la representación de la ira ni el conocimiento de la lujuria sin el consentimiento de la voluntad, y que eso, para que sea pecado, no aguarda la ejecución, que sólo le agrava más, aunque en esto hay muchas diferencias. Esto así visto y entendido, claro está que cada vez que un pecado destos se hace, que la voluntad lo consiente y lo quiere, y, según su natural, no pudo apetecelle sino debajo de razón de algún bien. Pues, ¿hay más clara y más confirmada hipocresía que vestirse del bien en lo aparente para matar con el engaño? ¿Qué esperanza es la del hipócrita?, dice Job. Ninguna, pues ni la tiene por lo que es, pues es malo, ni por lo que parece, pues lo parece y no lo es. Todos los pecadores tienen menos atrevimiento que el hipócrita, pues ellos pecan contra Dios; pero no con Dios ni en Dios. Mas el hipócrita peca contra Dios y con Dios, pues le toma por instrumento para pecar.

En esto llegamos a la calle mayor. Vi todo el concurso que el viejo me había prometido. Tomamos puesto conveniente para registrar lo que pasaba. Fue un entierro en esta forma. Venían envainados en unos sayos grandes de diferentes colores unos pícaros, haciendo una taracea de mullidores [4]. Pasó esta recua incensando con las campanillas. Seguían los muchachos de la doctrina, meninos de la muerte y lacayuelos del ataúd, chirriando la calavera [5]. Seguíanse luego doce galloferos, hipócritas de la pobreza, con doce hachas acompañando el cuerpo y abrigando a los de la capacha, que, hombreando, testificaban el peso de la difunta. Detrás seguía larga procesión de amigos, que acompañaban en la tristeza y luto al viudo, que anegado en capuz de bayeta y devanado en una chía, perdido el rostro en la falda de un sombrero, de suerte que no se le podían hallar los ojos, corvos e impedidos los pasos con el peso de diez arrobas de cola que arrastraba, iba tardo y perezoso. Lastimado deste espectáculo:

—¡Dichosa mujer —dije—, si lo puede ser alguna en la muerte, pues hallaste marido que pasó con la fe y el amor más allá de la vida y sepultura! ¡Y dichoso viudo, que ha hallado tales amigos, que no sólo acompañan su sentimiento, pero que parece que le vencen en él! ¿No ves qué tristes van y suspensos?

El viejo, moviendo la cabeza y sonriéndose, dijo:

—¡Desventurado! Eso todo es por de fuera y parece así; pero ahora lo verás por de dentro y verás con cuánta verdad el ser desmiente a las apariencias. ¿Ves aquellas luces, campanillas y mullidores, y todo este acompañamiento piadoso, que es sufragio cristiano y limosnero? Esto es saludable; mas las bravatas que en los túmulos sobrescriben podrición y gusanos, se podrían excusar. Empero también los muertos tienen su vanidad y los difuntos y difun-

4. Mullidor el criado de las cofradías, que sirve para avisar a los cofrades las fiestas, entierros y otros ejercicios a que deben concurrir.

5. Quiere decir cantando la letanía detrás del difunto con sus vocecillas chirrionas.

tas su soberbia. Allí no va sino tierra de menos fruto y más espantosa de la que pisas, por sí no merecedora de alguna honra ni aun de ser cultivada con arado ni azadón. ¿Ves aquellos viejos que llevan las hachas? Pues algunos no las atizan para que atizadas alumbren más, sino porque atizadas a menudo se derritan más y ellos hurten más cera para vender. Estos son los que a la sepultura hacen la salva en el difunto y difunta, pues antes que ella lo coma ni lo pruebe, cada uno le ha dado un bocado, arrancándole un real o dos; mas con todo esto tiene el valor de la limosna. ¿Ves la tristeza de los amigos? Pues todo es de ir en el entierro y los convidados van dados al diablo con los que convidaron; que quisieran más pasearse o asistir a sus negocios. Aquel que habla de mano con el otro le va diciendo que convidar a entierro y a misacantanos, donde se ofrece, que no se puede hacer con un amigo y que el entierro sólo es convite para la tierra, pues a ella solamente llevan qué coma. El viudo no va triste del caso y viudez, sino de ver que, pudiendo él haber enterrado a su mujer en un muladar y sin costa y fiesta ninguna, le hayan metido en semejante baraúnda y gasto de cofradías y cera, y entre sí dice que le debe poco, que, ya que se había de morir, pudiera haberse muerto de repente, sin gastarle en médicos, barberos ni boticas y no dejarle empeñado en jarabes y pócimas. Dos ha enterrado con ésta, y es tanto el gusto que recibe de enviudar, que ya va trazando el casamiento con una amiga que ha tenido, y, fiado con su mala condición y endemoniada vida, piensa doblar el capuz [6] por poco tiempo.

Quedé espantado de ver todo esto ser así, diciendo:

—¡Qué diferentes son las cosas del mundo de como las vemos! Desde hoy perderán conmigo todo

6. El capuz era vestidura larga, a modo de capa, que se traía por luto.

el crédito mis ojos y nada creeré menos de lo que viere.

Pasó por nosotros el entierro, como si no hubiera de pasar por nosotros tan brevemente, y como si aquella difunta no nos fuera enseñando el camino y, muda, no nos dijera a todos:

«Delante voy, donde aguardo a los que quedáis, acompañando a otros que yo vi pasar con ese propio descuido.»

Apartónos desta consideración el ruido que andaba en una casa a nuestras espaldas. Entramos dentro a ver lo que fuese, y al tiempo que sintieron gente comenzó un plañido, a seis voces, de mujeres que acompañaban una viuda. Era el llanto muy autorizado, pero poco provechoso al difunto. Sonaban palmadas de rato en rato, que parecía palmeado de disciplinantes. Oíanse unos sollozos estirados, embutidos de suspiros, pujados por falta de gana. La casa estaba despojada, las paredes desnudas. La cuitada estaba en un aposento oscuro sin luz ninguna, lleno de bayetas, donde lloraban a tiento. Unas decían:

—Amiga, nada se remedia con llorar.

Otras:

—Sin duda goza de Dios.

Cuál la animaba a que se conformase con la voluntad del Señor. Y ella luego comenzaba a soltar el trapo[7], y llorando a cántaros decía:

—¿Para qué quiero yo vivir sin Fulano?

¡Desdichada nací, pues no me queda a quien volver los ojos! ¡Quién ha de amparar a una pobre mujer sola!

Y aquí plañían todas con ella y andaba una sonadera de narices que se hundía la cuadra. Y entonces advertí que las mujeres se purgan en un pésame destos, pues por los ojos y las narices echan cuanto mal tienen. Enternecíme y dije:

—¡Qué lástima tan bien empleada es la que se

7. Soltar el trapo: dar rienda suelta al llanto.

tiene a una viuda! Pues por sí una mujer es sola, y viuda mucho más. Y así su nombre es de mudas sin lengua. Que eso significa la voz que dice viuda en hebreo, pues ni tiene quien hable por ella ni atrevimiento, y como se ve sola para hablar, y aunque hable, como no la oyen, lo mismo es que ser mudas y peor.

Esto remedian con meterse a dueñas. Pues en siéndolo, obran de manera, que de lo que las sobra pueden hablar todos los mudos y sobrar palabras para los tartajosos y pausados. Al marido muerto llaman *el que pudre*. Mirad cuáles son éstas, y si muerto, que ni las asiste, ni las guarda, ni las acecha, dicen que pudre, ¿qué dirían cuando vivo hacía todo esto?

—Eso —respondí— es malicia que se verifica en algunas; mas todas son un género femenino desamparado, y tal como aquí se representa en esta desventurada mujer. Dejadme —dije al viejo— llorar semejante desventura y juntar mis lágrimas a las destas mujeres.

El viejo, algo enojado, dijo:

—¿Ahora lloras, después de haber hecho ostentación vana de tus estudios y mostrándote docto y teólogo, cuando era menester mostrarte prudente? ¿No aguardaras a que yo te hubiera declarado estas cosas para ver cómo merecían que se hablase dellas? Mas ¿quién habrá que detenga la sentencia ya imaginada en la boca? No es mucho, que no sabes otra cosa, y que a no ofrecerse la viuda, te quedabas con toda tu ciencia en el estómago. No es filósofo el que sabe dónde está el tesoro, sino el que trabaja y le saca. Ni aun ése lo es del todo, sino el que después de poseído usa bien dél. ¿Qué importa que sepas dos chistes y dos lugares, si no tienes prudencia para acomodarlos? Oye, verás esta viuda, que por de fuera tiene un cuerpo de responsos[8], cómo por de dentro tiene una ánima de aleluyas, las tocas negras

8. Cuerpo de responsos: como muerto de puro viejo.

y los pensamientos verdes. ¿Ves la oscuridad del aposento y el estar cubiertos los rostros con el manto? Pues es porque así, como no las pueden ver, con hablar un poco gangoso, escupir y remedar sollozos, hace un llanto casero y hechizo [9], teniendo los ojos hechos una yesca [10]. ¿Quiéreslas consolar? Pues déjalas solas y bailarán en no habiendo con quien cumplir, y luego las amigas harán su oficio:

—¡Quedáis moza y es malograros! Hombres habrá que os estimen. Ya sabéis quién es Fulano, que cuando no supla la falta del que está en la gloria, etc.

Otra:

—Mucho debéis a don Pedro, que acudió en este trabajo. No sé qué me sospeche. Y, en verdad, que si hubiera de ser algo..., que por quedar tan niña os será forzoso...

Y entonces la viuda, muy recoleta de ojos y muy estreñida de boca, dice:

—No es ahora tiempo deso. A cargo de Dios está: El lo hará, si viere que conviene.

Y advertid que el día de la viudez es el día que más comen estas viudas, porque para animarla no entra ninguna que no le dé un trago. Y le hace comer un bocado, y ella lo come, diciendo:

—Todo se vuelve ponzoña.

Y medio mascándolo dice:

—¿Qué provecho puede hacer esto a la amarga viuda que estaba hecha a comer a medias todas las cosas y con compañía, y ahora se las habrá de comer todas enteras sin dar parte a nadie de puro desdichada?

9. Hechizo es lo mismo que falso y fingido.

10. Hechos una yesca, de secos, sin lágrimas verdaderas.

Cuanto más me pide vuesa merced, más me enamora y menos la doy. ¡Miren dónde fue a hallar que pedir pasteles hechizos [11]! Que aunque a mí me es fácil enviar los pasteles y a vuesa merced hacer los hechizos, he querido suspenderlo por ahora. Vuesa merced muerda de otro enamorado; que para mí peor es verme comido de mujeres que de gusanos: porque vuesa merced come los vivos, y ellos los muertos. Adiós, Lisa. Hoy día de ayuno.

De ninguna parte, porque los que no envían, no están en ninguna parte; sólo están en su juicio.

* * *

Diéronse vuesas mercedes tanta prisa a pelarme, que no sólo mostré la hilaza, pero los güesos. No puedo negar a vuesa merced lo de ser mudable, pues no he tenido cosa en mi casa que vuesa merced no me la haya mudado en la suya con la facilidad que sabe. Y ¡ojalá vuesa merced hubiera creído a sus tías, y yo no! Que pienso que me hubiera estado mejor. De aquí adelante, por estos parentescos, para enamorarme pienso mirar más en una mujer lo que no tiene que lo que tiene; pues quiero más que tenga bubas que tía, y jiba que madre; que aquellos males se los tiene ella y estos otros yo. Y si acaso los tuviere por mis pecados, no la hablaré hasta que le

11. Pasteles falsos.

haga sacar las parientas como los espíritus. Vuesa merced me ha dejado de suerte, que sólo para mí estoy de provecho, de bien escarmentado. Y no quiero amancebarme con linajes, sino con mujeres; que dormir con sola la nieta y sustentar todo el abalorio lo tengo por enfado. A malas tías mueras, que es peor que a malas lanzadas, cuando mudare de propósito. Noramala empezaré a hacer de las mías, cuando estoy deshecho de las suyas.

* * *

Seis días ha que besé a vuesa merced las manos, aunque indigno, y en este tiempo he recibido tres visitas, un recaudo, dos respuestas, cinco billetes, dos toses de noche y un monteado en San Felipe. He gastado parte de mi salud en un catarro con que estoy, un dolor de muelas, el tiempo y ocho reales que en cuatro veces he dado a Marina. Y teniendo yo ajustada mi cuenta, a mi parecer el recibo con el gasto, me viene a encontrar disfrazado en figura de caricia, con la maldita palabra: «Envíe cien ducados para pagar la casa». No quisiera ser nacido cuando tal cosa oí. ¡Cien ducados! No los tuvo Atabaliba ni Motezuma. Y pedirlos todos de una vez sin más ni más, es para espiritar un buscón. Mire vuesa merced desapasionadamente el alquiler de la casa; pues por mí no se me da nada que vuesa merced suba [12] por los campos: que por no oír estas palabras, deseo topar con una dama salvaje y campesina que habite por los montes desiertos. Vuesa merced o niegue la deuda, o la pida en otra parte; porque si no estos cien ducados me harán que, de miedo de los alquileres, del poblado me pase a ser amante del yermo.

12. Viva: juguetes de la niñez.

* * *

Ahora es, y aún no acabo de santiguarme de la nota del billetico de esta mañana. Mujer que tal piensa y tal escribe, ¿qué aguarda para asir de un garabato y andarse a hurtar almas del peso de San Miguel? Concertadme esas razones. Después de haberme mondado el cuerpo, y roídome los güesos, chupádome la bolsa, desparecídome la honra, desainádome la hacienda: «El tiempo es santo, esto se había de acabar algún día, la vecindad tiene que decir, mi tía gruñe de día y de noche; no puedo sufrir la soberbia de mi hermana; por vida tuya que excuses el verme y pasar por esta calle, y que démos a Dios alguna parte de nuestra vida». ¡A buen tiempo se arremangó Celestina a remedar la nota de fray Luis! Infierna hembra, diabla afeitada, mientras que tuve que dar y me duró el granillo, el tiempo fue pecador, no hubo vecinas, tu maldita y descomulgada tía que ahora gruñe de día y de noche, entonces de día me comía y de noche me cenaba; y con aquellos dos colmillos que sirven de muletas a sus quijadas, pedía casi tanto como tú con más dientes que treinta mastines.

¿Qué diré de la bendita de tu hermana? Que en viéndome se volvía campana y no se le oía otra cosa que dan, dan. Bellaconas, ¿qué ha sido esto? Yo echo de ver que para convertiros no hay otra cosa como sacaros un gastado. Todas os habéis vuelto a Dios en viéndome sin blanca. Cosa devotísima debe ser un pobre, y vuestra calavera es bolsa vacía. En gracia me cae lo de que demos a Dios parte de nuestra vida; y ¿qué vida, para dar parte della sino a Lucifer? ¡Y aún (con vergüenza y hablando con perdón) quitas a los hombres lo que han de menester y das a Dios lo que no es para su Divina Majestad! La tacaña [13] se quiere hacer dadivosa de la otra

13. Tomona: juguetes de la niñez.

vida. Sin duda te pusieron a deprender conciencia en casa de algún sastre.

Digo que no pasaré por tu calle, ni menos por estafa tan desvergonzada, sino que nos convirtamos a medias: yo me arrepentiré de lo que te he dado, para salvarme y tú me lo restituirás, para que Dios te perdone; lo demás sea pleito pendiente para el purgatorio, si cuando desta vida vayas se te hiciere camino por allí; porque si vas al infierno, yo desisto, que no me está bien ponerte demanda en casa de tu tía.

* * *

Peligroso debo de estar de honra y caudal, pues siendo la extremaunción de las pediduras el pedir casamiento, a falta de otra cosa me pide vuesa merced palabra de casamiento. Dígame, reina, ¿qué paciencia o sufrimiento me ha columbrado, que me codicia para marido? Yo tengo cara de soltero y condición de viudo, que no me duran una semana dos pares de mujeres; y es imposible que no sea género de venganza el quererse vuesa merced casar conmigo, conociéndose y conociéndome. Yo no quiero tomar mi matrimonio con mis manos, ni estoy cansado de mí ni enfadado con mis vicios; no quiero dar picón al diablo con vuesa merced. Maride por otra parte; que yo he determinado morir ermitaño de mi rincón, donde son más apacibles telarañas que suegras. Y porque no me suceda lo que a los que se casan, no quiero tener quien me suceda, y perseveraré en este humor hasta que haya órdenes de redimir casados como cautivos.

Si vuesa merced me quiere para mientras marida, o como para marido, o para entre marido, aquí me tiene corriente y moliente.

* * *

Díceme vuesa merced que está preñada, y lo creo, porque el ejercicio que vuesa merced tiene no es para menos. Quisiera ser comadre para ofrecerme al parto; que compadres sobrarán en el bautizo mil. Dame vuesa merced a entender que tiene prendas mías en la barriga y podría ser, si no ha digerido los dulces que me ha merendado: que el hijo yo se lo dejo todo entero a quien lo quisiere no pudiendo ser todo entero de nadie. Señora mía, si yo quisiera ser padre, en mi mano ha estado hacerme fraile o ermitaño: no soy yo ambicioso de crías. Y desengáñese vuesa merced, que yo no he de tragar este hijo, porque no como hijos como Saturno, no lo permita Dios y antes muera de hambre que tal trague. Lo que importa es empreñarse a diestro y a siniestro, parir a troche y moche y echarlo a Dios y a ventura. Vuesa merced dé con el muchacho en la piedra; que allí se lo criará un capellán, que en los niños de la doctrina sirve de criar a las calaveras.

Y alumbre Dios a vuesa merced con bien. Y si se le antojare algo, sea lo primero no acordarse de mí.

* * *

Díceme vuesa merced que en su casa no entran hombres, y entran frailes. Voto a Dios, que deseo saber quién le ha persuadido que los frailes no son hombres; porque ellos no tendrán esta culpa, que persuadirán a que lo son a una serpiente. Querría que vuesa merced me dijera por qué género de animal los tiene, o con qué otro nombre disfraza sus obras. Los primeros días que fui a recibir merced, me daban susto: porque eran tantos los compañeros que estaban por aquellos corredores, que preguntaba si había difunto. Ahora sé que, aunque no le haya, vienen por cuerpo. No he visto en mi vida hija de tantos padres; y es la cosa peor del mundo para mi humor, que soy amigo de los huérfanos, y a Adán no le invidio otra cosa sino es que tuvo mujer sin madre; que quiero más tratar con la culebra y con el diablo.

Vuesa merced, si no está bien empleada, está bien ocupada; y pues pide iglesia, es razón que le valga: y hábitos de frailes en los muertos dan menos cuidado que en los vivos.

Deo gratias, el pecador seglar.

* * *

Si digo por qué entra en casa el padre fray predicador, me dice vuesa merced que así fueron todos; si el doctor Chaves, que es cosa segura; si don Bernardo, que es de casa; si el capitán, que es deudo, si el licenciado Páez, que es agua limpia y un alma de Dios; si el portugués, que viene a negociar con su cuñado; si Fabio Ricardo, que es amigo de su marido; si Esporciafigo, que es un vecino. Deseo saber qué les dice vuesa merced a ellos cuando preguntan lo mismo de mí.

Entendámonos, mi señora doña Isabel: todo lo sufriré; pero que me diga gritando y contra el fraile, que así fueran todos, eso no es de sufrir. Cuerpo de Cristo, ¿es decir que todos los quisiera frailes? Poca gana tiene vuesa merced de descansar; muy conventual es, hija: en cebándose con los motilones, se comerá las manos tras ellos. Bien sé yo que vuesa merced me ha de responder que riño y pongo leyes como si gastara y diera; eso, que había de agradecérmelo, la gracia es hacerlo sin blanca. Esto es hablar claro y de una vez. Yo tengo celos, y no dineros; todos juntos somos moneda. Y más parece la lista de cofrades que de galanes. Si vuesa merced los quiere más a ellos que a mí, yo quiero más que vuesa merced mi dinero; y si vuesa merced me quiere más a mí que a ellos, también la quiero más que a ellos.

Sólo hallo un remedio, que es quererme sin dinero y sin competidores; y si así lo hiciere, Dios la ayude, y si no se lo demande.

Carta de un cornudo a otro

Siempre fui, señor licenciado, de opinión que a los hombres que se casan los habían de llevar a la iglesia con campanillas delante, como a los ahorcados, pidiendo por el ánima del que sacan a ajusticiar y habiendo de llevar teatinos que los animasen. Mas después que he visto esta materia de los maridos cuán en su punto está, soy del parecer que es el mejor oficio que hay en la república teniendo por acompañado el ser cornudo, gracias a Dios, que nos ha dejado ver tiempo en que es calidad y estoy sentido y aun avergonzado de parte de los que lo son de ver, que vuesa merced anda escondiéndose como afrentado de serlo. No me espanto que ahora es vuesa merced cornicantano y realmente se hallará atajado aunque se librará, con los besamanos y el ofrecerse: vuesa merced se hará a las armas como todos, y se comerá las manos tras ello.

Por estas hierbas cumplo veintisiete años y siete días de cornudo y le prometo a vuesa merced que, mediante Dios, me ha dado mil vidas. Bien sé yo, lo que más sentirá vuesa merced es lo que quedarán diciendo cuando pase por las calles. No se le dé un cuerno aunque le sobren muchos que si da en sentirlo se podrirá y así hágalo gracia y si oyere tratar de muchos en algún corrillo diga de ellos peor y más mal que todos, que nosotros así lo hacemos y engordamos. Y esté cierto que nadie puede, aunque sea hombre de bien, decir mal de los cornudos, porque nadie dice mal de lo que hace.

¿Debe de pensar vuesa merced que es sólo cornudo en España? Pues ha de advertir que nos damos acá con ellos y que se trata que como a oficios se les señale cuarto aparte y calle, como hay lencería y pescadería, haya cornudería. No sé si hallará sitio capaz para todos. Dichoso vuesa merced que es cornudo sólo en ese lugar, donde es fuerza que todos acudan, y no aquí que nos quitamos la ganancia los unos a los otros, tanto que si no se hace saca de cornudos para otra parte se ha de perder el lugar.

¿Cómo piensa que está recibido esto de cornudar? Pues ya se hace inquisición para casarse uno, que después de darles el dote se obliga a hacerse cornudo dentro de tanto tiempo y el marido escoge el género de gente con quien mejor le está: extranjeros, seglares o eclesiásticos, y ha de llegar el tiempo en que han de usarse en España conmaridos y se ha de llamar Junta de dos desposados y vacadas los barrios, aunque con la sobra de mujeres se ha cogido tanto cornudo estos años que valen a huevo. Y es un gran señor de la profesión, que antes, cuando había en una provincia dos cornudos, se hundía el mundo, y ahora, que no hay hombre bajo que no se meta a cornudo, que es vergüenza que lo sea ningún hombre de bien, que es oficio que si el mundo anduviera como había de andar se había de llevar por oposición como cátedra y darse al más suficiente o, por lo menos, no había de poder ser cornudo ninguno que no tuviese su carta de examen aprobada por los protocornudos y amurcones generales. Haríanse mejor las cosas y sabrían los tales cofrades del hueso lo que habían de hacer. No hay cosa más acomodada que ser cornudo porque cabe en el marido, en el hermano, en el padre, en el amigo. Al letrado no le estorba el estudiar, antes le da lugar a la lección. ¿Cómo curaría ni visitaría el médico si estuviese siempre sobre su mujer y no diese lugar al cuerno? El da lugar a los oficiales para su trabajo y a nadie estorba. Pues en cuanto a honra: ¿quién no le regala?, ¿quién no le asiente en su mesa?, ¿quién no le presta ni le da? Pues si miramos a el provecho de la república, si no tuviera cornudos, ¿qué hubiera de muerte, de escándalos y putos? Todo esto estorba uno de nosotros a quien llaman hombre de buena masa. Y realmente nosotros conforme a buena justicia siempre tenemos razón para ser cornudos porque si la mujer es buena, comunicarla con los próximos es caridad y si es mala es alivio propio. En otro tiempo eran menester razones mas ya está tan negro el calificado que son acusadas las autoridades, porque aunque es verdad que en el primitivo cuerno hubo alguna incomodidad y pesadumbre, ahora está esto muy asentado porque todas las cosas han hecho mudanza y más ahora que hay casta de cornudos, como de caballos y está tan acreditado este oficio que verá vuesa merced que están aguardando a una puta ducientos dueños para cogerla como arrebatiña y alto a casar.

He oído decir desde el otro día que se trataba de hacer cornudos reales, como escribanos y repartirlos por las calles para el buen despacho, con su rótulo encima como curiales, que diga: «aquí se despacha para Génova, Roma, Francia». No sé si pasará adelante, como también la nueva institución que me acaban de decir se trata para moderar las sedas, cadenas, diamantes, y trencillos que gastan. De todo avisaré a vuesa merced como quien tan a pecho toma nuestra estimación o imitación.

Vuesa merced se honre mucho y coma de todo y hable con todos y disimule y verá qué bendiciones me echa. Y entre tanto, para entretener y aprovecharse lea este discurso intitulado *El siglo del cuerno* y mándeme cosas de su servicio.

A nuestra mujer beso la mano en habiendo vacante.

Carta de Alonso Ramplón a Pablos

Hijo Pablos: Las ocupaciones grandes de esta plaza en que me tiene ocupado su majestad no me han dado lugar a hacer esto, que si algo tiene malo el servir al rey es el trabajo, aunque le desquita con esta negra honrilla de ser sus criados. Pésame de daros nuevas de poco gusto. Vuestro padre murió ocho días ha con el mayor valor que ha muerto hombre en el mundo; dígolo como quien le guindó [14]. Subió en el asno sin poner pie en el estribo, veníale el sayo baquero que parecía haberse hecho para él, y como tenía aquella presencia, nadie le veía con los cristos delante que no lo juzgase por ahorcado. Iba con gran desenfado mirando a las ventanas y haciendo cortesías a los que dejaban sus oficios por mirarle; hízose dos veces los bigotes: manda descansar a los confesores, e íbales alabando lo que decían bueno. Llegó a la ene de palo [15], puso él un pie en la escalera, no subió a gatas ni despacio, y viendo un escalón hendido, volvióse a la justicia y dijo que mandase aderezar aquél para otro, que no todos tenían su hígado. No sabré encarecer cuán bien pareció a todos. Sentóse arriba y tiró de las arrugas de la ropa atrás; tomó la soga y púsola en la nuez, y viendo que el teatino le quería predicar, vuelto a él le dijo: «Padre, yo lo doy por predicado, y vaya un poco de credo y acabemos presto, que no querría parecer prolijo». Hízose ansí. Encomendóme que le pusiese la caperuza de lado y que le limpiase

14. Familiarmente: ahorcó.
15. Familiarmente: la horca.

las babas; yo lo hice así. Cayó sin encoger las piernas ni hacer gestos; quedó con una gravedad que no había más que pedir. Hícele cuartos y dile por sepultura los caminos; Dios sabe lo que a mí me pesa de verle en ellos haciendo mesa franca a los grajos; pero yo entiendo que los pasteleros desta tierra nos consolarán, acomodándole en los de a cuatro [16]. De vuestra madre, aunque está viva ahora casi os puedo decir lo mismo; que está presa en la Inquisición de Toledo, porque desenterraba los muertos sin ser murmuradora. Dícese que daba paz [17] cada noche a un cabrón en el ojo que no tiene niña. Halláronla en su casa más piernas, brazos y cabezas que a una capilla de milagros, y lo menos que hacía era sobrevirgos y contrahacer doncellas. Dicen que representará en un auto [18] el día de la Trinidad, con cuatrocientos de muerte; pésame, que nos deshonra a todos, y a mí principalmente, que al fin soy ministro del rey y me están mal estos parentescos. Hijo, aquí ha quedado no sé qué hacienda escondida de vuestros padres; será en todo hasta cuatrocientos ducados; vuestro tío soy, lo que tenga ha de ser para vos. Vista ésta, os podréis venir aquí, que con lo que vos sabéis de latín y retórica seréis singular en el arte de verdugo. Respondedme luego, y entretanto, Dios os guarde. Etc.».

16. Pasteles de a cuatro reales.
17. Besaba.
18. Será ajusticiada.

BALTASAR GRACIAN
(1601-1658)

El humor de Gracián forma parte integrante de su concepción pesimista del mundo. Así, después de las primeras crisis de su Criticón, *en las que abiertamente presenta la más horripilante concepción pesimista del universo, pasa a la zapateta, al brinco verbal, para dejar sentada una postura inconformista terriblemente crítica. No habla el sacerdote en las páginas hirientes y desoladoras del* Criticón *sino el escritor melancólico y agrio que considera a los «otros» con dureza y al mundo como una lucha tremenda y eterna. No es concierto lo que en el mundo ve Gracián sino desconcierto escandalizador.*

Debió ser el gran escritor aragonés muy inclinado al pesimismo de los libros sapienciales, especialmente del Eclesiastés, en donde se nos revela el punto de vista del cinismo israelita y esa angustia que asimismo encontramos en los Salmos. En realidad, por una paradoja, el helenizado Kohelet y los salmistas hebreos están más cerca de una concepción nihilista que de una concepción aquiescente del vivir. Lo mismo ocurre con Gracián. No tiene, pues, nada de extraño que, a partir de la publicación del Criticón, *se atrajera la enemiga de su Orden. El desdén que asoma en aquella ideación fantasista y libérrima (cargada de insolencia pesimista para un General de la Compañía) hace que Gracián sea vigilado, despojado de su cátedra y desterrado al colegio de Graus. Solicitará la salida de la Compañía pero no recibirá contestación. Morirá el 6 de diciembre de 1658. Y por esa condena, si no formal, manifiesta, su nombre logrará esa condición de maldito que hará que el* Criticón *no tenga un franco curso o sufra caprichosas supresiones. La gran obra de Gracián conoció el silencio de la crítica o sus juicios desdeñosos, que persisten hasta los comienzos del siglo actual. Ese infundado desdén podría deberse a la incomprensibilidad, a su estilo cerrado y a la difícil interpretación de su doctrina, pero esto no nos parece razón suficiente. Como que no la hay. Lo que ocurre es que la obra de Gracián resultó demasiado audaz para ser obra de un sacerdote.*

El humor negro de Gracián, secuela del horror de su concepción ultrapesimista, tiene mucho de fantasmal, de ultratúmbico. Las espectrales alegorías del Criticón *(«espectrales» según el certero bautizo bergamiano) constituyen una transposición fantástica llevada a cabo sobre una realidad convenientemente filtrada de antemano. Si Gracián nos lleva a conocer el «Hiermo de Hipocrina», y la «Jaula de todos», los «Horrores de Vejecia», la «Cueva de la nada» o la «Suegra de la vida» es para transportar la realidad a un terreno alegórico, con el propósito de desenmascararla y convertirla en humo. Desde este punto de vista, está claro que, a pesar de algunas diferencias indiscutibles, el* Criticón *es una culminación de la novelería picaresca en lo que ésta tiene de pesadilla infernal o de danza macabra. Por eso, la engañosidad del mundo nunca se vio con más claros ojos y negras tintas que en el* Criticón. *Aquí es tanto el engaño, que Gracián nos descubre que él es el primer desengañado de la creación imaginativa en que se proyecta por las palabras; como si las palabras mismas danzaran una zarabanda y nos hicieran guifos, proclamando la vaciedad de las mismas. La creación verbal gracianesca, menos copiosa sin duda que la quevedesca, nos deja, sin embargo, la impresión de que la destrucción del lenguaje es, si cabe, más profanadora que en Quevedo. Hay en Gracián más deshaucio del vocablo, mayor icono-*

clastia verbal; en una palabra, se nos muestra más destrozón. Gracián es quien ha escrito: «que el nadilla y el nonadilla quieran parecer algo, y mucho, que el niquilote lo quiera ser todo, que el villanón se ensanche, que el ruincillo se estire, que el que debería esconderse quiera campear, que el que tiene que callar blasfeme, ¿cómo nos ha de bastar la paciencia?». Lo que en otros es simple juego de palabras, en Gracián, gran malabarista de vocablos, se convierte en contradición profunda: «No hallarás sí sin no, ni cosa sin un sino». Donde tal vez alcanza su prosa, que desmiente el discurso, su más alta tensión tragicómica es en la Crisis Undécima en la que la Muerte pronuncia un alegato: «Quise hacer el arco mil astillas. Mas no podía dejar de hacer mi oficio: los hombres a vivir y yo a matar». Decidme si en estas palabras no hay una sorda queja contra la Vida que se alimenta de la Muerte.

Estado del siglo

—¿Este, preguntó Andrenio, es hombre o es monstruo?

—Bien dudas, acudió Quirón, que algunas naciones la primera vez que le vieron le imaginaron toda una cosa caballo y hombre. Este es soldado. Así lo estuviera en las costumbres, no anduviera tan rota la conciencia.

—¿De qué sirven éstos en el mundo?

—¿De qué? Hacen guerra a los enemigos.

—¡No la hagan mayor a los amigos!

—Estos nos defienden.

—¡Dios nos defienda de ellos!

—Estos pelean, destrozan, matan y aniquilan nuestros contrarios.

—¿Cómo puede ser eso, si dicen que ellos mismos los conservan?

—Aguarda, yo digo lo que deberían hacer por oficio; pero está el mundo tan depravado, que los mismos remediadores de los males los causan en todo género de daños. Estos, que habían de acabar las guerras, las alargan. Su empleo es pelear: que no tienen otros juros ni otra renta. Y, como acabada la guerra quedarían sin oficio ni beneficio, ellos popan al enemigo, porque papan de él. ¿Para qué han de matar las centinelas al marqués de Pescara, si viven de él? ¡Que hasta el atambor sabe estos primores! Y así veréis que la guerra, que a lo más tirar estas nuestras barras pudiera durar un año, dura doce y fuera eterna, si la felicidad y el valor no se hubieran juntado hoy en un marqués de Mortara [1].

1. Marqués de Mortara, virrey y capitán general del Principado, que puso fin a la guerra de Cataluña.

Lo mismo sienten todos de aquel otro, que también viene a caballo, para acabarlo todo. Este tiene por asunto y aun obligación hacer de los malos buenos; pero él obra tan al revés, que de los buenos hace malos y de los malos peores. Este trae guerra declarada contra la vida y la muerte: enemigo de entrambas, porque querría a los hombres ni mal muertos ni bien vivos; sino malos, que es un malísimo medio. Para poder él comer, hace de modo, que los otros no coman. El engorda, cuando ellos enflaquecen. Mientras están entre sus manos, no pueden comer, y, si escapan de ellas, que sucede pocas veces, no les queda qué comer. De suerte que éstos viven en gloria, cuando los demás en pena y así peores son que los verdugos. Porque aquéllos ponen toda su industria en no hacer penar y con lindo aire hacen que les falte al que pernea[2]; pero éstos todo su estudio ponen en que pene y viva muriendo el enfermo. Y así aciertan los que les dan los males a destajo. Y es de advertir que donde hay más doctores hay más dolores. Esto dice de ellos la ojeriza común; pero engáñase en la venganza vulgar, porque yo tengo por cierto que del médico nadie puede decir ni bien ni mal: no antes de ponerse en sus manos, porque aún no tiene experiencia; no después, porque no tiene ya vida. Pero advertid que no hablo del médico material, sino de los morales, de los de la república y costumbres, que, en vez de remediar los achaques e indisposiciones por obligación, ellos mismos los conservan y aumentan, haciendo dependencia de lo que había de ser remedio.

—¿Qué será, dijo Andrenio, que no vemos pasar ningún hombre de bien?

—Esos, acudió Quirón, no pasan, porque eternamente duran: permanece inmortal su fama. Hállanse pocos y éstos están retirados. Oímoslos nombrar

2. Al que pernea: se entiende «al ahorcado».

como al unicornio en la Arabia y al fénix en su Oriente.

Estaban en la mayor fuga del ver y extrañar monstruosidades, cuando Andrenio al hacer un grande extremo alzó los ojos y el grito, al cielo, como si le hicieran ver las estrellas.

—¿Qué es esto?, dijo. ¡Yo he perdido el tino de todo punto! ¡Qué cosa es andar entre desatinados! Achaque de contagio: hasta el cielo me parece que está trabucado y que el tiempo anda al revés. Pregunto, señores, ¿es día o es noche? Mas no lo metamos en pareceres, que será confundirlo más.

—Espera, dijo el Quirón; que no está el mal en el cielo, sino en el suelo. Que no sólo anda el mundo al revés, en orden al lugar; sino al tiempo. Ya los hombres han dado en hacer del día noche y de la noche día. Ahora se levanta aquél, cuando se había de acostar. Ahora sale de casa la otra con la estrella de Venus y volverá, cuando se ría de ella la aurora. Y es lo bueno que los que tan al revés viven dicen ser la más ilustre y la más lucida; mas no falta quien afirma que, andando de noches como fieras, vivirán de día como brutos.

—Esto ha sido, dijo Critilo, quedarnos a buenas noches y no me pesa, porque no hay cosa de ver.

—¡Que a éste llamen mundo!, ponderaba Andrenio. Hasta el nombre miente, calzóselo al revés: llámese inmundo y de todas maneras disparatado.

—Algún día, replicó Quirón, bien le convenía su nombre. En verdad que era definición, cuando Dios quería y lo dejó tan concertado.

—Pues, ¿de dónde le viene tal desorden?, preguntó Andrenio. ¿Quién le trastornó de alto abajo, como hoy lo vemos?

—En eso hay mucho que decir, respondió Quirón. Harto lo censuran los sabios y lo lloran los filósofos. Aseguran unos que la Fortuna, como está ciega y aun loca, lo resuelve todo cada día, no dejando cosa en su lugar ni tiempo. Otros dicen que, cuando cayó el lucero de la mañana, aquel aciago día, dio tal golpe en el mundo, que le sacó de sus quicios, trastornándole de alto abajo. Ni falta quien eche la culpa a la mujer, llamándola el duende universal, que todo lo revuelve. Mas yo digo que donde hay hombres no hay que buscar otro achaque: uno solo basta a desconcertar mil mundos y el no poderlo era lo que lloraba el otro grande inquietador.[3]

Mas digo: que, si no previniera la divina Sabiduría que no pudieran llegar los hombres al primer móvil, ya estuviera todo barajado y anduviera el mismo cielo al revés: un día saliera el sol por el poniente y caminara al oriente y entonces fuera España cabeza del mundo, sin contradicción alguna, que no hubiera quien viviera con ella. Y es cosa de notar que, siendo el hombre persona de razón, lo primero que ejecuta es hacerla a ella esclava del apetito bestial. De este principio se originan todas las demás monstruosidades. Todo va al revés, en consecuencia de aquel desorden capital. La virtud es perseguida, el vicio aplaudido, la verdad muda, la mentira trilingüe, los sabios no tienen libros y los ignorantes librerías enteras. Los libros están sin doctor y el doctor sin libros. La discreción del pobre es necedad y la necedad del poderoso es celebrada. Los mozos se marchitan y los viejos reverdecen. El derecho es tuerto y ha llegado el hombre a tal punto de desatino, que no sabe cuál es su mano derecha, pues pone el bien a la izquierda. Lo que más le importa echa a las espaldas, lleva la virtud en tres pies y, en lugar de ir adelante, vuelve atrás.

—Pues si esto es así, como lo vemos, dijo Andrenio, ¿para qué me has traído al mundo, oh Critilo? ¿No me estaba yo bien a mis solas? Yo resuelvo volverme a la cueva de mi nada. ¡Alto!, huyamos de tan insufrible confusión, sentina, que no mundo.

3. El otro grande inquietador: se refiere a Alejandro Magno.

—Esto es lo que ya no se puede, respondió Critilo. ¡Oh cuántos volvieran atrás, si pudieran! No quedaran personas en el mundo. Advierte que vamos subiendo por la escalera de la vida y las gradas de los días, que dejamos atrás, al mismo punto, que movemos el pie, desaparecen. No hay por dónde volver a bajar ni otro remedio, que pasar adelante.

—¿Pues cómo hemos de poder vivir en un mundo como éste, porfiaba, afligiéndose Andrenio, y más para mi condición, si no me mudo? Que no puedo sufrir cosas malhechas. Yo habré de reventar sin duda.

—¡Eh!, que te harás a ello en cuatro días, dijo Quirón, y serás tal como los otros.

—¡Eso no! ¿Yo loco? ¿Yo necio? ¿Yo vulgar?

—Ven acá, dijo Critilo. ¿No podrás tú pasar por donde tantos sabios pasaron, aunque sea tragando saliva?

Debía estar de otra data[4] el mundo.

—El mismo fue siempre que es. Así le hallaron todos y así le dejaron. Vive un entendedor conde de Castrillo y no revienta un entendido marqués Carreto y pasa.

—¿Pues cómo hacen para poder vivir, siendo tan cuerdos?

—¿Cómo? Ver, oír y callar.

—Yo no diría de esa suerte; sino ver, y reventar.

—Yo no diría de esa suerte; sino ver, oír y reventar.

—No dijera más Heráclito.

—Ahora dime, ¿nunca se ha tratado de adobar el mundo?

—Sí. Cada día lo tratan los necios.

—¿Por qué necios?

—Porque es tan imposible como concertar a Castilla y descomponer[5] a Aragón. ¿Quién podrá reca-

4. Data: cualidad, condición.

5. El Rey Católico decía que concertar Castilla y desconcertar Aragón era perderlos a ambos.

bar que unos no tengan nepotes y otros no tengan privados? Que los franceses no sean tiranos, los ingleses tan feos en el alma, cuán hermosos en el cuerpo, los españoles soberbios y los genoveses...?

—No hay que tratar. Yo me vuelvo a mi cueva y a mis fieras, pues no hay otro remedio.

La suegra de la vida

Entró finalmente la tan temida reina, ostentando aquel su tan extraño aspecto a media cara; de tal suerte, que era de flores la una mitad y la otra de espinas, la una de carne blanda y la otra de huesos; muy colorada aquélla y fresca, que parecía de cosas entreveradas de jazmines, muy seca y muy marchita ésta; con tal variedad que, al punto que la vieron, dijo Andrenio:

—¡Qué cosa tan fea!

Y Critilo:

—¡Qué cosa tan bella!

—¡Qué monstruo!

—¡Qué prodigio!

—De negro viene vestida.

—No, sino de verde.

—Ella parece madrastra.

—No, sino esposa.

—¡Qué desapacible!

—¡Qué agradable!

—¡Qué pobre!

—¡Qué rica!

—¡Qué triste!

—¡Qué risueña!

—Es —dijo el ministro que estaba en medio de ambos— que la miráis por diferentes lados, y así hace diferentes visos, causando diferentes efectos y afectos. Cada día sucede lo mismo, que a los ricos les parece intolerable y a los pobres llevadera, para los buenos viene vestida de verde y para los malos de negro, para los poderosos no hay cosa más triste, ni para los desdichados más alegre. ¿No habéis visto tal vez un modo de pinturas que si las miráis por un lado, os parece un ángel, y si por el otro un demonio? Pues así es la Muerte. Haceros heis a su mala cara dentro de breve rato, que la más mala no espanta en haciéndose a ella.

—Muchos años serán menester —replicó Andrenio.

Sentóse ya en aquel trono de cadáveres, en una silla de costillas mondas, con brazos de canillas secas y descarnadas, sitial de esqueletos, y por cojines calaveras, bajo un deslucido dosel de tres o cuatro mortajas, con goteras de lágrimas y randas al aire de suspiros, como triunfando de soberanías, de bellezas, de valentías, de riquezas, de discreciones y de todo cuanto vale y se estima. Luego que estuvo de asiento, trató de tomar residencia a sus ministros, comenzando por el valido. Y cuando la imaginaran terrible fiera, horrenda y espantosa, al fin de residencia la experimentaron, al revés, gustosa, placentera y entretenida y muy de recreo; cuando aguardaban que arrojase en cada palabra un rayo, oyeron una y otra chanza; y en vez de una envenenada saeta en cada razón, comenzó con lindo humor a entretenerse desta suerte:

—Venid acá, Pesares —decía—, y no os me alleguéis muy cerca; más allá, más de lejos: ¿cómo os va de matar necios? Y vosotros, Cuidados, ¿cómo os va de asesinar simples? Salid acá, Penas, ¿cómo (os) va de degollar inocentes?

—Muy mal, señora —la respondieron—, que ya todos caen en la cuenta de no caer ni en la cama, cuanto menos en la sepultura. No se usa ya el morir de tontos, todo va a la malicia.

—Apartaos, pues, vosotros mata bobos, y salid acá vosotros, mata locos.

Saltó al punto la Guerra con sus asaltos y choques.

—¡Oh, amiga mía! —le dijo—, ¿cómo te va de degollar centenares de millares de franceses en España y de españoles en Francia? Que si se sacase la cuenta de los que han muerto las gacetas francesas y relaciones españolas, llegaría sin duda a doscientos mil españoles cada año y otros tantos franceses, pues no viene relación que no traiga veinte y treinta mil degollados.

—Es engaño, señora, que no mueren peleando al cabo del año ocho mil de ambas partes. Mienten las relaciones y mucho más las gacetas.

—¿Cómo no, cuando yo veo que de todos cuantos van a la campaña no vuelve ninguno? ¿Qué se hacen?

—¿Qué? Mueren de hambre, señora, de enfermedades, de mal pasar, de necesidad, de desnudez y de desdichas.

—¡Eh, que todo es uno para mí! —dijo la Muerte—. ¿Ellos, al cabo, no perecen todos, sea de pelear, sea de no pelear, sea de lo que fuere? ¿Sabéis lo que me parece?: que la campaña es como la casa de juego, que todo el dinero se hunde en ella, ya en barajas, ya en baratos, en luces y en refrescos. ¡Oh buen príncipe aquél, y grande amigo mío, que acorralaba veinte mil españoles en una plaza y los hacía perecer todos de hambre, sin dejarles echar mano a la espada! Si eso hicieran, no había para comenzar de toda Francia: que a los españoles no les han faltado sino cabos chocadores[6] no soldados avanzadores. ¡Pues aquel otro que hizo perecer más de otros tantos a vista del enemigo, todos de hambre y de desdicha de jefes! Pero quítame de delante, anda de ahí, Guerra mal nacida y peor ejercitada, pues sin pelear, cuando el ejército se denominó del ejercicio.

—Yo sí, señora, que mato y asuelo y destruyo en estos tiempos todo el mundo.

—¿Quién eres tú?

6. Cabos chocadores: jefes militares valerosos.

—¿Pues no me conoces? ¿Ahora sales con eso, cuando yo creí que estaba en tu valimento?

—No doy en la cuenta.

—Yo soy la Peste que todo lo barro y todo lo ando, paseándome por toda Europa, sin perdonar la saludable España, afligida de guerras y calamidades; que allá va el mal donde más hay. Y todo esto no basta para castigo de su soberbia.

Saltó al punto un tropel de entremetidos, diciendo:

—¿Qué dices, qué blasonas tú? ¿No sabes que toda esta matanza a nosotros se nos debe?

—¿Quiénes sois vosotros?

—¿Quiénes? Los Contagios.

—Pues, ¿en qué os diferenciáis de las Pestes?

—¿Cómo en qué? Díganlo los médicos, o si no, dígalo mi compañero, que es más simple que yo.

—Lo que sé es que mientras los ignorantes médicos andan disputando sobre si es peste o es contagio, ya ha perecido más de la mitad de una ciudad; y al cabo, toda su disputa viene a parar en que la que al principio, o por crédito o por incredulidad, se tuvo por contagio, después al echar de las sisas o gabelas fue peste confirmada y aun pestilencia incurable de las bolsas. Al fin, vosotros, Pestes o Contagios, sus alcahuetes, quitáosme de delante, que no hacéis cosa a derechas; pues sólo las habéis con los pobres desdichados y desvalidos, no atreviéndoos a los ricos y poderosos, que todos ellos se os escapan con aquellas tres alas de las tres eles: *luego, lejos* y *largo tiempo,* esto es, luego en el huir, lejos en el vivir y largo tiempo en volver. De modo que no sois sino mata desdichados, aceptadores de personas, y no ministros fieles de la divina justicia.

—Yo sí, señora, que soy el verdugo de los ricos, la que no perdono a los poderosos.

—¿Quién eres tú que pareces la fénix entre los males?

—Yo —dijo— soy la Gota, que no sólo no perdono a los poderosos, pero me encarnizo en los príncipes y los mayores monarcas.

—¡Gentil partida! —dijo la Muerte—. Tú, no sólo no les quitas la vida, pero dicen que se les alargas veinte o treinta años más desde que comienzas. Y lo que se ve es que están muy bien hallados contigo, sirviéndoles de arbitrio de su poltronería y de alcahueta de su ocio y su regalo. Sepan que yo tengo de hacer reforma de malos ministros y desterrarlos a todos por inútiles y ociosos donde hay médicos. Y he de comenzar por aquella gran follona la Cuartana, por quien jamás dobla campana, que no sirve sino de hacer regalones los hombres agotando el vino blanco y encareciendo las perdices. Mirad qué cara de hipócrita: ella come bien y bebe mejor, y sin hacerme servicio alguno pide premio, después de muchas ayudas de costa. ¡Hola!, mis valientes, los matantes, ¿dónde andáis? Dolores de costado, tabardillos y detenciones de orina, andad luego y acabad con estos ricos, con estos poderosos que se burlan de las pestes y se ríen de la gota y hacen fisga de la cuartana y jaqueca.

Rehusaban ellos la ejecución del mandato y no se movían.

—¿Qué es esto? —dijo la Muerte—. Parece que teméis la empresa: ¿de cuándo acá?

—Señora —le respondieron—, mándanos matar cien pobres antes que un rico, doscientos desdichados antes que un próspero, aunque sea Colona[7]. Porque demás de que son muy dificultosos de asesinar éstos, nos concitamos el odio universal de todos los otros.

—¡Oh, qué bueno está eso! —ponderó la Muerte—. ¿Y agora estamos en eso? Si en eso reparamos, nada valdremos. Ora yo os quiero contar el propósito y el ejemplo; y demos este rato de tre-

7. Gracián hace un simple juego de palabras con «próspero» y Próspero Colonna, famoso ministro italiano al servicio de Carlos V.

guas a los mortales, que no hay suspensión de mis flechas como un rato de olvido, cuando la memoria de la muerte toda la vida desazona. Habéis de saber que cuando yo vine al mundo (hablo de mucho tiempo, allá en mi noviciado), aunque entré con vara alta y como plenipotenciaria de Dios, confieso que tuve algún horror al matar y que anduve en contemplaciones a los principios si mataré éste, no sino aquél, si el rico, si el poderoso, si la hermosa, no sino la fea, si el mozo gallardo, si el viejo. Pero al fin, ya me resolví con harto dolor de mi corazón, aunque dicen que no le tengo, ni entrañas y que soy dura: ¿qué mucho si soy toda huesos? Determiné comenzar por un mozo rollizo y bello como un pino de oro, destos que hacen burla de mis tiros; parecióme que no haría tanta falta en el mundo ni en su casa como un hombre de gobierno hecho y derecho. Encaréle mi arco, que aún no usaba la guadaña ni la conocía; confieso que me temblaba el brazo, que no sé cómo me acerté el tiro, pero al fin quedó tendido en aquel suelo, y al mismo punto se levantó todo el mundo contra mí, clamando y diciendo: «¡Oh, cruel! ¡Oh, bárbara Muerte! Mirad quién ha asesinado: a un mancebo, el más lindo que ahora comenzaba a vivir, en lo más florido de su edad. ¡Qué esperanzas ha cortado, qué belleza ha malogrado la traidora! Aguardara a que se sazonara, y no cogiera el fruto en agraz y en una edad tan peligrosa. ¡Oh mal lograda juventud!». Llorábanle sus padres, lamentábanse sus amigos, suspiraban muchas apasionadas, hizo duelo a toda una ciudad. De verdad que quedé confusa y aun arrepentida de lo hecho. Estuve algunos días sin osar matar ni parecer[8], pero, al fin, él pasó por muerto para ciento y un año. Viendo esto, traté de mudar de rumbo, encaré el arco contra un viejo de cien años. «A éste sí, decía yo, que no le plañiera nadie, antes todos se hol-

8. Parecer por «aparecer».

garan», que a todos los tenía cansados con tanto reír y dar consejos. A él mismo pienso haberle hecho favor, que vivía muriendo; que si la muerte para los mozos es naufragio, para los viejos tomar puerto. Flechéle un catarro que le acabó en dos días. Y cuando creí que nadie me condenara la acción, antes bien todos me la aplaudieran, y aún la agradecieran, sucedió tan al contrario, que todos a una voz comenzaron a malearla[9] y a decir mil males de mí, tratándome, si antes de cruel, agora de necia, la que así mataba un varón tan esencial a la república. «Estos, decían, con sus canas honran las comunidades y con sus consejos las mantienen. Agora había de comenzar a vivir éste, lleno de virtud, hombre de conciencia y de experiencia. Estos agobiados son los puntales del bien común.» Quedé, cuando oí esto, de todo punto acobardada, sin saber a quién llevarme: mal si al mozo, peor si al anciano. Tuve mi reconsejo[10] y determiné encarar el arco contra una dama moza y hermosa. «Esta vez sí, decía, que he acertado el tiro, que nadie me hará cargo», porque ésta era una desvanecida, traía en continuo desvelo a sus padres y con ojeriza a los ajenos, la que volvía locos (digo, más de lo que lo estaban) a los mozos, tenía inquieto todo el pueblo; por ella eran las cuchilladas, el ruido de noche, sin dejar dormir a los vecinos, trayendo sobresaltada la justicia; y para ella es ya favor, cuando fuera venganza el dejarla llegar a vieja y fea. Al fin, yo la encaré unas viruelas que, ayudadas de un fiero garrotillo, en cuatro días la ahogaron. Mas aquí fue el alarido común, aquí la conjuración universal contra mis tiros. No quedó persona que no murmurase, grandes y pequeños, echándome a centenares las maldiciones. «¿Hay tan mal gusto, decían, como el desta muerte? ¿Hay semejante necedad,

9. Malearla, por «tomarlo por las malas».
10. Vocablo no registrado en los diccionarios, que Gracián crea. Aquí equivale a «medité mucho».

que una sola hermosa que había en el pueblo ésa se la haya llevado, habiendo cien feas en que pudiera escoger, y nos hubiera hecho lisonja en quitárnoslas de delante?» Concitaban más el odio contra mí sus padres, que llorándola noche y día, decían: «¡La mejor hija, la que más estimábamos, la más bien vista, que ya se estaba casada! Llevárase la tuerta, la coja, la corcovada; aquéllas serán eternas como vajilla quebrada». Impacientes, los amantes me acuchillaran si pudieran: «¿Hay tal crueldad, que no la enterneciesen aquellas dos mitades del sol en sus dos ojos y ni la lisonjeasen aquellos dos floridos meses de sus dos mejillas, aquel oriente de perlas de su boca y aquella madre de soles de su frente, coronada de los rayos de sus rizos? Ello ha sido envidia o tiranía». Quedé aturdida desta vez, quise hacer el arco mil astillas. Mas no podía dejar de hacer mi oficio: los hombres a vivir y yo a matar. Volví la hoja y maté una fea. «Veamos agora, decía, si callará esta gente, si estaréis [11] contentos». Pero, ¡quién tal creyera! Fue peor, porque comenzaron a decir: «¿Hay tal impiedad? ¿Hay tal fiereza? ¡No bastaba que la desfavoreció la naturaleza, sino que la desdicha la persiguiese! No se diga ya ventura de fea». Clamaban sus padres: «¡La más querida, decían, el gobierno de la casa, que estas otras lindas no tratan sino de engalanarse, mirarse al espejo y que las miren!». «¡Qué entendida!, decían los galanes. ¡Qué discreta!» Asegúroos que no sabía ya qué hacerme. Maté un pobre, pareciéndome le hacía mercedes, según vivía de laceriado [12]. Ni por ésas, antes bien, todos contra mí. «Señor, decían, que matara un ricazo, harto de gozar del mundo, pase; ¡pero un pobrecillo, que no había visto un día bueno, gran crueldad!» «Calla, dije, que yo me enmendaré, yo mataré antes de muchas horas un poderoso.» Y así lo ejecuté. Mas

11. Estaréis, por «estarán».
12. Laceriado, lacerado.

fue lo mismo que amotinar todo el mundo contra mí, que tenía infinitos parientes, otros tantos amigos, muchos criados y a todos dependientes. Maté un sabio y pensé perderme, porque los otros fulminaron discursos y aun sátiras contra mí. Maté después un gran necio y salióme peor, que tenía muchos camaradas y comenzaron a darme valientes mazadas. «¿Señores, en qué ha de parar esto, decía yo, qué he de hacer, a quién he de matar?» Determiné consultar primero los tiros con aquellos mismos en quienes se habían de ejecutar y que ellos mismos se escogiesen el modo y el cuándo. Pero fue echarlo más a perder, porque a ninguno le venía bien, ni hallaban el modo ni el día: para holgarse y entretenerse, eso sí; pero para morir, de ningún modo. «Déjame, decían, concluir con estas cuentas; agora estoy muy ocupado.» «¡Oh, qué mala sazón! Querría acomodar mis hijos, concertar mis cosas.» De modo que no hallaban la ocasión ni cuando mozos ni cuando viejos, ni cuando ricos ni cuando pobres: tanto, que llegué a un viejo decrépito y le pregunté si era hora, y respondióme que no, hasta el año siguiente. Y lo mismo dijo otro, que no hay hombre por viejo que esté, que no piense que puede vivir otro año. Viendo que ni esto me salía, di en otro arbitrio, y fue de no matar sino a los que me llamasen y me deseasen, para hacer yo crédito y ellos vanidad. Pero no hubo hombre que tal hiciese. Uno sólo me envió a llamar tres o cuatro veces. Híceme de rogar, para ver si la misma privación le causaría apetito, y cuando llegué me dijo: «No te he llamado para mí, sino para mi mujer». Mas ella, que tal oyó, enfurecida dijo: «Yo me tengo lengua para llamarla cuando la hubiere menester. ¿Quién le mete a él en eso? ¡Mirad qué caritativo marido!». Así que ninguno me buscaba para sí, sino para otro: las nueras para las suegras, las mujeres para los maridos, los herederos para los que poseían la hacienda, los pretendientes para los que gozaban de los cargos, pegándome bravas burlas, haciéndome todos ir y venir, que no hay mejor deuda ni más mala paga. Al fin, viéndome puesta en semejante confusión con los mortales y que no podía averiguarme con ellos, mal si mato al viejo, peor si al mozo, si la fea, si la hermosa, si al pobre, si el rico, si el ignorante, si el sabio: «Gente de la maldición, decía, ¿a quién he de matar? Concertaos, veamos qué ha de ser. Vosotros sois mortales, yo matante: yo he de hacer mi oficio». Viendo, pues, que no había otro expediente ni modo de ajustarnos, arrojé el arco y así de la guadaña, cerré los ojos y apreté los puños y comencé a segar todo parejo, verde y seco, crudo y maduro, ya en flor, ya en grano, a roso y a velloso [13] cortando a la par rosas y retamas, de donde diere. «¡Veamos agora si estaréis contentos!»

13. A roso y a velloso: llevarse lo maduro y lo que está por madurar, tal vez sea la condición de la muerte, que se lleva niños y viejos.

TORRES VILLARROEL (1694-1770)

El frecuentador de nuestra literatura sabe bien que el siglo dieciocho no contó con creadores de aliento. Los ingenios que entonces sobresalieron y que desgraciadamente dieron la tónica, no sólo no crearon, ni siquiera supieron desempeñar el papel de «acólitos». Y que no se diga luego que el gallegazo Feijóo, el jesuíta Isla, o el ramplón Moratín enaltecieron nuestras letras. Que esto es ya ganas de darle vueltas al manubrio del bodrio. Salvo dos nombres cimeros (Cadalso, Villarroel), yerma se nos antoja aquella literatura dieciochesca, que ojalá hubiera sido una copia de la francesa, como se nos suele decir.

No fue por resurrección de lo castizo que se reveló Torres Villarroel como un gran escritor, sino por autenticidad personal. Su labor literaria personalísima, que nos recuerda por sus títulos la obra swiftiana («Cátedra de Morir», el «Piscator», «El Pronóstico para el año 1741»), culmina en las Visiones y visitas con Don Francisco de Quevedo por la Corte, *aún más importantes que su* Vida, *si cabe. Verdadero pasmo nos causa hoy leer estas visiones ciertamente quevedescas, pero no por ello menos torresianas. Leyéndolas, sin ánimo comparativo, descubrimos que se acercan más que Quevedo al sombrío pesimismo del Bosco. Si Quevedo, con su paleta agria y mordaz, supo plasmar con furia una sociedad descompuesta o en avanzado estado de descomposición, Torres, que también sabía de espeluznantes visiones, supo dejarnos el retrato hiperbólico de la época. Con tanta o mayor osadía, con tintas más recargadas, desea horrorizar con la imagen.*

Ante las Visiones y visitas *torresianas estamos más lejos de lo medieval que en la obra quevedesca, porque no hay en ellas ninguna concesión alegórica. El desfile de los personajes es muy distinto al de la* Hora de todos, *que constituye un cortejo simbólico. En oposición a Quevedo, Torres presenta toda una teoría de viciosos, y les da como escenario, no ya esa mansión de condena en que se complace Quevedo, sino las plazas y calles de recio sabor madrileño donde pecan con todos sus cinco sentidos. Pero, si Torres parece más dado a la descripción costumbrista, no por eso se engolfa en detalles. En el juego de despropósitos plásticos a que se entrega, y en los alardes verbales de su prosa, no es el antojo lo dominante, sino la sabia proporción.*

Torres, cuando más parece que atiborra de detalles a sus viciosos, se sale con una frase monda y lironda, para decirnos que la muchacha era como «un pellizco de bienaventuranza» o que el viejo era «enjuto como hueso de dátil».

Su Vida, *que es algo más que un simple relato picaresco, nos ofrece la imagen inquietante de este ingenio bifronte, de este centauro mixto. Incluso en la indumentaria clerical que Torres gestaba se traslucía el contradictorio perfil de su carácter. Su vida ofrece las notas más discordantes. Como en Quevedo, encontramos en él: el hombre del diablo.*

No sólo en su obra sino en su vida hay marcados rasgos de humor negro. Para olvidar las vanidades de los hombres y para ocupar el espíritu únicamente en la contemplación de la idea de la muerte (que sentía próxima), Torres hizo preparar en un convento de capuchinos su tumba, y se mandó retratar en un cuadro, con la Muerte a su lado en ademán de embestirle. La Muerte en actitud cornúpeta debió tenerla muy presente, pues se sabe «que sus visitas eran a aquel cuadro... y que todos sus pensamientos los tenía en aquel cuadro». Mas Torres no se limitó a esto; llegó incluso a hacerse el ataúd, y se tendió en él para ver si le venía bien. A éstos agregó otros obsequios al spleen, *a la contrición, y al arrepentimiento. Torres realizó actos de una increíble abnegación y humildad, recogiendo niños huérfanos y limpiándoles la tiña con las propias manos.*

Con estos ejemplos no puede pasar Torres por un presbítero picaresco o por un escritor confusionario que mezcla lo divino y lo humano con propósito escandalizador. Su talante es muy otro. Asoma, en muchas de sus páginas autobiográficas y sobre todo en sus Visiones y visitas, *una angustia que a ratos se tiñe de humor negro. En el siglo dieciocho Torres halló ya los mismos procedimientos para aliviar sus congojas, que hallaría más tarde Unamuno con sus ultratumberías y sus disquisiciones cocotológicas. Maneras después de todo de desorientar al lector para buscarse compañía en la angustia; reírse sardónica y desesperadamente de sí mismo; valerse de las hipérboles expresionistas para verter más o menos sinceramente sus angustias y agonías. A Torres hay que ir a buscarlo en el desenfado de sus zumbores prólogos y en sus expresiones lapidarias que se adelantan al mejor Valle Inclán de los esperpentos*

Al lector, como Dios me lo enviare, malo o bueno, justo o pecador, sano o moribundo, que no soy asqueroso de cuerpos ni de conciencias ajenas.

Prólogo

Ya habrás oído decir, lector a secas (que eso de discreto, ni te lo dije nunca, ni lo oirás de mi boca), que en uno de los reinos extranjeros se le puso a un tratante en la cabeza vender diablos, como si fueran guacamayas o micos de Tolú. Este dicen que guió la recua camino del infierno con una tropa de alguaciles, escribanos, médicos y alcaldes que iban hacia allá; y habiendo cargado, se vino a la feria y vendió todo el empleo de diablura, y aun se repartieron algunos mojicones entre los mercantes. Lo mismo ejecutaron otros mercaderes a su imitación, y hoy se están despachando demonios por cientos y satanases por gruesas por todo el mundo, con más crédito que si fueran medallas de Roma. A mí, pues, se me ha plantado en el escaparate de los sesos vender mis sueños, mis delirios y mis modorras. Y no siendo éstas tan malas como los demonios, creo que te las he de vender bien vendidas; y más cuando tu perversa inclinación echa el tiempo al muladar del ocio, y tu curiosa necedad aboga por tu bolsillo contra el tuyo, como me lo han hecho creer mis antecedentes disparates. Desde hoy empiezo a soñar. Ten paciencia, o ahórcate; que yo no he de perder mi sueño porque tú me murmures los letargos.

Con don Francisco de Quevedo me sacó mi fantasía por esa Corte a ver los disfraces de este siglo, y juntos hemos notado la alteración de su tiempo al que hoy gozamos. Si te parece mal, poco cuidado me dará tu desazón. Conténtate; y no seas tan mentecato, que le pagues los azotes al verdugo; que yo no puedo desearte más castigo que es que tu paciencia me vengue de tu mordacidad. Siete veces soñó el insigne Quevedo, como verás en el primer tomo de sus obras; con que a mí, que soy más avutardado de espíritu, me toca dormir y soñar más. En la relación de lo soñado, me excederá Quevedo, pero a roncar no le cederé a él ni a cuantos aran y cavan.

Yo te llamara pío, benévolo, discreto y prudente lector, pero es enseñarte a malas adulaciones; y eres tan simple, que lo habías de creer, como que el miedo y la cortesía eran los que me obligaban a tratarte de ese modo. ¿Qué cosa más fácil que presentarte el nombre de *discreto,* porque tú me volvieras el de *erudito*? Que es lo que sucede entre los que leen y escriben, afeitándose unos a otros. Pero es locura, porque yo nunca voy tras tus alabanzas, sino tras tu dinero. Suéltalo, y más que me quemes en estatua dando al fuego mi papel. Conténtate con lo lector en pelo, que lo discreto no lo has de ver en mi pluma, ni en mi lengua; porque yo no estoy acostumbrado a mentir, y hasta que muera te he de aporrear con mis verdades. Lo más que puedo hacer por ti es darte una receta para que te lo llamen otros. Es ésta: Lo primero, has de llamar *madamas* a todas las mujeres, hasta las cocineras y mozas de cántaro. Luego la cartilla del chichisbeo, que es el alcorán de los galanes españoles, cuyo primer carácter, en vez de *cristus,* es *satanás.* Traslada a tu memoria todo lo que en favor de él han escrito los poetas luteranos, repítelo en toda ocasión, y sigue aquellas instrucciones. En concurriendo con señoras, asoléalas bien, como si fueras a hacer pasas; que con esto, cuatro humaredas de incienso cortesano que te lo venderá cualquier lisonjero, los polvos de *¡cuando soñé yo lograr tal fortuna!*, su poco de aquello de *deidades,* hincar las rodillas a cada instante, hablar mucho y alto, te llamarán discreto. Pero cree que en la verdad te quedas un grandísimo tonto.

Si te determinas a leer, te advierto que sea con alguna reflexión. Mira, no te quedes embobado como un salvaje en las pinturas de los mascarones que pongo en la primera entrada de las visitas; cuélate más adentro, y encontrarás doctrina saludable para conocer y huir los vicios de esta edad. Si así lo haces, te hará buen provecho la lectura. Dios permita que así suceda; pero lo temo mucho, porque te he visto leer regularmente con mala intención, y sólo andas a caza de moscas y te metes en censurar el estilo y las voces sin haber saludado la gramática castellana. Si quieres morder lo escrito, aprende a hablar primero, y luego a escribir; y entonces serán racionales tus reparos. Pero si no sabes hablar con otro artificio que el que te enseñó tu madre o el ama que te dio la teta, no entres el hocico en mis sueños; porque puede ser que salgas escaldado. Dios te dé vida para que me pagues mis salvajadas, y murmura lo que tú quisieres, que yo quedo burlándome de verte metido a corrector de autores y de libros y dando voto decisivo en lo que no entiendes ni puedes ejecutar. Consuélate con que yo estoy certísimamente creyendo que lo que tú censures, y lo que yo he escrito, todo es un envoltorio de majaderías. Y si llego a sospechar que hay algo bueno, más me inclinaré a que es lo que yo propongo, que lo que tú arguyes; porque esto está dictado con reflexión y con sano juicio, y lo que tú sueles decir es arrojado de delirio, de la envidia y de tu mala costumbre. Vale, señor leyente, hasta otro prólogo, que quizá será peor que el que se acaba aquí.

Los abates

Tan vivamente me persuadía en el sueño la vigilancia de las especies, que aún hoy dudo si fue soñado o visto, aparente o verdadero, un figurón que vimos en la calle de Hortaleza, adonde fue nuestra primera salida. Era el tal de tan horrible estatura, que venía tropezando con la cabeza en los cuartos segundos; más largo que el viaje de Indias, y más grande que yerro de entendidos. Los brazos eran dos tornillos de lagar, y por las bocamangas del vestido se le venían derritiendo dos muestras de guantero en lugar de manos; el talle en conversación con las gorjas, dos guadañas por piernas, dos tumbas por zapatos; y tan hendido de horcajaduras, que de medio cuerpo abajo parecía compás de carretero o tijera de aserrador. Su finosomía era lánguida y sobada como pergamino de entremés; tan magro y descolorido de semblante, que a lo lejos parecía tarjeta sin dorar; enano de ojos, gigante de narices, tanto, que presumí que le colgaba del entrecejo la paletilla de un buey. Era espeso y tan rubio de bigotes como si tuviera el rostro sembrado de azafrán romín; un cuello valona que le enterraba los sobacos, tendido a usanza de pañizuelo de vergonzante, y una capa soga que sólo le cubría el espinazo; y el vestido negro y marcial que parecía furriel con luto. Cierto que me atemorizó haberme visto en esta figura, porque nunca vi visión más parecida a mi persona; y me tenté miembro por miembro, persuadido a que sin saberlo yo, me había escapado de mí, o que ya era alma del otro mundo y que yo mismo me había aparecido a mí proprio. Cóbreme del susto; y conociendo que era el aborto de un abate acabado de vomitar del vientre de la Italia, le dije a mi difunto:

—Este y otros que habrás visto rodar por esas calles son presbíteros miqueletes, dragones de la clerecía, que tanto hacen a pie como a caballo. Son los ganchosos y los escarramanes del estado eclesiástico, sacerdotes un cuarto de hora y salvajes todo el año. Estos tienen más visitas que los doctores; viven de día y noche en los estrados; son dueñas sin toca ni monjiles, Colones de los refrescos y las tarariras. Tres géneros de gentes visten ese traje: los párrocos monteses, los segundos y terceros de los mayorazgos, y los tunantes perpetuos. De modo que aquellos curas bravíos, sacerdotes casados, que mantienen en los pueblos y aldea cortas cincuenta años de criada en dos tomos y de padres de almas se hacen padres de cuerpos, se vienen a la Corte acosados de sus obispos y provisores; dejan del todo a su conciencia y a su feligresía, se visten de corto, rabón y desenfadado, y pasan la vida sin acordarse de sacramento ninguno; y de éstos es el número mayor. Los segundos y terceros de las casas los visten por vanidad y galanura; son clérigos forzados, a quienes la política hace profesar de bolonios y holgazanes. Estos acechan a los obispados para cargarlos de pensiones, que después hacen caballeratos; y arrojan el cuello, se ciñen espada, y son clérigos pegotes que roen de la Iglesia sin servirla en nada. Los visten también en este traje para proporcionarlos a las abadías beneficios y patronatos de las casas; y en pillando la renta, encomiendan a un fraile el cumplimiento de las misas de la fundación o dejan pereciendo al purgatorio, y ellos reciben la gruesa, y triunfan y gastan a costa del tesoro de la Iglesia; y éstos sólo tienen sabor a clérigos porque visten de luto, y los más ignoran los elementos de Antonio de Nebrija, con que vienen a ser los donados del estado clerical. La tercera especie de abates son los andarines, como mula de alquiler, tragones de leguas y mendrugos, que rompen la vida por cuestas y barrancos. De éstos muchos se aporran en la Corte, y hablan de Génova, Milán, Nápoles y Liorna; juntan auditorio de bribones en la Puerta del Sol, y entre otros de su calaña gobiernan el mundo, y pasan entre los bobos oyentes por los Terencios y Cicerones de este siglo.

—Economía cristiana es —replicó don Francisco— disimular alguna relajación porque no sucedan mayores. Pero dime ahora, en cuanto a las costumbres, ¿en qué estado viven los clérigos de esta edad? Porque temo que como se ha introducido esta disolución en el adorno, se haya apoderado del alma alguna perversa libertad.

—Muchos hay honestos, virtuosos y de loables condiciones —le respondí—. Hay otros más caídos en la virtud, y no pocos exaltados en la relajación. No hay vicio que no haya pisado los umbrales de esta recolección. Mas lo que no se puede oír con los ojos enjutos es el estrago que ha hecho la codicia en la conciencia de muchos eclesiásticos, así en la Corte como fuera de ella; y la mayor desgracia es que han encontrado una diabla teología con cuya anchura de doctrina gastan en usos profanos, coches, carrozas, juegos, festines, siervos y familias aquellos bienes con que les contribuye de limosna la congregación de los fieles católicos, engañados en pensar que son útiles y precisos a la decencia y respeto de su persona y de su estado. Y así usurpan a los menesterosos feligreses el caudal de que son únicamente tesoreros, recaudadores y no dueños. De la misma manera es deplorable la miseria de otros que faltándose impíos a la decencia y costumbre religiosa, tocan en sucios, desharrapados y aun pordioseros; y amontonan en sus casas y navetas los frutos de sus beneficios, hurtándolos y escondiéndolos a los miserables pobres de sus parroquias, cuyos son legítimamente. Yo, Quevedo de mi alma, no quería creer que vivían en el mundo sin rubor tales ministros, hasta que la experiencia me ha hecho sabidor de esta lástima. Muchas veces he escuchado con tormento de mi corazón que el canónigo Fulano y el preste Zutano murieron y dejaron dos mil doblones al ama, mil a la sobrina, quinientos al criado Pedro y doscientos a la criada María. En los testamentos de los eclesiásticos no se oye otra piedad, ni se advierte otra distribución que con las amas, sobrinas, sobrinos y criados; y el más recoleto en aquella hora del morir lo deja por medio de un poder a una comunidad o al más cercano pariente.

El oficio del eclesiástico debe ser el más pobre y el más trabajoso; su vestido, humilde y honesto; su comida, moderada; su retiro, ejemplar; su pureza, notable; su caridad, mucha; su fe, viva y acompañada de todas las virtudes y buenas obras para que a su ejemplo se modere la libertad de los seglares, y con su vista se les despierte en su memoria el deseo de la cristiana vida. Y es el desconsuelo, difunto de mi alma, que hoy los más escogen a la Iglesia para vivir ociosos, regalados, poltrones y ricos; y no sin fundamento para significar un hombre obeso, bien mantenido y sin cuidados al estudio ni otras fatigas, dicen: ¡*Tiene una vida como un canónigo*!; o... ¡*como un padre*! Y no hay duda alguna que el eclesiástico que no ha de rezar, decir misa, ni confesar ni distribuir a los pobres sus beneficios, éste logrará una buena vida; pero también es cierto que se irá a los infiernos sin pasar por las penas del purgatorio. Los hombres ricos y más desocupados de los pueblos son los curas y los sacerdotes, y son los primeros que acuden a las diversiones, tratos y huelgas de los seculares.

—Este desorden —dijo el muerto— nace de la ignorancia del orden y la poca meditación que gastan cuando mancebos a saber las obligaciones del estado que han de elegir. Desde la primavera de su edad debían aleccionarse en la Sagrada Biblia, en la piadosa lectura de los místicos, morales y doctrinales; pero es la desgracia que en mi siglo había pocos instruidos en estas ciencias cristianas.

—Hoy es mayor el número de los clérigos ignorantes en esa sabiduría —dije yo—, y solamente en las cátedras y universidades se encuentran algunos dedicados a la sagrada lección de los cánones y al discreto cuidado de las moralidades. Los demás han leído la doctrina católica por un Busenbaum u otro prontuario, y esta aplicación les dura el espacio que hay entre una y otra orden; que luego que llegan a la de presbíteros, arriman del todo esta lectura.

—¡Grave y reprehensible es la pereza e ignorancia en que viven muchos eclesiásticos, debiendo ser los más sabios y diligentes en la ciencia cristiana! Dios Nuestro Señor, por ser quien es, los influye una inevitable aplicación al respeto, doctrina y servicio de Jesucristo.

—Vamos —le volví a decir al sabio muerto—, que el tiempo es breve, y nos quedan muchas visiones que ver y algunas mansiones que visitar.

De los avaros, usureros y mohatreros que prestan dinero sobre alhajas

Ya habíamos bajado a la calle del Carmen, cuando deteniendo la humanidad sobre un palo, vimos a un hombre enjuto y chupado como canilla de cementerio; tan pilongo y sucio, que su cara parecía escarpín sudado; los ojos hambrones, que se salían del casco a tragar cuanto miraban, y desde ellos a las papadas se le desmayaban unos pelos lacios, seguidos y mugrientos como cabellera de indio, tanto, que juzgué que tenía la cara con hábitos largos; las manos no eran manos sino dos manojos de vides; y tan desigual de cuartos, que cada miembro predicaba ser de otro hombre, como si le hubieran formado de retales de moribundos, héticos, tísicos y perláticos. Estaba sorbido de un capisayo, entre ropilla y balandrán, roído de los meses y apelmazado de pegotes de todo trapo, que más era bruma, carga e irrisión que abrigo; valona sábana, que le servía de mortaja al tragadero, almidonada de cerote y más sucia que alma de relator; polainas de botones de a folio, y zapatos cormas con cornisa a lo moruno. Goteaba de hora en hora un paso, suspiraba a empujones y alentaba a pujos; y éstas eran todas las señas del viviente.

—¡Válgame Dios! —dijo Quevedo—. ¡Qué poca lástima se deben los racionales unos a otros! La compasión, la caridad y el cariño a la especie, parece que ha huido de las poblaciones políticas. ¿Cuántos verterán en necios ocios y desordenados vicios caudales soberbios? Y de tantos, ¿no hay uno que se lleve a comer a su casa a ese pobre que toda su flojedad será hambre? En una corte tan fecunda como ésta, es poca cristiandad que se vean los pobres tan hambrientos y desnudos. Que no haya tantas mulas, y serán asistidos los menesterosos; que se cierren las puertas a la ambición de las ropas delicadas, que se atuse la gula de los cumplimientos, que se cercene el valor a las piedras y puntas; que se ahorquen los perros de falda, micos, monos y papagayos; que vista el hombre honrado la lana del país, y beba el vino de su tierra; que al pícaro se le modere en el gasto de las granas y sedas, y se le quemen los pelos postizos; y de esta suerte todos vivirán más acomodados a Dios y a la naturaleza. Dos codiciosos que sufra un pueblo sobran a hacer pobres mil vecinos. Dios envía al mundo lo provechoso y lo preciso para su aumento y conservación. La naturaleza cada año hace copiosa provisión de frutos y abrigos para sus vivientes, y no deja vida quejosa. A todas acude, y siempre se está desvelando en providencias; pues tome cada uno lo que necesita, y quedará para los otros lo importante. Aprendan los hombres de los brutos, que ninguno carga con más de lo que le toca y aprovecha. ¿Cómo no ha de haber pobres si amontona el rico en su casa lo que no ha menester y con lo que deja podrir en sus despensas pudiera sustentar una familia? Aunque no hubiera Dios, caridad, mérito ni premio, de vergüenza de ver la compasión, fraternidad y cariño que se tienen las bestias unas a otras, debían los racionales amarse, socorrerse y unirse más los unos a los otros. Con endemoniados ojos está mirando el hijo perecer a su padre, el hermano a la hermana, y el hombre al hombre; y es cobarde tan vil, que no se atreve a privar de un antojo necio para socorrer la continuada calamidad en su padre, en su hermano y en su amigo.

—¡Oh, difunto de mi alma, qué católico reprendes y te lastimas del más abominable de los vicios! Pero has de saber que este esqueleto viviente no es pobre, sino el más sucio de los codiciosos que se revuelcan en el lodazal de Lucifer. Es penitente del diablo y disciplinante del Infierno, que ayuna todos los días a su condenación y se va instruyendo de precito; es gañán de necesidades ajenas, enemigo de Dios, de sí propio y de la naturaleza. Tan maldito es, que por su mano se toma los tormentos y castiga a su vicio con su condición. El se esconde el pan, y se viste de los retales despreciados de los mauleros. Es tan ruin, que cuando está en casa, se baja los calzones y da las nalgas a los ladrillos porque no se le gaste el paño; no ve más luz que la del sol, y de mes a mes se escombra el rostro con unas tijeras como si fuera murta. Si está sano, se maltrata; si enfermo y doliente, se deja morir sin más medicina que la cuenta de lo que ahorra; las felicidades ajenas le encogen, le acongojan y martirizan, y las suyas sólo le sirven de estorbar los rincones de su casa.

«Tiene este hombre dos o tres mil doblones enterrados al pie de unas tablas en donde se recuesta, y otros tantos a ganancias, forzosas, y todavía ignora el sabor a un estofado de vaca. Es la bestia más horrible que pasea el mundo; idólatra, esclavo y siervo de lo que no le aprovecha más que de tenerlo roto y despreciado. Setenta años han pasado por él, y está amontonando reales como si hoy empezara su juventud y como si supiera que le había de durar hasta la fin del mundo; y se previene como si no hubiera Dios que socorre, naturaleza que ruega, y piedad común que asiste a toda necesidad. Borracho, bruto, mañana te puedes morir; arrópate hoy, como un pollo, límpiate esa cara, prueba en dar algo a tu prójimo, que puede ser que te sepa mejor distribuir que amontonar; logra del amor a los racionales, y conoce siquiera la imaginada felicidad del mundo; que si te condenas, ese infierno menos tendrás en vida. Dime, salvaje, ¿para quién guardas? ¿Para ti? No; porque tú careces de lo que escondes, y de quien más lo ocultas es de ti propio. ¿Para otros? Menos; porque si a todos nos pudieras sacar el corazón, ya lo tuviéramos enterrado con tus talegos. Pues, necio, ¿para quién ahorras, guardas y escondes con tal castigo de tu cuerpo y con tanto trabajo de tu alma? Ni tú lo sabes, y nosotros lo ignoramos.

»Todos los pecados son dificultosos de huir, y más disculpables, menos el de la codicia. La lujuria es un convidado perpetuo de la naturaleza; y suele no bastar toda la consideración del infierno, la pérdida de la gloria ni otros empujones espirituales para despedirla del alma, y siempre queda desabrido y enojado el natural, porque le quitamos un pedazo de su ser. La gula vive con nuestra organización; y siempre que le regateamos el deleite, está ceñudo el apetito. Y, en fin, todos los vicios son más disculpables que el de la codicia; porque para no ser lujurioso, soberbio, guloso e iracundo necesitamos estar siempre en contienda y resistiéndonos a nosotros mismos. Pero para no ser codiciosos no basta no estudiarlo, que este vicio pide mañana, estudio y aun fuerza para introducirse en el hombre. Todos los vicios son halago engañoso de la naturaleza, pero éste es contra todas las naturalezas. El hombre no desea ser maltratado, y la codicia maltrata al que la tiene, y se falta a sí por entretener a su vicio. Perdona, muerto de mi alma, la cansada moralidad con que te he detenido; que ya sé cuando vivías, dejaste muy castigada esta mala costumbre en el segundo tomo de tus *Obras*. Pero desde entonces ha cundido con más desvergüenza, manchando lo más religioso de la especie racional. Yo me he dejado arrebatar del coraje con que miré siempre a tales viciosos, y prorrumpí en las desatinadas verdades que me has oído. Y para que te informes mejor, escucha y notarás la altura en que se ha encaramado esta torpeza y la hinchazón que ha adquirido desde tu edad a este infeliz tiempo.

»En cada barrio o en cada calle de la Corte viven tres o cuatro de estos infernales codiciosos usureros, y sólo sirven de ir pasando a su casa todos los trastos de la vecindad, con insolente cautela y capa de virtud y remedio, en esta forma: Llega el necesitado de algún dinero a los umbrales de este gomia, y le pide cuatro pesos prestados sobre una sortija de diamantes u otra alhaja de cuatriplicado valor que el empréstito; y como asegura su moneda el usurero, no repara en darlos, y quédase cautiva en el Argel de su ambición. Ya esta alhaja nunca se vuelve a rescatar por el mismo dinero; pues aunque no viva más que media hora en el carcelaje, el dueño ha de pagar los cuatro pesos y más un real de plata de aumento en cada real de a ocho, y para las ánimas dos cuartos. Con que por entrar y salir la alhaja en la prisión del maldito paga cuatro pesos, cuatro reales de plata y ocho cuartos. Y si la prenda se detiene dos o tres meses, por cada mes se le aumenta a cada peso otro real de plata y otros dos cuartos; con que a pocos días se queda en la cautividad del usurero, sin arbitrio del rescate. Tienen estos hombres y algunas mujeres trato oculto de tabaco y otras especies, de modo que compran del estanco real o de algún fraude tres o cuatro libras de tabaco, añaden de mierda de cristianos o de cabras porción hasta hacerla seis; éstas las rebujan y reparten en papelillos, que prestan y venden a la vecindad, y doblan dos veces el dinero en cada libra, y dedican su ambición a otras indignidades odiosas de contar.

»Lícitas son las ganancias cuando se aventuran los caudales o cuando hay calma en los lucros, y en otros casos; mas para esos fines gozaba las cortes y los pueblos personas conocidas, abonadas, de buen caudal y mediana conciencia, a quienes mantienen y estiman los monarcas por hombres preciosos y precisos en el buen gobierno, y sin estos sujetos padecerían graves atrasos los comercios, especialmente en la carrera de Indias, Roma y otros reinos. Pero este infame y otros, sin autoridad de la justicia de la tierra y enojando gravemente a la del cielo, hurtan y estafan a conciencia rota. Y lo más lamentable es que los veo frecuentes en los templos: se confiesan de cuatro en cuatro días, ayunan todo el año, rezan cien Salves en cruz y doscientas oraciones del Sudario de bruces sobre la tierra, y hacen otros ejercicios que mueven la envidia del más extático. ¡Ay, Quevedo mío! No puedo hablar; que a poder yo te instruyera y te llevara adonde vieras con los ojos de la consideración lo horroroso de este vicio. Sólo te diré que se ha entrado por las puertas más religiosas, y que las condiciones y señales que nos ha dejado la teología moral para conocer el semblante interior de la usura, ya no nos desengaña; porque se ha mudado tanto el rostro, que ya es imposible averiguarle la casta. Yo la veo rodar las calles, plazas, pórticos, recolecciones y retiros, unas veces con cara de empréstito, otras con faz de socorro, semblante de donación, agasajo, regalo, niñería, limosna y otras carántulas; y todos se confiesan y se mueren, y por acá quedamos muy satisfechos de la salvación. Yo veo hurtar mucho y restituirse nada, ni he logrado ver un muerto que vuelva a pagar sus hurtos ni sus trampas a los que se quedan por acá, ni a ningún vivo que en la hora de su muerte ni en los días de su vida haga almoneda de sus embustes y reparta los que llaman sus bienes a quien los estafó (y regularmente los reparte de modo que siempre vienen a tocarle al diablo). Es ciertísimo que de este modo y otras mil maneras se hurta sin temor de Dios, de la muerte ni de la vida.

—Mucha codicia, usura y ambición se paseaba por mi siglo —dijo Quevedo—, pero no tan desvergonzadamente, ni era tampoco de esta tan maldita, tan baja ni tan pobretona casta. Pero ahora parece que han llegado los hombres, por ser codiciosos, a serlo de las miserias y desdichas. Pues, ¡qué más desgracia que la de ese infeliz que anda buscando su condenación en cuartos de tabaco!

En la encrucijada de la Puerta del Sol paró el

grave difunto, volviendo la vista a todas partes, así como repasando la confusa tropelía de hombres y brutos que van, vienen y se quedan en aquel sitio; y al cabo de una larga suspensión, me dijo:

—Sin duda que está la Corte más poderosa, más rica y más alegre que en mi siglo; porque lo galano, sobresaliente y costoso de los trajes, la muchedumbre de los coches y la multitud de gentes racionales acreditan la plenitud e hinchazón de su poder.

—Yo te instruyera con bastantes noticias acerca del argumento que has apuntado —le dije yo—, si estuviéramos en lugar menos público; pero estoy medroso de que hay por aquí muchas orejas, y lo que yo tenía que informarte corre peligro que lo sepa quien me puede hacer algún daño. Lo que yo puedo decirte, porque lo sabe todo el mundo, es que es ciertísimo que nunca fue más feliz la Corte que en este siglo; tanto, que para quitar los escandalosos desórdenes de su soberbia, poder y suntuosidad, se halló precisado el sabio y temido monarca que hoy nos gobierna a arrojar de Madrid la plata, el oro, los coches, las telas, los encajes y las piedras por pragmática expedida cuatro años ha. Las rastreras y meloneras vestían los finísimos bordados que en un tiempo se fabricaban para el culto de templo e imágenes. En tu edad todos andabais vestidos de réquiem; no conocisteis la púrpura si no es en las personas reales, y yo la he visto en los zapateros y sastres. Nunca salió la Corte de capa de raja; y con lo que en tu tiempo se vestían los príncipes no hay ahora para arropar a un cocinero. En cuanto a coches, creo que tenemos ahora seis mil más que en tu tiempo; porque entonces no había pasado a los oficios mecánicos, y ahora lo han añadido los médicos, letrados, relatores, agentes, comadrones, cirujanos, maestros de obras, pintores y algunos herreros. A todos éstos lo más que se les permitía era un jaco, y el que ganaba para una mula y un galopín era el hombre rico de la profesión. En cuanto a alegría, jamás hubo tanta en la Corte: aquí no se hace otra cosa que bailar y tañer; cuatro mil músicos más tiene hoy Madrid que los que pagaban en la era que tú eras viviente; ahora al que sabe serrar en un rabel le dan mil ducados de salario; y a los que cantan lo que no se les entiende, dos mil; abundan las calles, las casas y los templos en chirimías, violines, flautas, cuernos, clarines y timbales, instrumentos que ni los habrás oído nombrar.

»En tu tiempo a las visitas de boda los agasajaban con aloja y suplicaciones; hoy todo es sorbetes, auroras, aguas de fresas, guindas, cerezas y otras extracciones y golosinas. Los salarios de todo linaje de sirvientes son al doble crecidos que en tu tiempo; en las oficinas, a los que saben leer y escribir y hasta firmar, los dan cincuenta mil, treinta mil o doce mil reales de sueldo; y en fin, amigo, esta edad en la Corte sólo es mala para los criados de los señores, que a ésos les han carcomido los salarios. Pero a los demás, a todos les sobre para coche, visitas, gorronas y músicas y otros desórdenes. Toda esta abundancia es hija de la universal carencia del resto de la España. A cualquiera pueblo que vieras conocerías al punto su miseria. En ellos sudan y trabajan para mantener a los ociosos cortesanos y a los que llaman políticos. Al rabo de una reja anda cosido todo el día el desventurado labrador, y el premio de sus congojas es cenar unas migas de sebo por la noche y vestir un sayal monstruoso que más lo martiriza que lo cubre, y el día de mayor holgura come un tarazón de chivo escaldado en agua. Los caudales de las villas, aldeas y ciudades, todos vienen en recuas a la Corte. Aquí todo se consume, y allá quedan consumidos; aquí apoplejías y allá hambre, aquí joyas y galas y allá desnudez. Y porque vivan desperdiciando en carrozas y glotonerías y embelecos cuatro presumidos, soberbios y ambiciosos, dejan perecer y remar a todo un mundo de pobres cristianos...

CADALSO
(1741-1782)

A la descomedida soltura verbal de Torres Villarroel se opone la contención literaria de las Cartas marruecas, *y por esa contención literaria admirable de su prosa, que presenta además la novedad de no ser arcaizante, el Cadalso de las* Cartas marruecas *perdura y merece leerse.*

Si las Cartas marruecas *constituyen la mejor revelación de nuestro siglo* XVIII, *no menos actuales son las* Noches lúgubres *que el poeta compuso en el período de turbación y soledad que siguió a la muerte de María Ignacia. En el siglo pasado, se creía que Cadalso no había hecho otra cosa que copiar a Young, cuando la prosa extraña, sugeridora y balbuciente de las* Noches lúgubres *(del español) no se parece en nada o muy poco a la del clérigo inglés. Se puede hablar, como hace Joaquín Arce, de la novedad de las* Noches. *Para probarla, diremos que es nueva la manera de abordar el tema sepulcral «sin referencias a la vida eterna y con sólo aparato escenográfico potenciado en el misterio de la noche». Aunque se haya dicho que Cadalso se embebió de Granada, de Quevedo, y de la tradición moralista de nuestros clásicos. nada más lejos de ellos estilísticamente que esta prosa que procede por cortocircuitos verbales. Frente a la tendencia correcta y razonadora de la moda neoclásica, Cadalso erige un mundo regido por el ritmo. No es Bécquer, como apunta Cernuda, quien adivina en España la necesidad de la poesía en prosa, sino Cadalso quien consigue en las* Noches *una prosa conscientemente poética.*

Las Noches *adquieren además una nueva dimensión, si se miran desde el ángulo del humor. La burlona carcajada de los* Eruditos *la sátira de las* Cartas, *pueden arrojarnos luz sobre lo burlesco de las* Noches *y dejarnos ver en ellas un monumento del humor negro. El desahogo literario de las* Noches *tiene mucho de delirio romántico, pero también de burla literaria. Las exclamaciones de los dialogantes tienen hasta un tono juguetón y el de Lorenzo es el tono de un humorista. Toda la obra lleva inexorablemente al lector hacia la aceptación final de la inestable y penosa condición humana.*

Que la obra fuese de temer, se deduce de los papeles de la Inquisición. En varias ocasiones, conoció el dictamen desfavorable de los inquisidores. Debió alarmarles la visión pesimista, la negra desesperación que en las Noches *se aloja. Pero sobre todo cierta furia contra la paternidad que descubría el contagio del* Emilio. *Según los papeles inquisitoriales, asomaba en ellas una libertad «irreligionaria».*

Cadalso, con Gracián, Quevedo, y otros, pertenece a la literatura del desengaño y las Noches, *que el autor hubiera querido ver impresas «con papel negro y con letras amarillas», son una letanía disparatada y melancólica que tal vez sea la literaturización de un hecho.*

Noche primera
Tediato y un sepulturero
(Diálogo)

Tediato. — ¡Qué noche! La oscuridad, el silencio pavoroso, interrumpido por los lamentos que se oyen en la vecina cárcel, completan la tristeza de mi corazón. El cielo también se conjura contra mi quietud, si alguna me quedara. El nublado crece. La luz de esos relámpagos..., ¡qué horrorosa! Ya truena. Cada trueno es mayor que el que le antecede, y parece producir otro más cruel. El sueño, dulce intervalo en las fatigas de los hombres, se turba. El lecho conyugal, teatro de delicias; la cuna en que se cría la esperanza de las casas; la descansada cama de los ancianos venerables; todo se inunda en llanto..., todo tiembla. No hay hombre que no se crea mortal en este instante... ¡Ay, si fuese el último de mi vida! ¡Cuán grato sería para mí! ¡Cuán horrible ahora! ¡Cuán horrible! Más lo fue el día, el triste día que fue causa de la escena en que ahora me hallo.

Lorenzo no viene. ¿Vendrá acaso? ¡Cobarde! ¡Le espantará este aparato que Naturaleza le ofrece! No ve lo interior de mi corazón... ¡Cuánto más se horrorizaría! ¿Si la esperanza del premio le trayera? Sin duda..., el dinero..., ¡ay, dinero, lo que puedes! Un pecho sólo se te ha resistido... Ya no existe... Ya tu dominio es absoluto... Ya no existe el solo pecho que se te ha resistido [1].

Las dos están al caer... ésta es la hora de la cita para Lorenzo... ¡Memoria! ¡Triste memoria! Cruel memoria, más tempestades formas en mi alma que

1. Clara alusión a María Ignacia.

esas nubes en el aire. También ésta es la hora en que yo solía pisar estas mismas calles, en otros tiempos muy diferentes de éstos. ¡Cuán diferentes! Desde aquéllos a éstos todo ha mudado en el mundo; todo, menos yo.

¿Si será de Lorenzo aquella luz trémula y triste que descubro? Suya será. ¿Quién sino él, y en este lance, y por tal premio, saldrá de su casa? El es: el rostro pálido, flaco, sucio, barbado y temeroso; el azadón y pico que trae al hombro; el vestido lúgubre, las piernas desnudas; los pies descalzos, que pisan con turbación; todo me indica ser Lorenzo, el sepulturero del templo, aquel bulto cuyo encuentro horrorizaría a quien le viese. El es, sin duda: se acerca: desembózome, y le enseño mi luz. Ya llega. ¡Lorenzo! ¡Lorenzo!

Lorenzo. — Yo soy. Cumplí mi palabra. Cumple ahora tú la tuya. ¿El dinero que me prometiste?

Tediato. — Aquí está. ¿Tendrás valor para proseguir la empresa, como me lo has ofrecido?

Lorenzo. — Sí; porque tú también pagas el trabajo...

Tediato. — ¡Interés! Unico móvil del corazón humano! Aquí tienes el dinero que te prometí. Todo se hace fácil cuando el premio es seguro; pero el premio es justo una vez prometido.

Lorenzo. — ¡Cuán pobre seré cuando me atreví a prometerte lo que voy a cumplir! ¡Cuánta miseria me oprime! Piénsala tú, y yo... harto haré en llorarla. Vamos.

Tediato. — ¿Traes la llave del templo?

Lorenzo. — Sí, ésta es.

Tediato. — La noche es tan oscura y espantosa.

Lorenzo. — Y tanto que tiemblo, y no veo.

Tediato. — Pues dame la mano y sigue: te guiaré y te esforzaré.

Lorenzo. — En treinta y cinco años que soy sepulturero, sin dejar un solo día de enterrar alguno o algunos cadáveres, nunca he trabajado en mi oficio hasta ahora con horror.

Tediato. — Es que en ella[2] me vas a ser útil: por eso te quita el cielo la fuerza del cuerpo y del ánimo. Esta es la puerta.

Lorenzo. — ¡Que tiemble yo!

Tediato. — Anímate... Imítame.

Lorenzo. — ¿Qué interés tan grande te mueve a tanto atrevimiento? Paréceme cosa difícil de entender.

Tediato. — Suéltame el brazo...; como me lo tienes asido con tanta fuerza, no me dejas abrir con esta llave... Ella parece también resistirse a mi deseo... Ya abrí: entremos.

Lorenzo. — Sí, entremos. ¿He de cerrar por dentro?

Tediato. — No; es tiempo perdido y nos pudieran oír. Entorna solamente la puerta, porque la luz no se vea desde fuera si acaso pasa alguno... tan feliz como yo; pues de otro modo no puede ser.

Lorenzo. — He enterrado por mis manos tiernos niños, delicias de sus madres; mozos robustos, descanso de sus padres ancianos; doncellas hermosas, envidiadas de las que quedaban vivas; hombres en lo fuerte de su edad, y colocados en altos empleos; viejos venerables, apoyos del Estado... Nunca temblé. Puse sus cadáveres entre otros muchos ya corruptos, rasgué sus vestiduras en busca de alguna alhaja de valor; apisoné con fuerza, y sin asco, sus fríos miembros; rompíles las cabezas y huesos; cubrílos de polvo, ceniza, gusanos y podre, sin que mi corazón palpitase... y ahora, al pisar estos umbrales, me caigo..., al ver el reflejo de esa lámpara me deslumbro..., al tocar esos mármoles, me hielo..., me avergüenzo de mi flaqueza: no la refieras a mis compa-

2. «Ella» puede referirse tanto a la empresa como a la noche, mencionada líneas atrás.

ñeros. ¡Si lo supieran, harían mofa de mi cobardía!

Tediato. — Más harían de mí los míos al ver mi arrojo. ¡Insensatos, qué poco saben!... ¡Ah! ¡Me serían tan odiosas[3] por su dureza, como yo sería necio en su concepto por mi pasión!

Lorenzo. — Tu valor me alienta. Mas, ¡ay! ¡Nuevo espanto! ¿Qué es aquello?... Presencia humana tiene... Crece conforme nos acercamos... Otro fantasma más le sigue... ¿Qué será? Volvamos mientras podemos; no desperdiciemos las pocas fuerzas que aún nos quedan... Si aún conservamos algún valor, válganos para huir.

Tediato. — ¡Necio! Lo que te espanta es tu misma sombra con la mía. Nacen de la postura de nuestros cuerpos respecto de aquella lámpara. Si el otro mundo abortase esos prodigiosos entes, a quienes nadie ha visto, y de quienes todos hablan, sería el bien o mal que nos traerían siempre inevitables. Nunca los he hallado; los he buscado.

Lorenzo. — ¡Si los vieras...!

Tediato. — Aún no creería a mis ojos. Juzgara tales fantasmas monstruos producidos por una fantasía llena de tristeza: ¡fantasía humana, fecunda sólo en quimeras, ilusiones y objetos de terror! La mía me los ofrece tremendos en estas circunstancias... Casi bastan a apartarme de mi empresa.

Lorenzo. — Eso dices, porque no lo has visto; si los vieras, temblarás aún más que yo.

Tediato. — Tal vez en aquel instante; pero en el de la reflexión me aquietara. Si no tuviese miedo de malgastar estas pocas horas, las más preciosas de mi vida, y tal vez las últimas de ella, te contara con gusto cosas capaces de sosegarte..., pero dan las

3. Odiosas: aunque hay quien no se inclina por el femenino, nosotros lo mantenemos por estimar que puede referirse a palabras, a esas palabras no manifestadas, sino supuestas.

dos... ¡Qué sonido tan triste el de esa campana! El tiempo urge. Vamos, Lorenzo.

Lorenzo. — ¿Adónde?

Tediato. — A aquella sepultura; sí, a abrirla.

Lorenzo. — ¿A cuál?

Tediato. — A aquélla.

Lorenzo. — ¿A cuál? ¿A aquélla humilde y baja? Pensé que querías abrir aquel monumento alto y ostentoso, donde enterré pocos días ha al duque de Faustotimbrado[4], que había sido muy hombre de palacio, y según sus criados me dijeron, había tenido en vida el manejo de cosas grandes; figuróseme que la curiosidad, o interés, te llevaba a ver si encontrabas algunos papeles ocultos, que tal vez se enterrasen con su cuerpo. He oído no sé dónde, que ni aun los muertos están libres de las sospechas y aun envidias de los cortesanos.

Tediato. — Tan despreciables son para mí muertos como vivos, en el sepulcro, como en el mundo; podridos como triunfantes; llenos de gusanos como rodeados de aduladores... No me distraigas... Vamos, te digo otra vez, a nuestra empresa.

Lorenzo. — No; pues al túmulo inmediato a éste, y donde yace el famoso indiano, tampoco tienes que ir; porque aunque en su muerte no se le halló la menor parte de caudal que se le suponía, me consta que no enterró nada consigo; porque registré su cadáver: no se halló siquiera un doblón en su mortaja.

Tediato. — Tampoco vendría yo de mi casa a su tumba por todo el oro que él trajo de la infeliz América a la tirana Europa.

Lorenzo. — Sí será; pero no extrañaría yo que vinieses en busca de su dinero. Es tan útil en el mundo...

Tediato. — Poca cantidad, sí, es útil, pues nos

4. «Faustotimbrado» tiene todos los visos de ser una formación burlesca.

alimenta, nos viste y nos da las pocas cosas necesarias a la breve y mísera vida del hombre; pero mucha es dañosa.

Lorenzo. — ¡Hola! ¿Y por qué?

Tediato. — Porque fomenta las pasiones, engendra nuevos vicios, y a fuerza de multiplicar delitos, invierte todo el orden de la Naturaleza y lo bueno se sustrae de su dominio, sin el fin dichoso... Con él no pudieron arrancarme mi dicha. ¡Ay!, vamos.

Lorenzo. — Sí, pero antes de llegar allá hemos de tropezar en aquella otra sepultura; y se me eriza el pelo cuando paso junto a ella.

Tediato. — ¿Por qué te espanta ésa más que cualquiera de las otras?

Lorenzo. — Porque murió de repente el sujeto que en ella se enterró. Estas muertes repentinas me asombran.

Tediato. — Debiera asombrarte el poco número de ellas. Un cuerpo tan débil como el nuestro; agitado por tantos humores; compuesto de tantas partes invisibles; sujeto a tan frecuentes movimientos; lleno de tantas inmundicias; dañado por nuestros desórdenes y, lo que es más, movido por una alma ambiciosa, envidiosa, vengativa, iracunda, cobarde y esclava de tantos tiranos... ¿qué puede durar? ¿Cómo puede durar? No sé cómo vivimos. No suena campana que no me parezca tocar a muerto... A ser yo ciego, creería que el color negro era el único de que se visten... ¡Cuántas veces muere un hombre de un aire que no ha movido la trémula llama de una lámpara! ¡Cuántas de un agua que no ha mojado la superficie de la tierra! ¡Cuántas de un sol que no ha entibiado una fuente! ¡Entre cuántos peligros camina el hombre el corto trecho que hay de la cuna al sepulcro! Cada vez que siento el pie, me parece hundirse el suelo, preparándome una sepultura... Conozco dos o tres hierbas saludables: las venenosas no tienen número. Sí, sí..., el perro me acompaña, el caballo me obedece, el jumento lleva la carga...,

¿y qué? El león, el tigre, el leopardo, el oso, el lobo e innumerables otras fieras nos prueban nuestra flaqueza deplorable.

Lorenzo. — Ya estamos donde deseas.

Tediato. — Mejor que tu boca, me lo dice mi corazón. Ya piso la losa, que he regado tantas veces con mi llanto y besado tantas veces con mis labios. Esta es. ¡Ay, Lorenzo! Hasta que me ofreciste lo que ahora me cumples, ¡cuántas tardes he pasado junto a esta piedra, tan inmóvil como si parte de ella fuesen mis entrañas! Más que sujeto sensible, parecía yo estatua, emblema del dolor. Entre otros días, uno se me pasó sobre ese banco. Los que cuidan de ese templo, varias veces me habían sacado del letargo, avisándome ser la hora en que se cerraban las puertas. Aquel día olvidaron su obligación y mi delirio: fuéronse y me dejaron. Quedé en aquellas sombras rodeado de sepulcros, tocando imágenes de muerte, envuelto en tinieblas, y sin respirar apenas, sino los cortos ratos que la congoja me permitía, cubierta mi fantasía, cual si fuera con un negro manto de densísima tristeza. En uno de estos amargos intervalos, yo vi, no lo dudes, yo vi salir de un hoyo inmediato a ése, un ente que se movía. Resplandecían sus ojos con el reflejo de esa lámpara, que ya iba a extinguirse. Su color era blanco, aunque algo ceniciento. Sus pasos eran pocos, pausados, y dirigidos a mí... Dudé... Me llamé cobarde... Me levanté... y fui a encontrarle... El bulto proseguía... y al ir a tocarle yo, él a mí..., óyeme...

Lorenzo. — ¿Qué hubo, pues?

Tediato. — Oyeme...; al ir a tocarle yo, y él horroroso vuelto a mí, en aquel lance de tanta confusión... apagóse del todo la luz.

Lorenzo. — ¿Qué dices? ¿Y aún vives?

Tediato. — Y viviré, pues no morí entonces. Escucha.

Lorenzo. — Sí; y con grande atención. En aquel apuro, ¿qué hiciste?, ¿qué pudiste hacer?

Tediato. — Me mantuve en pie, sin querer perder el terreno que había ganado a costa de tanto arrojo y valentía. Era invierno. Las dos serían cuando se esparció la oscuridad por el templo. Oí la una..., las dos..., las tres..., las cuatro..., siempre en pie; haciendo el oído el oficio de la vista.

Lorenzo. — ¿Qué oíste? Acaba; que me estremezco.

Tediato. — Oí una especie de resuello no muy libre. Procurando tentar, conocí que el cuerpo del bulto huía de mi tacto: mis dedos parecían mojados en sudor frío y asqueroso; y no hay especie de monstruo, por horrendo, extravagante e inexplicable que sea, que no se me presentase. Pero, ¿qué es la razón humana, si no sirve para vencer a todos los objetos, y aun a sus mismas flaquezas? Vencí todos estos espantos; pero la primera impresión que hicieron, el llanto derramado antes de la aparición, la falta de alimento; la frialdad de la noche; y el dolor que tantos días antes rasgaba mi corazón, me pusieron en tal estado de debilidad, que caí desmayado en el mismo hoyo de donde había salido el objeto terrible. Allí me hallé por la mañana en brazos de muchos concurrentes piadosos, que habían acudido a dar al Criador las alabanzas, y cantar los himnos acostumbrados. Lleváronme a mi casa, de donde volví en breve al mismo puesto. Aquella misma tarde hice conocimiento contigo y me prometiste lo que ahora vas a finalizar.

Lorenzo. — Pues esa misma tarde eché menos [5] en casa (poco te importará lo que voy a decirte: pero para mí es el asunto de más importancia), eché menos un mastín que suele acompañarme, y no pareció hasta el día siguiente. ¡Si vieras qué ley me tiene! Suele entrarse conmigo en el templo, y mientras hago la sepultura, no se aparta de mí un instante. Mil veces, tardando en venir los entierros, le he solido

5. Echar menos, por «echar de menos».

dejar echado sobre mi capa, guardando la pala, el azadón y demás trastos de mi oficio.

Tediato. — No prosigas: me basta lo dicho. Aquella tarde no se hizo el entierro; te fuiste, el perro se durmió dentro del hoyo mismo. Entrada ya la noche se despertó. Nos encontramos solos él y yo en la iglesia (¡mira qué causa tan trivial para un miedo tan fundado al parecer!), no pudo salir entonces, y lo ejecutaría al abrir las puertas y salir el sol; lo que yo no pude ver por causa de mi desmayo.

Lorenzo. — Ya he empezado a alzar la losa de la tumba. Pesa infinito. ¡Si verás en ella a tu padre! Mucho cariño le tienes, cuando por verle pasas una noche tan dura... Pero ¡el amor de hijo! Mucho merece un padre...

Tediato. — ¡Un padre!, ¿por qué? Nos engendran por su gusto; nos crían por obligación; nos educan para que les sirvamos; nos casan para perpetuar sus nombres; nos corrigen por caprichos; nos desheredan por injusticia; nos abandonan por vicios suyos.

Lorenzo. — Será tu madre... mucho debemos a una madre.

Tediato. — Aún menos que al padre; nos engendran también por su gusto: tal vez por su incontinencia; nos niegan el alimento de la leche que naturaleza les dio para este único y sagrado fin; nos vician con su mal ejemplo; nos sacrifican a sus intereses; nos hurtan las caricias que nos deben; y las depositan en un perro o en un pájaro.

Lorenzo. — ¿Algún hermano tuyo te fue tan unido que vienes a visitar los huesos?

Tediato. — ¿Qué hermano conocerá la fuerza de esta voz? Un año más de edad, algunas letras de diferencia en el nombre, igual esperanza de gozar un bien de dudoso derecho, y otras cosas semejantes, imprimen tal odio en los hermanos, que parecen fieras de distintas especies, y no frutos de un vientre mismo.

Lorenzo. — Ya caigo en lo que puede ser: aquí yace, sin duda, algún hijo que se te moriría en lo más tierno de su edad.

Tediato. — Hijos! ¡Sucesión! Este, que antes era tesoro con que naturaleza regalaba a sus favorecidos, es hoy un azote con que no debiera castigar sino a los malvados. ¿Qué es un hijo? Sus primeros años..., un retrato horrendo de la miseria humana. Enfermedad, flaqueza, estupidez, molestia y asco... Los siguientes años..., un dechado de los vicios de los brutos, poseídos en más alto grado... Lujuria gula, inobediencia... Más adelante, un pozo de horrores infernales..., ambición, soberbia, envidia, codicia, venganza, traición y malignidad; pasando de ahí... ya no se mira el hombre como hermano de los otros, sino como a un ente supernumerario en el mundo. Créeme, Lorenzo, créeme. Tú sabrás cómo son los muertos, pues son el objeto de tu trato...; yo sé lo que son los vivos... Entre ellos me hallo con demasiada frecuencia... Estos son..., no..., no hay otros; todos a cual peor... yo sería peor que todos ellos si me hubiera dejado arrastrar de sus ejemplos.

Lorenzo. — ¡Qué cuadro el que pintas!

Tediato. — La Naturaleza es el original. No la adulo; pero tampoco la agravio. No te canses, Lorenzo; nada significan esas voces que oyes de padre, y madre, hermano, hijo y otras tales; y si significan el carácter que vemos en los que así se llaman, no quiero ser, ni tener hijo, hermano, padre, madre, ni me quiero a mí mismo, pues algo he de ser de todo esto.

Lorenzo. — No me queda que preguntarte más que una cosa; y es a saber: si buscas el cadáver de algún amigo.

Tediato. — Amigo, ¿eh? ¿Amigo? ¡Qué necio eres!

Lorenzo. — ¿Por qué?

Tediato. — Sí, necio eres, y mereces compasión,

si crees que esa voz tenga el menor sentido. ¡Amigos! ¡Amistad! Esa virtud sólo haría feliz a todo el género humano. Desdichados son los hombres desde el día que la desterraron, o que ella los abandonó. Su falta es el origen de todas las turbulencias de la sociedad. Todos quieren parecer amigos: nadie lo es. En los hombres la apariencia de la amistad es lo que en las mujeres el afeite y composturas. Belleza fingida y engañosa... nieve que cubre un muladar... Darse las manos y rasgarse los corazones: ésta es la amistad que reina. No te canses; no busco el cadáver de persona alguna, de los que puedes juzgar. Ya no es cadáver.

Lorenzo. — Pues, si no es cadáver, ¿qué buscas? Acaso tu intento sería hurtar las alhajas del templo, que se guardan en algún soterráneo, cuya puerta se te figura ser la losa que empiezo a levantar.

Tediato. — Tu inocencia te sirva de excusa. Queden en buen hora esas alhajas establecidas por la piedad; aumentadas por la superstición de los pueblos; y atesoradas por la codicia de los ministros del altar.

Lorenzo. — No te entiendo.

Tediato. — Ni conviene. Trabaja con más brío.

Lorenzo. — Ayúdame; mete esotro pico por allí, y haz fuerza conmigo.

Tediato. — ¿Así?

Lorenzo. — Sí, de este modo: ya va en buen estado.

Tediato. — ¿Quién me diría dos meses ha que me había de ver en este oficio? Pasáronse más aprisa que el sueño, dejándome tormento al despertar. Desapareciéronse como humo que deja las llamas abajo y se pierde en el aire. ¿Qué haces, Lorenzo?

Lorenzo. — ¡Qué olor! ¡Qué peste sale de la tumba! No puedo más.

Tediato. — No me dejes, no me dejes, amigo. Yo solo no soy capaz de mantener esta piedra.

Lorenzo. — La abertura que forma ya da lugar

para que salgan esos gusanos que se ven con la luz de mi farol.

Tediato. — ¡Ay, qué veo! Todo mi pie derecho está cubierto de ellos. ¡Cuánta miseria me anuncian! En éstos, ¡ay!, ¡en éstos se ha convertido tu carne! ¡De tus hermosos ojos se han engendrado esos vivientes asquerosos! ¡Tu pelo, que en lo fuerte de mi pasión llamé mil veces no sólo más rubio, sino más precioso que el otro, ha producido esta podre! ¡Tus blancas manos, tus labios amorosos, se han vuelto materia y corrupción! ¡En qué estado estarán las tristes reliquias de tu cadáver! ¡A qué sentido no ofenderá la misma que fue el hechizo de todos ellos!

Lorenzo. — Vuelvo a ayudarte; pero me vuelca ese vapor... Ahora empieza... Más, más, ¿qué?, lloras... No pueden ser sino lágrimas tuyas las gotas que me caen en las manos... ¡Sollozas! ¡No hablas! Respóndeme.

Tediato. — ¡Ay! ¡Ay!

Lorenzo. — ¿Qué tienes? ¡Te desmayas!

Tediato. — No, Lorenzo.

Lorenzo. — Pues habla. Ahora caigo en quién es la persona que se enterró aquí... ¿Eras pariente suyo? No dejemos de trabajar por eso. La losa está casi vencida, y por poco que ayudes la volcaremos, según vemos. Ahora, ahora, ¡ay!

Tediato. — Las fuerzas me faltan.

Lorenzo. — Perdimos lo adelantado.

Tediato. — Ha vuelto a caer.

Lorenzo. — Y el sol va saliendo, de modo que estamos en peligro de que vayan viniendo las gentes y nos vean.

Tediato. — Ya han saludado al Criador algunas campanas de los vecinos templos con el toque matutino. Sin duda lo habrán ya ejecutado los pájaros en los árboles con música más natural y más inocente y, por tanto, más digna. En fin, ya se habrá desvanecido la noche. Sólo mi corazón aún permanece cubierto de densas y espantosas tinieblas. Para mí nunca sale el sol. Las horas todas se pasan en igual oscuridad para mí. Cuantos objetos veo en lo que llaman día, son a mi vista fantasmas, visiones y sombras cuando menos... ; algunos son furias infernales.

Razón tienes. Podrán sorprendernos. Esconde ese pico y ese azadón; no me faltes mañana a la misma hora y en el mismo puesto. Tendrás menos miedo, menos tiempo se perderá. Vete, te voy siguiendo.

Objeto antiguo de mis delicias... ¡Hoy objeto de horror para cuantos te vean! Montón de huesos asquerosos... ¡En otros tiempos conjunto de gracias! Oh tú, ahora imagen de lo que yo seré en breve; pronto volveré a tu tumba, te llevaré a mi casa, descansarás en un lecho junto al mío; morirá mi cuerpo junto a ti, cadáver adorado, y expirando incendiaré mi domicilio, y tú y yo nos volveremos ceniza en medio de las de la casa.

ESPRONCEDA
(1808-1842)

En las letras españolas, José Espronceda es el hombre tipo del Romanticismo. Los breves años de esta vida segada en flor, fueron los más tormentosos de la historia civil española. La trayectoria vital del poeta coincide con los Cien Mil Hijos de San Luis, con el ajusticiamiento de Riego, y con la muerte de Fernando VII (1883) que provocó una transformación brusca en todos los aspectos de la vida española.

La poesía de este espíritu fraterno de Byron, sobre ser la imagen fiel del romanticismo español, es la verdadera poesía de Lázaro en el sepulcro, sin la espera del libertador.

El poeta vivió dominado por el demonio de la política. No debió sacarle maldito provecho porque era hombre de generosos arranques, y no de sórdidos cálculos. Ha quedado así de él, como en un revuelo de capa, la figura huracanada del proscrito. Si le fascinó la acción política, en lo que ésta pueda tener de aventura quijotesca, luego, amortiguada la fiebre del ideal, debió desilusionarle en lo más hondo. Sus más recios y sinceros versos nos lo descubren «apuñalando» su yo y la sociedad que le atosiga. Para nosotros, Espronceda será siempre el romántico de los cálidos acentos que se estremece en las llamas torturantes de una filosofía pesimista hasta el escepticismo. Por esta espronceril amargura, el poeta permanece como uno de los más sinceros vates que ha tenido España. Son ciertas palabras las que sobreviven a las modas, es el fuego del canto lo que les da perdurabilidad. Al noble, aun cuando ironiza, se le descubre la nobleza. Cuando el desgarrón del alma se siente a través de la ironía, aún más se ennoblece el poeta.

Espronceda es este hombre que vive y vivirá a través de los siglos por haber cantado su «Diablo Mundo», «grandílocuo y elocuente poema». No porque prodigara ironías o «locas reprensibles digresiones», sino porque al tema viejo y a la palabra rancia *les dio desenfado y amargura. La risa sardónica de Espronceda resuena sobre todo a lo largo de este gran poema explosivo, donde, en revuelta mezcolanza, encontramos la digresión, la ironía, el expresarse sin rodeos.*

Es pura anglomanía, o mejor dicho, no puede haber peor necedad que sostener la impostura de que Espronceda imitó al autor de «Caín». Si Espronceda no fuera todo un genio, una personalidad original, podría admitirse tamaña especie. Pero, se da el caso de que al sombrío y sardónico poeta inglés le falta la ardorosa llama y los puros destellos de humor negro de nuestro gran romántico. Como ha dicho de él certeramente César Vallejo, «en sus más sutiles entonaciones, el genio de Espronceda no tiene símil con Byron, y es precisamente en las que está de relieve la tendencia originalmente latina, por la fuerte exaltación emotiva, la emocionante fiereza del color vivo y desbocado vuelo del ideal imposible perdiéndose por resquicios borrosos que dan a la noche de la nada y el desengaño».

La lacerante contradicción de la vida, después del Manco de Lepanto, ha sido Espronceda quien la ha espejado eternamente: «Aquí para vivir en santa calma, o sobra la materia o sobra el alma». «¡Dicha es soñar y el riguroso ceño no ver jamás de la verdad impía!» La duplicidad de la psicología española decimonónica, en la que disputan el mundo del sueño y el de la duda, se halla maravillosamente expresada en este verso de Espronceda.

Complejo, desconcertante, hasta incoherente, re-

sulta el Diablo Mundo. Pero, a vueltas de sus chistosísimas digresiones, sabemos que Adán anduvo en cueros por Madrid y tuvo amores con una manola. Y es sobre todo en el «Canto Tercero» donde el disparate espronceril muestra aún más claro que el poeta ha tropezado con el absurdo de la vida, con su falta de sentido. El poeta aquí sabe reír tanto o más que el implacable Larra y arremete con furia contra una sociedad española compuesta de «frustrados». Además, en veintiséis octavas, Espronceda nos ha dejado probablemente el mejor testimonio histórico de la inquieta vida política del diecinueve y la más sañuda diatriba contra la reaccionaria gente a la que así apostrofa:

> «Sólo nos podéis dar, canalla odiosa,
> miseria y hambre y mezquindad y prosa.»

¡Bueno es el mundo! ¡Bueno! ¡Bueno! ¡Bueno!
Ha cantado un poeta amigo mío,
Mas es fuerza mirarlo así de lleno,
El cielo, el campo, el mar, la gente, el río,
Sin entrarse jamás en pormenores
Ni detenerse a examinar despacio,
Qué espinas llevan las lozanas flores,
Y el más blanco y diáfano topacio
Y la perla más fina
Manchas descubrirá si se examina.

Pero, ¿qué hemos de hacer, no examinar?
¿Y el mundo que ande como quiera andar?
Pasar por todo y darlo de barato
Fuera vivir cual sandio mentecato;
Elegir la virtud en un buen medio
Es un continuo tedio;
Lanzarse a descubrir y alzarse al cielo
Cuando apenas alcanza nuestro vuelo
A elevarnos un palmo de la tierra,
Miserables enanos,
Y con voces hacer mezquina guerra
Y levantar las impotentes manos,
Es ridículo asaz y harto indiscreto,
Vamos andando, pues, y haciendo ruido,
Llevando por el mundo el esqueleto
De carne y nervios y de piel vestido.
Y el alma que no sé yo do se esconde!
Vamos andando sin saber adónde.

Vagaba un tanto por la estancia en cueros,

Sin respeto al pudor, como un salvaje,
O como andaba allá por los oteros
Floridos del Edén, o por los llanos,
Sin arcabuz ni paje,
El padre universal de los humanos,
Que sin duda andaría
Solo y sin su mujer el primer día,
O como van aún en las aldeas,
Sucias las caras feas
Y el cuerpo del color de la morcilla,
Los chicos de la Mancha y de Castilla,
Nuestro héroe gritando,
Gestos haciendo y cabriolas dando,
Hasta que al fin al ruido
Entró allí su patrón medio dormido.
Frisaba ya el patrón en sus cincuenta,
Hombre grave y sesudo,
Tenido entre sus gentes por agudo,
Con lonja de algodones por su cuenta:
Elector, del sensato movimiento
Partidario en política, y nombrado
Regidor del heroico Ayuntamiento
Por fama de hombre honrado,
Y odiar en sus doctrinas reformistas
No menos al partido moderado
Que a los cuatro anarquistas,
Aunque éstos le incomodan mucho más;
Por no verlos se diera a Barrabás,
Y tiene persuadida a su mujer
Que es gente que no tiene qué perder.

Leyendo está las Ruinas de Palmira
Detrás del mostrador a aquellas horas
Que cuenta libres, y a educarse aspira
En la buena moral,
Y a la patria a ser útil en su oficio,
Habiendo ya elegido en su buen juicio,
En cuanto a religión, la natural:
Y mirando con lástima a su abuelo,

Que fue al fin un esclavo,
Y el mezquino desvelo
De los pasados hombres y porfías,
Rinde gracias a Dios, que el mundo al cabo
Ha logrado alcanzar mejores días.
Así filosofando y discurriendo,
Sus cuentas componiendo,
Cuidando de la villa y su limpieza,
Sólo tal vez alguna ligereza
Turba su paz doméstica, que ha dado
En darle celos su mujer furiosa,
Y aunque sobremanera
Los celos sin razón ella exagera,
Suena en el barrio como cierta cosa
Que, aunque viejo, es de fuego
Corriente en una broma y mujeriego.

En la estancia al estruendo y algazara
Entra el discreto concejal gruñendo
Y con muy mala cara
De las bromas del huésped maldiciendo;
Bromas de un hombre de su edad ajenas,
Con un pie en el sepulcro dando voces,
Haciendo el niño y disparando coces...
Mas lo que puede el regidor apenas
(Don Liborio) llegar a comprender,
Es cómo a tanto escándalo se atreve
Un hombre que le debe
Cuatro meses lo menos de alquiler.

«¿Es posible, al entrar dijo, don Pablo
(Sin reparar siquiera
Que su huésped el mismo ya no era),
Que os tiente así tan de mañana el diablo?
¡Vive Dios que os encuentro divertido!...
¿Parece bien que un viejo que ya tiene
Más años que un palmar, hecho un orate,
Arme él solo más ruido.
Que cien chiquillos juntos?... ¡Botarate!

Más valiera que tantas alegrías
Fueran pagar contado
Mis cuatro meses y diez y ochos días! »

Tal con rostro indigesto
Dijo, y, en ademán de hombre enojado,
Con desdén la cabeza torció a un lado
Y empujó el labio con severo gesto.

Con una interjección y un fiero brinco,
Digno de Auriol el saltarín payaso,
Al grave regidor le salta al paso,
Colgándose a su cuello con ahinco
Y amorosa locura,
Su improvisado huésped, que se afana
(Tal simpatiza la familia humana)
Por conocer aquel confuso ente
De tan rara figura
Que aparece a sus ojos de repente:
Y ambas manos le planta
En los carrillos y su faz levanta
Por verle bien, y en la nariz le arroja
Tan súbita y ruidosa carcajada,
Fijando en él su vívida mirada,
Que al pequeñuelo regidor enoja.

¡Cómo! ¡A mí! ¡Voto a tal!, gritó en su ira
Furioso el pobre concejal en tanto,
Viendo aquel tagarote con espanto
Que con salvaje júbilo le mira,
Que le acaricia rudo,
Hércules sin pudor, Sansón desnudo,
Con atención tan rara y tan prolija
Que, al contemplar sus gestos y oír su voz,
Cada vez más se alegra y regocija
Con delirio feroz.
Crujiéndole de cólera los huesos,
En su impotencia, don Liborio, en vano,
A remediar se esfuerza los excesos

De aquel bárbaro audaz y casquivano;
Confuso y sin saber quién le ha traído,
Ni por dónde ha venido,
Ni cómo por qué arte prodigioso
Su pacífico viejo en tan furioso
Huésped se ha convertido.

Su alegre huésped que le palpa y ríe
Como a juguete vil contempla el niño,
Que, en su brutal cariño,
Ni un punto le permite se desvíe;
Que, imperturbable, en tanto que murmulla
El patrón amenazas y razones,
Súplicas, maldiciones,
Gritos inortográficos le aúlla,
Pálpale el rostro y pízcale el semblante.

¿Qué hombre formal se vio
En situación jamás tan apurada?
Su grave dignidad comprometida,
Y aquí la autoridad desconocida
Yace, además, y ajada
Con que la sociedad le revistió.

Ya le levanta en alto y le examina,
Y, al verle mal formado y tan pequeño,
Le contempla risueño
Entre cariño y burla con ternura,
Y que un poder providencial lo envía
(¡Oh presunción del hombre!) se figura
A servirle y hacerle compañía.

En fin, los gritos fueron
Tales, y tantas del patrón las voces,
Que todos los vecinos acudieron
Al estruendo y estrépito feroces.
Acudió, como era
De su deber, al punto la primera,
Su mujer con vestido de mañana

Y tres moños no más en la marmota.
Dos de color de rosa, otro de grana,
Que, aunque el afán de ver quién alborota
La hizo subir con el vestido abierto,
La negra espalda al aire y sin concierto,
La marmota y los lazos, con descuido,
Por el bien parecer se los ha puesto,
Que un traje limpio y un semblante honesto
Decoro en la mujer dan al marido.

Acudió a la par de ella
Un pintor joven, cuya mala estrella
Trajo a Madrid con más saber que Apeles,
Mas no llegó a pintar porque el dinero
A su llegada le ganó un fullero
Y no compró ni lienzo ni pinceles;
Y en la buhardilla vive,
Lejos del ruido y pompas de este mundo.
Junto a Dios nada menos, del profundo
Mas tanto genio por causa tan fútil
Genio de Dios la inspiración recibe;
Estéril es, la inspiración inútil.
Y ¡oh prosa! ¡Oh mundo vil!, no inspiraciones
Pide el pintor a Dios, sino doblones.

Un cachazudo médico, vecino
Del cuarto principal, materialista,
Sin turbarse subió, y entre otros vino
Un romántico joven periodista,
Que en escribir se ocupa folletines,
Del alma gastada y botas de charol,
Que ora canta a los muertos paladines,
Ora escribe noticias del Mogol
Cada línea a real, y anda buscando
Mundo adelante nuevas sensaciones,
Las ilusiones que perdió llorando,
Lanzando a las mujeres maldiciones.

En tanto le ha quitado su gorreta

Griega al patrón el héroe, y decidido
Sobre su noble frente la encasqueta,
Ancho de vanidad, de gozo henchido,
Y en cueros, con su gorro, se pasea
Por el cuarto, y gentil se pavonea,
Que es natural al más crudo varón
Ser algo retrechero y coquetón,
Echándole al patrón con desparpajo
Miradas que le miden de alto a abajo.
Sin hacer caso de sus voces fieras,
Creyéndole en su estado natural,
Ni atender al estrépito infernal
De los que suben ya las escaleras.

Se abrió de golpe la entornada puerta
Y de tropel entraron los vecinos
Y hallaron al patrón que a hablar no acierta
Y al Hércules haciendo desatinos.
Su esposa la primera, medio muerta
De espanto y de dolor, gritó: «¡Asesinos!»
Porque tiene el amor ojos de aumento
Y quita la pasión conocimiento.

Fue del patrón, cuando llegó socorro,
Echarla lo primero de valiente
Y recobrar su dignidad y el gorro,
Tomando un ademán correspondiente.
Y así mirando indiferente al corro,
Que es máxima que tiene muy presente
La de nihil admirari, y la halló un día
En un tratado de filosofía,

Tendió la mano, al loco señalando,
Y al mismo punto su inocente esposa
La misma infausta dirección, temblando,
Con los ojos siguió toda azarosa.
¡Oh terribile visu! ¡Cuadro infando!
¡Oh! La casta matrona ruborosa
Vio...; mas ¿qué vio, que de matices rojos

Cubrió el marfil y se tapó los ojos?

Musas, decid qué vio... La Biblia cuenta
Que hizo a su imagen el Señor al hombre.
Y a Adán desnudo a su mujer presenta,
Sin que ella se sonroje ni se asombre;
Después se le ha llamado, y a mi cuenta,
Mientras peritos prácticos no nombre
La familia animal, está dudoso,
Entre todos al hombre el más hermoso.

Y muy cara se vende una pintura
De una mujer o un hombre en siendo buena.
Y estimamos desnudo en la escultura
Un atleta en su rústica faena;
Mas eso no: la natural figura
Es menester cubrirla y darla ajena
Forma bajo un sombrero de castor
Con guantes, fraque y botas por pudor.

No que me queje yo de andar vestido,
Y ahora mucho menos en invierno,
Y que el pudor se dé por ofendido
De ver desnudo un hombre lo discierno,
Y mucho más si el hombre no es marido
Ni cuñado siquiera, suegro o yerno,
Que entonces la mujer no tiene culpa
Y el mismo parentesco la disculpa.

Mas es el caso aquí que aquella dama
Mujer del concejal... ¡Oh!, sin lisonja,
¿Cómo diré la edad que le reclama
En tiempo que hace ya vive en la lonja,
Yo, que me precio de galán? La fama,
Viéndola hacer escrúpulos de monja,
A los presentes reveló la cuenta
Y hubo vecino que la echó cincuenta.

¡Tanto pudor a los cincuenta años!

¡Oh incansable virtud de la matrona!
Después de tanto ataque y desengaños,
En este mundo pícaro, que abona
El vicio con sus crímenes y amaños,
El tiempo, que peñascos desmorona,
No pudo su virtud jamás vencer:
¡Oh feliz don Liborio! ¡Oh gran mujer!

¿Y habrá de irse sin mirar siquiera
A un monstruo, a un loco? ¿Y dejará en el riesgo
A su Liborio con aquella fiera
En trance que ha tomado tan mal sesgo?
No lo permita Dios: Liborio muera
Y ella también con él. Y aquí yo arriesgo,
Por seguir en octavas este canto,
Débilmente cantar *dévouement* tanto.

Ella, la pobre, a su pesar forzada
A ver a un hombre en cueros que no es
Su esposo, con rubor una mirada
Le echó de la cabeza hasta los pies,
Y aunque fuerte, y honesta, y recatada,
Un pensamiento la ocurrió después:
Que la mujer, al cabo, menos lista
Tiene en su corazón algo de artista.

Y al contemplar las formas majestuosas,
La robustez del loco y carnes blancas,
Recordó suspirando las garrosas
Del pobre regidor groseras zancas.
Son las comparaciones siempre odiosas,
Siempre, y en el archivo de Simancas,
Si no me engaño, pienso haber leído
Que en el símil perdió siempre el marido.

¡Oh cuán dañosas son las bellas artes!
¡Y aún más dañosa la afición a ellas!
A sus maridos estudiar por partes
¡Cuántas extravió mujeres bellas!

No pensó más moléculas Descartes,
Ni en más rayos se parten las estrellas
Que en partes ¡ay! una mujer destriza
A su esposo infeliz y lo analiza.

Y a par que en él aplica el analítico,
Al ajeno varón le echa el sintético,
Y al más fuerte marido encuentra estítico,
Y al más débil galán encuentra atlético
Juzga al primero un corazón raquítico,
Halla en el otro un corazón poético;
La palabra de aquél, ruda y narcótica,
Y la del otro, tímida y erótica.

Y a mí este juicio me parece exacto,
Y parézcales mal a los maridos,
Que ellos han hecho con el mundo un pacto
Y sus derechos son reconocidos,
Y si tiene mujer, justo ipso facto
Es que su condición lleven sufridos,
Que habla con su mujer el que se casa
Y yo con las paredes de mi casa.

El pensamiento que cruzó la mente
De la honrada mujer del concejal
Fue sin pasión juzgado estrictamente,
Cuando más, un pecado venial:
La honrada dueña que no sea siente
(Y éste es un sentimiento natural)
Tan membrudo, tan noble y vigoroso
Como su huésped, su querido esposo.

Y otra cosa, además, siente también
Que no se ha de saber por mí tampoco,
Ya que ella la reserva, y hace bien,
Que al cabo el hombre aquél no es más que un loco;
Vio desde entonces, y le tiene en poco
(Tal impresión en ella el huésped hizo)
A un mozo de la tienda asaz rollizo.

¡Ay, infeliz de la que nace hermosa!
Mas la verdad (si la verdad se puede
En materia decir tan espinosa)
Es (y perdón la pido si se excede
Mi pluma, en lo demás tan respetuosa)
(Y esto, ¡oh, lector!, entre nosotros quede),
Mas no lo he de decir, que es un secreto,
Y siempre me he preciado de discreto.

¿Quién es el hombre aquél? ¿Quién le ha traído?
¿Adónde el viejo está que allí vivía?
¿Cómo y de dónde en cueros ha venido?
La noche antes don Liborio había
Visto en su cuarto al viejo recogido;
Su cuenta preparada le tenía,
Y cuando el ruido a averiguar hoy entra,
Desnudo un loco en su lugar se encuentra.

Miran al loco todos entretanto,
Que por tal al momento le tuvieron,
Y tal belleza y desenfado tanto
Confiesan entre sí que nunca vieron.
Viéranlo con deleite si el espanto
Que al encontrarlo súbito sintieron
Les dejara admirarle; pero el susto,
Hasta a la dueña le acibara el gusto.

El los mira también, entre gustoso
Y extrañado, con plácido semblante,
Con benévola risa cariñoso,
Señalando al patrón que está delante.
Y festejar queriéndole amoroso,
Fija la vista en él, y al mismo instante
La mano alarga y el patrón la evita,
Se echa hacia atrás amedrentado y grita.

Y su desvío y desdeñoso acento
Sin comprender tal vez y ya impaciente,
El nuevo mozo, entre jovial y atento,

De un salto avanza a la agolpada gente;
En pronta retirada, un movimiento
Todos hicieron, y hasta el más valiente,
El audaz regidor, lo menos cinco
Escalones saltó de un solo brinco.

No es retirarse huir, no, ni cordura
Fuera trabar tan desigual combate
Con un loco de atlética figura
Capaz de cometer un disparate.
Gritando ¡atarlo! bajan con presura;
Gran medida, mas falta quien le ate;
Veloz el loco, y más veloz que un gamo,
Prepárase a saltar de un brinco un tramo.

¡Oh confusión!, que al verle de repente
Rápido desprenderse de lo alto,
Cada cual baja atropelladamente
Con gritos de terror, de aliento falto.
Rueda en montón la acobardada gente,
Y el regidor, queriendo dar un salto,
Entre los pies del médico se enreda,
Se ase a su esposa, y con su esposa rueda.

Y el médico también rueda detrás
A un tobillo cogido del patrón;
Entrégase el pintor a Barrabás,
Que en un callo le han dado un pisotón
Armase un estridor de Satanás,
El poeta ha perdido una ilusión,
Que ha visto de la dama no sé qué
Y a más acaba de torcerse un pie.

Y acude gente, y el rumor se aumenta,
Y llénase el portal, crece el tumulto;
Su juicio cada cual por cierto cuenta,
Y se pregunta y se responde a bulto:
Dicen que es un ladrón; hay quien sustenta
Que al pueblo de Madrid se hace un insulto

Prendiendo a un regidor, y que él resiste
A la ronda de esbirros que le embiste.

Llega la multitud formando cola
Al sitio en que se alzaba Mariblanca,
Y la nueva fatal de que tremola
Ya su pendón y que asomó una zanca
El espantoso monstruo que atortola
Al más audaz ministro, y la abarranca
El Bú de los gobiernos, la anarquía,
Llegó aterrando a la secretaría.

Ordenes dan que apresten los cañones,
Salgan patrullas, dóblense los puestos,
No se permitan públicas reuniones,
Pesquisas ejecútense y arrestos;
Quedan prohibidas tales expresiones,
Obsérvense los trajes y los gestos
De los enmascarados anarquistas,
Y de sus nombres que se formen listas.

Que luego a son de guerra se publique
La ley marcial, y a todo ciudadano
Cuyo carácter no lo justifique
Luego por criminal que le echen mano;
Que a vigilar la autoridad se aplique
La mansión del Congreso soberano,
Y bajo pena y pérdida de empleos,
Sobre todo la Casa de Correos.

Pásense a las provincias circulares,
Y en la Gaceta, en lastimoso tono,
Imprímanse discursos a millares
Contra los clubs y su rabioso encono:
Píntense derribados los altares,
Rota la sociedad, minado el trono,
Y a los cuatro malévolos de horrendas
Miras mandando y destrozando haciendas.

¡Oh, cuadro horrible! Pavoroso cuadro!
Pintado tantas veces y a porfía
Al sonar el horrísono baladro
Del monstruo que han llamado la anarquía.
Aquí tu elogio para siempre encuadro,
Que a ser llegaste el pan de cada día,
Cartilla eterna, universal registro
Que aprende al gobernar todo ministro.

¡Oh, cuánto susto y miedos diferentes,
Cuánto de afán durante algunos años
Con vuestras peroratas elocuentes
Habéis causado a propios y aun a extraños!
Mal anda el mundo, pero ya las gentes
Han llegado a palpar los desengaños,
Y aunque cien tronos caigan en ruina,
No menos bien la sociedad camina.

¡Oh, imbécil, necia y arraigada en vicios
Turba de viejas que ha mandado y manda!
Ruinas soñar os hace y precipicios
Vuestra codicia vil que así os demanda.
¿Pensáis tal vez que los robustos quicios
Del mundo saltarán si aprisa anda
Porque son torpes vuestros pasos viles,
Tropel asustadizo de reptiles?

¿Qué vasto plan? ¿Qué noble pensamiento
Vuestra mente raquítica ha engendrado?
¿Qué altivo y generoso sentimiento
En ese corazón respuesta ha hallado?
¿Cuál de esperanza vigoroso acento
Vuestra podrida boca ha pronunciado?
¿Qué noble porvenir promete al mundo
Vuestro sistema de gobierno inmundo?

Pasad, pasad como funesta plaga,
Gusanos que roéis nuestra semilla;
Vuestra letal respiración apaga

La luz del entusiasmo apenas brilla.
Pasad, huid, que vuestro tacto estraga
Cuanto toca y corrompe y lo amancilla;
Sólo nos podéis dar, canalla odiosa,
Miseria y hambre y mezquindad y prosa.

Basta, silencio, hipócritas parleros.
Turba de charlatanes y eruditos,
Tan cortos en hazañas y rastreros
Como en palabras vanas infinitos:
Ministros de escribientes y porteros,
De la nación eternos parásitos.
Basta, que el corazón airado salta,
La lengua calla y la paciencia falta.

LARRA
(1809-1837)

Breve fue la carrera literaria de Mariano José de Larra, pero lo suficientemente larga para llevar sus ideales de escritor a la realidad. Dotado para el periodismo como ningún otro escritor de su tiempo, los artículos de Larra son insuperables. Qué decir de ellos que no se haya dicho. Han sido la admiración de generaciones de periodistas que han visto en estas páginas no sólo el modelo sino las palabras —espejo más centelleantes del periodismo español. La gran palabra, en el terreno periodístico, la dijo Larra. Y además la dejó expresa en un estilo único, distintivo entre mil, tan personal que tal vez no haya otro estilo más personal en toda la literatura contemporánea española.

Larra escribe en un estilo admirable por lo directo y espontáneo, que entroncaríamos con el de Quevedo, porque el parentesco literario no puede ser más claro. De los dos núcleos literarios (el cervantino y el quevedesco) a los que, en último término, puede adscribirse cualquier escritor verdaderamente español, Larra pertenece al segundo. De Quevedo tiene la mordacidad, el decir sañudo, la burla implacable, la melancolía de fondo y el pesimismo. Y hasta más que aquél posee el «espíritu de desolación burlona» que Quinet ve inspirado en los cementerios españoles.

No olvidemos que Larra es ante todo un alma romántica. La actitud satírica de este genial articulista queda enmascarada por el velo romántico. Como ha dicho de él Espina, «el lector no olvida jamás su voz, su acento, sus frases, sus lágrimas, sus ideas, su espíritu». Larra es el gran desesperado de nuestra literatura. El éxito inmenso y repentino que cosechó con sus mordaces artículos no logró disipar su desesperación. Leyendo a Larra, se advierte en seguida que lo que escribe lo siente. Si es capaz de comunicarnos su pesimismo, es porque era el pesimista sincero. No tenía fe en nada. Consideraba las ideas como virutas de la existencia. No creía en la felicidad de los individuos y mucho menos en la de los pueblos. Por eso, que nadie se engañe creyendo que Larra es un costumbrista. Larra es un ser angustiado, solitario siempre, y sus íntimos asideros no debían estar muy fortalecidos por la esperanza, cuando se suicidó. Larra es un llagado, jamás curado, de la vida. «Un pálido rostro de pasión y hastío», según se lee en el verso cernudiano.

Un romántico por convicción interna y un liberal por odio a la tiranía, no se entregó jamás al entusiasmo romántico y menos a un ideal libertario. Sabía el iracundo satírico que gritaba en vano y que estaba frente a feroces enemigos históricos, que fueron su pesadilla, y serían la del siglo venidero. Al carlismo no le regatea sarcasmos. Cuando de él hace befa, arrecia el humor más negro. Constituyen caricaturas brutales: La Planta nueva o el faccioso, La junta de Castel-o-Branco, ¿Qué hace en Portugal su Majestad? *Tal vez de estas tres caricaturas esperpénticas, la más feroz, la más rica en humor negro, sea la* Planta Nueva o el Faccioso, *pues aquí, estrujando el significado del carlismo, lo reduce a mera botánica, merecedora de su ludibrio verbal.*

Los últimos artículos de su vida revelan por sus títulos y su contenido la gradación hacia la oscuridad, la locura y la muerte. Basten algunos como —«El Día de difuntos de 1836», «Necrología», «Yo y mi criado, Delirio filosófico»— para ver cómo a fuerza de jugar con la muerte iba a perderse en sus dominios. En estos artículos Larra muestra el mal que lo carcome, la negra ira contra su pueblo apegado a una realidad miserable, pequeña y mediocre.

La planta nueva, o el faccioso
Historia natural

Razón han tenido los que han atribuido al clima influencia directa en las acciones de los hombres. Duros guerreros ha producido siempre el Norte, tiernos amadores el Mediodía, hombres crueles, fanáticos y holgazanes el Asia, héroes la Grecia, esclavos el Africa, seres alegres e imaginativos el risueño cielo de Francia, meditabundos aburridos el nebuloso Albión. Cada país tiene sus producciones particulares: he aquí por qué son famosos los melocotones de Aragón, la fresa de Aranjuez, los pimientos de Valencia y los facciosos de Roa y de Vizcaya.

Verdad es que hay en España muchos terrenos que producen ricos facciosos con maravillosa fecundidad; país hay que da en un solo año dos o tres cosechas; puntos conocemos donde basta dar una patada en el suelo, y a un volver de cabeza nace un faccioso. Nada debe admirar por otra parte esta rara fertilidad, si se tiene presente que el faccioso es fruto que se cría sin cultivo, que nace solo y silvestre entre matorrales, y que así se aclimata en los llanos como en los altos: que se trasplanta con facilidad y que es tanto más robusto y rozagante cuanto más lejos está de población. Esto no es decir que no sea también en ocasiones planta doméstica: en muchas casas los hemos visto y los vemos diariamente, como los tiestos, en los balcones, y aun sirven de dar olor fuerte y cabezudo en cafés y paseos. El hecho es que en todas partes se crían; sólo el orden y el esmero perjudican mucho a la cría del faccioso, y la limpieza, y el olor de la pólvora sobre todo, lo matan. El faccioso participa de las propiedades de muchas plantas; huye, por ejemplo, como la sensitiva, al irle a echar mano; se encierra y esconde como la capuchina a la luz del sol, y se desparrama de noche; carcome y destruye como la ingrata hiedra el árbol a que se arrima; tiende sus brazos como toda planta parásita para buscar puntos de apoyo; gustándole, sobre todo, las tapias de los conventos, y se mantiene, como esos frutos, de lo que coge a los demás; produce lluvia de sangre como el polvo germinante de muchas plantas, cuando lo mezclan las auras a una leve lluvia de otoño; tiene el olor de la asafétida, y es vano como la caña; nace como el cedro en la tempestad, y suele criarse escondido en la tierra como la patata; pelecha en las ruinas como el jaramago: pica como la cebolla, y tiene más dientes que el ajo, pero sin tener cabeza; cría, en fin, mucho pelo como el coco, cuyas veces hace en ocasiones.

Es planta peculiar de España, y eso moderna, que en lo antiguo o se conocía poco, o no se conocía por ese nombre: la verdad es que ni habla de ella Estrabón, ni Aristóteles, ni Dioscórides, ni Plinio el joven, ni ningún geógrafo, filósofo ni naturalista, en fin, de algunos siglos de fecha.

En cuanto a su figura y organización, el faccioso es en el reino vegetal la línea divisoria con el animal, y así como la mona es en éste el ser que más se parece al hombre, así el faccioso en aquél es la producción que más se parece a la persona; en una palabra, es al hombre y a la planta lo que el murciélago al ave y al bruto; no siendo pues, muy experto, cualquiera le confunde; pondré un ejemplo: cuando el viento pasa por entre las cañas, silba; pues cuando pasa por entre facciosos, habla: he aquí el origen del órgano de la voz entre aquella especie. El faccioso echa también, a manera de ramas, dos piernas y dos brazos, uno a cada lado, que tienen sus manojos de dedos, como púas una espiga; presenta faz y rostro, y al verle, cualquiera diría que tiene ojos en la cara, pero sería grave error; distínguese esencialmente de los demás seres en estar dotado de sinrazón.

Admirable es la naturaleza y sabia en todas sus cosas: el que recuerde esta verdad y considere las diversas calidades del hombre que andan repartidas en los demás seres, no extrañará cuanto de otras propiedades del faccioso maravillosas vamos a decir. ¿Hay nada más singular que la existencia de un enjambre de abejas, la república de un hormiguero, la sociedad de los castores? ¿No parece que hay inteligencia en la africana palma, que ha de vivir precisamente en la inmediación de su macho, y que arrancado éste, y viuda ella, dobla su alta cerviz, se marchita y perece como pudiera una amante tórtola? Por eso nó se puede decir que el faccioso tenga inteligencia, sólo porque se le vean hacer cosas que parezcan indicarlo; lo más que se puede deducir es que es sabia, admirable, incomprensible la naturaleza.

Los facciosos, por ejemplo, sin embargo de su gusto por lo despoblado, júntanse, como los lobos, en tropas, por instinto de conservación, se agarran con todas sus ramas al perdido caminante o al (descarriado burro); le chupan el jugo y absorben su sangre, que es su verdadero riego, como las demás plantas el rocío. Otra cosa más particular. Es planta enemiga nata de la correspondencia pública; dondequiera que aparece un correo, nacen en el acto de las mismas piedras facciosos por todas partes; rodeándole, enrédanle sus ramas entre las piernas, súbensele por el cuerpo como la serpentaria, y le ahogan; si no suelta la valija muera como Laomedonte, sin poderse rebullir; si ha lugar a soltarla, sálvase acaso. Diránme ahora, «—¿y para qué quieren la valija, si no saben leer?» —Ahí verán ustedes —respondo yo— si es incomprensible la naturaleza; toda la explicación que puedo dar es que se vuelven siempre a la valija como el heliotropo al sol.

Notan también graves naturalistas de peso y autoridad en la materia, que así como el feo pulpo gusta de agarrarse a la hermosa pierna de una mujer, y así como esas desagradables florecillas, llenas de púas y en forma de erizos, que llamamos comúnmente amores, suelen agarrarse a la ropa, así los facciosos, sobre todo los más talludos y los vástagos principales, se agarran a las cajas de fondos de las administraciones; y plata que tiene roce con facciosos, pierde toda su virtud, porque desaparece. ¡Rara afinidad química! Así que, en tiempos revueltos, suélese ver una violenta ráfaga de aire que da con un gran manojo de facciosos, arrancados de su tierra natural, en algún pueblo, el cual dejan exhausto, desolado y lleno de pavor y espanto. Meten por las calles un ruido furioso a manera de proclama, y es niñería querer desembarazarse de ellos, teniendo dinero, sin dejársele; bien así como fuera locura querer salir de un zarzal una persona vestida de seda, sino desnuda y arañada.

Muchas de las calidades de esta estrambótica planta pasamos en silencio, que pueden fácilmente de las ya dichas inferirse, como son las de albergarse en tiempos pacíficos entre plantas mejores, como la cizaña entre los trigos, y pasar por buenas y tomar sus jugos de donde aquéllas los toman, y otras.

Planta es, pues, perjudicial, y aun perjudicialísima, el faccioso; pero también la naturaleza, sabia en esto como en todo, que al criar los venenos crió de paso los antídotos, dispuso que se supiesen remedios especiales a los cuales no hay mata de faccioso que resista. Gran vigilancia sobre todo, y dondequiera que se vea descollar uno tamaño como un cardillo, arrancarle: hacer ahumadas de pólvora en los puntos de Castilla, que como Roa y otros los producen tan exquisitos, es providencia especial: no se ha probado a quemarlos como los rastrojos, y aunque este remedio es más bien contra brujas, podría no ser inoportuno, y aun tengo para mí que había de ser más eficaz contra aquéllos que contra éstas. El promover un verdadero amor al país en todos sus habitantes, abriéndoles los ojos para que vean a los facciosos claros como son y los distingan, sería el mejor antídoto; pero esto es más largo y para más adelante, y ya no sirve para lo pasado. Por lo demás, podemos concluir que ningún cuidado puede dar a un labrador bien intencionado la acumulación del faccioso, pues es cosa muy experimentada que en el último apuro la planta es también de invierno, como si dijéramos de cuelga; y es evidente y sabido que una vez colgado este pernicioso arbusto y altamente separado de la tierra natal que le presta el jugo, pierde, como todas las plantas, su virtud; es decir, su malignidad. Tiene de malo este último remedio que para proceder a él es necesario colgarlos uno a uno, y es operación larga. Somos enemigos, además, de los arbitrios desesperados, y así, en nuestro entender, de todos los medios contra facciosos parécenos el mejor el de la pólvora, y más eficaz aún la aplicación de luces que los agostan, y ante las cuales perecen corridos y deslumbrados.

Día de Difuntos de 1836
Fígaro en el Cementerio

Beati qui moriuntur in Domino.

En atención a que no tengo gran memoria, circunstancia que no deja de contribuir a esta especie de felicidad que dentro de mí mismo me he formado, no tengo muy presente en qué artículo escribí (en los tiempos en que yo escribía) que vivía en un perpetuo asombro de cuantas cosas a mi vista se presentaban. Pudiera suceder también que no hubiera escrito tal cosa en ninguna parte, cuestión en verdad que dejaremos a un lado por harto poco importante en época en que nadie parece acordarse de lo que ha dicho, ni de lo que otros han hecho. Pero suponiendo que así fuese, hoy, Día de Difuntos de 1836, declaro que si tal dije, es como si nada hubiera dicho, porque en la actualidad maldito si me asombro de cosa alguna. He visto tanto, tanto, tanto..., como dice alguien en El Califa. Lo que sí me sucede es no comprender claramente todo lo que veo, y así es que al amanecer un día de Difuntos no me asombra precisamente que haya tantas gentes que vivan; sucédeme, sí, que no lo comprendo.

En esta duda estaba deliciosamente entretenido el día de los Santos, y fundado en el antiguo refrán que dice: *Fíate en la Virgen y no corras* (refrán cuyo origen no se concibe en un país tan eminentemente cristiano como el nuestro), encomendábame a todos ellos con tanta esperanza, que no tardó en cubrir mi frente una nube de melancolía; pero de aquellas melancolías de que sólo un liberal español en estas circunstancias puede formar una idea aproximada. Quiero dar una idea de esta melancolía: un hombre que cree en la amistad y llega a verla por dentro, un inexperto que se ha enamorado de una mujer, un heredero cuyo tío indiano muere de repente sin testar, un tenedor de bonos de Cortes, una viuda que tiene asignada pensión sobre el tesoro español, un diputado elegido en las penúltimas elecciones, un militar que ha perdido una pierna por el Estatuto y se ha quedado sin pierna y sin Estatuto, un grande que fue liberal por ser prócer y que se ha quedado sólo liberal, un general constitucional que persigue a Gómez imagen fiel del hombre corriendo siempre tras la felicidad sin encontrarla en ninguna parte, un redactor de «Mundo» en la cárcel en virtud de la libertad de imprenta, un ministro de España, y un rey, en fin, constitucional, son todos seres alegres y bulliciosos, comparada su melancolía con aquélla que a mí me acosaba, me oprimía y me abrumaba en el momento de que voy hablando.

Volvíame y me revolvía en un sillón de éstos que parecen camas, sepulcro de todas mis meditaciones, y ora me daba palmadas en la frente, como si fuese mi mal mal de casado, ora sepultaba las manos en mis faltriqueras, a guisa de buscar mi dinero, como si mis faltriqueras fueran el pueblo español y mis dedos otros tantos gobiernos, ora alzaba la vista al cielo como si en calidad de liberal no me quedase más esperanza que en él, ora la bajaba avergonzado como quien ve un faccioso más, cuando un sonido lúgubre y monótono, semejante al ruido de los partes, vino a sacudir mi entorpecida existencia.

—¡Día de Difuntos! —exclamé.

Y el bronce herido que anunciaba con lamentable clamor la ausencia eterna de los que han sido, parecía vibrar más lúgubre que ningún año, como si presagiase su propia muerte. Ellas también, las campanas, han alcanzado su última hora, y sus tristes acentos son el estertor del moribundo: ellas también van a morir a manos de la libertad, que todo lo vivifica, y ellas serán las únicas en España, ¡santo Dios!, que morirán colgadas. ¡Y hay justicia divina!

La melancolía llegó entonces a su término. Por una reacción natural cuando se ha agotado una situación, ocurrióme de pronto que la melancolía es la cosa más alegre del mundo para los que la ven, y la idea de servir yo entero de diversión...

—¡Fuera! —exclamé—. ¡Fuera! —como si estuviera viendo representar a un actor español—. ¡Fuera! —como si oyese hablar a un orador en las Cortes. Y arrojéme a la calle; pero en realidad con la misma calma y despacio como si tratase de cortar la retirada a Gómez.

Dirigíanse las gentes por las calles en gran número y larga procesión, serpenteando de unas en otras como largas culebras de infinitos colores. —¡Al cementerio, al cementerio! —¡Y para eso salían de las puertas de Madrid!

—Vamos claros —dije yo para mí—. ¿Dónde está el cementerio? ¿Fuera o dentro?

Un vértigo espantoso se apoderó de mí, y comencé a ver claro. El cementerio está dentro de Madrid. Madrid es el cementerio. Pero vasto cementerio, donde cada casa es el nicho de una familia; cada calle, el sepulcro de un acontecimiento; cada corazón, la urna cineraria de una esperanza o de un deseo.

Entonces, y en tanto que los que creen vivir acudían a la mansión que presumen de los muertos, yo comencé a pasear con toda la devoción y recogimiento de que soy capaz las calles del grande osario.

—¡Necios! —decía a los transeúntes—. ¿Os movéis para ver muertos? ¿No tenéis espejos, por ventura? ¿Ha acabado también Gómez con el azogue de Madrid? ¡Miraos, insensatos, a vosotros mismos, y en vuestra frente veréis vuestro propio epitafio! ¿Vais a ver a vuestros padres y a vuestros abuelos, cuando vosotros sois los muertos? Ellos viven, porque ellos tienen paz; ellos tienen libertad, la única posible sobre la tierra, la que da la muerte; ellos no pagan contribuciones que no tienen; ellos no serán alistados ni movilizados; ellos no son presos ni denunciados; ellos, en fin, no gimen bajo la jurisdicción del celador del cuartel; ellos son los únicos que gozan de la libertad de imprenta, porque ellos hablan al mundo. Hablan en voz bien alta, y que ningún jurado se atrevería a encausar y a condenar. Ellos, en fin, no reconocen más que una ley, la imperiosa ley de la naturaleza que allí los puso, y ésa la obedecen.

—¿Qué monumento es éste? —exclamé al comenzar mi paseo por el vasto cementerio.

—¿Es él mismo un esqueleto inmenso de los siglos pasados, o la tumba de otros esqueletos? ¡*Palacio*! Por un lado mira a Madrid, es decir, a las demás tumbas; por otro mira a Extremadura, esa provincia virgen..., como se ha llamado hasta ahora. Al llegar aquí me acordé del verso de Quevedo:

Y ni los v... ni los diablos veo.

En el frontispicio decía: «*Aquí yace el trono*; nació en el reinado de Isabel la Católica, murió en la Granja, de un aire colado». En el basamento se veían cetro y corona, y demás ornamentos de la dignidad real. *La Legitimidad,* figura colosal de mármol negro, lloraba encima. Los muchachos se habían divertido en tirarle piedras, y la figura maltratada llevaba sobre sí las muestras de la ingratitud.

—Y este mausoleo a la izquierda. *La armería.* Leamos:

«Aquí yace el valor castellano, con todos sus pertrechos. R.I.P.»

Los ministerios. «Aquí yace media España: murió de la otra media.»

Doña María de Aragón. «Aquí yacen los tres años.»

Y podía haberse añadido: aquí callan los tres años. Pero el cuerpo no estaba en el sarcófago. Una nota al pie decía:

«El cuerpo del santo se trasladó a Cádiz en el año 23, y allí, por descuido, cayó al mar.»

Y otra añadía, más moderna sin duda: «Y resucitó al tercero día».

Más allá; ¡santo Dios!: «Aquí yace la Inquisición, hija de la fe y del fanatismo: murió de vejez». Con todo, anduve buscando alguna nota de resurrección: o todavía no la habían puesto, o no se debía de poner nunca.

Alguno de los que se entretienen en poner letreros en las paredes había escrito, sin embargo, con yeso en una esquina, que no parecía sino que se estaba saliendo, aún antes de borrarse: «Gobernación». ¡Qué insolentes son los que ponen letreros en las paredes! Ni los sepulcros respetan.

¿Qué es esto? ¡La cárcel! «Aquí reposa la libertad del pensamiento.» ¡Dios mío, en España, en el país más educado para instituciones libres! Con todo, me acordé de aquel célebre epitafio y añadí, involuntariamente:

Aquí el pensamiento reposa,
en su vida hizo otra cosa.

Dos redactores del «Mundo» eran las figuras lacrimatorias de esta grande urna. Se veían en el relieve una cadena, una mordaza y una pluma. Esta pluma, dije para mí, ¿es la de los escritores o la de los escribanos? En la cárcel todo puede ser.

La calle de Postas, la calle de la Montera. Estos no son sepulcros. Son osarios, donde, mezclados y revueltos, duermen el comercio, la industria, la buena fe, el negocio.

Sombras venerables, ¡hasta el valle de Josafat!

Correos: «¡Aquí yace la subordinación militar!»

Una figura de yeso, sobre el vasto sepulcro, ponía el dedo en la boca; en la otra mano una especie de jeroglífico hablaba por ella: una disciplina rota.

Puerta del Sol. La Puerta del Sol: ésta no es sepulcro sino de mentiras.

La Bolsa. «Aquí yace el crédito español». Semejante a las pirámides de Egipto —me pregunté— ¿es posible que se haya erigido este edificio sólo para encerrar en él una cosa tan pequeña?

La Imprenta Nacional. Al revés que la Puerta del Sol. Este es el sepulcro de la verdad. Unica tumba de nuestro país, donde, a uso de Francia, vienen los concurrentes a echar flores.

La victoria. Esa yace para nosotros en toda España. Allí no había epitafio, no había monumento. Un pequeño letrero, que el más ciego podía leer, decía solo: «¡Ese terreno le ha comprado a perpetuidad, para su sepultura, la junta de enajenación de conventos!».

¡Mis carnes se estremecieron! Lo que va de ayer a hoy. ¿Irá otro tanto de hoy a mañana?

Los teatros. «Aquí reposan los ingenios españoles.» Ni una flor, ni un recuerdo, ni una inscripción.

El Salón de Cortes. Fue casa del Espíritu Santo; pero ya el Espíritu Santo no baja al mundo en lenguas de fuego.

Aquí yace el Estatuto.
Vivió y murió en un minuto.

Sea por muchos años —añadí—, que sí será: éste debió de ser raquítico, según lo poco que vivió.

El Estamento de Próceres. Allá, en el Retiro. Cosa singular. ¡Y no hay un ministerio que dirija las cosas del mundo, no hay una inteligencia provisora, inexplicable! Los próceres y su sepulcro en el Retiro.

El sabio en su retiro y villano en su rincón.

Pero ya anochecía, y también era hora de retiro para mí. Tendí una última ojeada sobre el vasto cementerio. Olía a muerte próxima. Los perros ladraban con aquel aullido prolongado, intérprete de su instinto agorero; el gran coloso, la inmensa capital, toda ella se removía como un moribundo que tantea la ropa: entonces no vi más que un gran sepulcro; una inmensa lápida se disponía a cubrirle como una ancha tumba.

No había «aquí yace» todavía: el escultor no quería mentir; pero los nombres del difunto saltaban a la vista, ya distintamente delineados.

«¡Fuera —exclamé— la horrible pesadilla, fuera!» ¡Libertad! ¡Constitución! ¡Tres veces! ¡Opinión nacional! ¡Emigración! ¡Vergüenza! ¡Discordia! Todas estas palabras parecían repetirme a un tiempo los últimos ecos del clamor general de las campanas del Día de Difuntos de 1836.

Una nube sombría lo envolvió todo. Era la noche. El frío de la noche helaba mis venas. Quise salir violentamente del horrible cementerio. Quise refugiarme en mi propio corazón, lleno no ha mucho de vida, de ilusiones, de deseos.

¡Santo cielo! También otro cementerio. Mi corazón no es más que otro sepulcro. ¿Qué dice? Leamos. ¿Quién ha muerto en él? ¡Espantoso letrero! «¡Aquí yace la esperanza!»

¡Silencio, silencio!

La Nochebuena de 1836

Yo y mi criado

Delirio filosófico

El número 24 me es fatal; si tuviera que probarlo diría que en día 24 nací. Doce veces al año amanece, sin embargo, día 24. Soy supersticioso porque el corazón del hombre necesita creer algo, y cree mentiras cuando no encuentra verdades que creer; sin duda por esa razón creen los amantes, los casados y los pueblos a sus ídolos, a sus consortes y a sus gobiernos; y una de mis supersticiones consiste en creer que no puede haber para mí un día 24 bueno. El día 23 es siempre en mi calendario víspera de desgracia, y a imitación de aquel jefe de policía ruso que mandaba tener prontas las bombas las vísperas de incendios, así yo desde el 23 me prevengo para el siguiente día de sufrimiento y resignación, y en dando las doce, ni tomo vaso en mi mano por no romperle, ni apunto carta por no perderla, ni enamoro a mujer por que no me diga que sí, pues en punto a amores tengo otra superstición: imagino que la mayor desgracia que a un hombre le puede suceder es que una mujer le diga que le quiere. Si no la cree es un tormento, y si la cree... ¡Bienaventurado aquel a quien la mujer dice no quiero, porque ése, a lo menos, oye la verdad!

El último día 23 del año 1836 acababa de expirar en la muestra de mi péndola, y consecuente en mis principios supersticiosos, ya estaba yo agachado esperando el aguacero y sin poder conciliar el sueño. Así pasé las horas de la noche, más largas para el triste desvelado que una guerra civil; hasta que por fin la mañana vino con paso de intervención, es decir, lentísimamente, a teñir de púrpura y rosa las cortinas de mi estancia.

El día anterior había sido hermoso, y no sé por qué me daba el corazón que el día 24 había de ser día de agua. Fue peor todavía; amaneció nevando. Miré el termómetro, y marcaba muchos grados bajo cero; como el crédito del Estado.

Resuelto a no moverme por que tuviera que hacerlo todo la suerte este mes, incliné la frente, cargada, como el cielo, de nubes frías; apoyé los codos en mi mesa, y paré tal, que cualquiera me hubiera reconocido por escritor público en tiempo de libertad de imprenta, o me hubiera tenido por miliciano nacional citado para un ejercicio. Ora vagaba mi vista sobre la multitud de artículos y folletos que yacen empezados y no acabados ha más de seis meses sobre mi mesa, y de que sólo existen los títulos, como esos nichos preparados en los cementerios que no aguardan más que el cadáver; comparación exacta, porque en cada artículo entierro una esperanza o una ilusión. Ora volvía los ojos a los cristales de mi balcón; veíalos empañados y como llorosos por dentro: los vapores condensados se deslizaban a manera de lágrimas a lo largo del diáfano cristal; así se empaña la vida, pensaba; así el frío exterior del mundo condensa las penas en el interior del hombre, así caen gota a gota las lágrimas sobre el corazón. Los que ven de fuera los cristales, los ven tersos y brillantes; los que ven sólo los rostros, los ven alegres y serenos...

Haré merced a mis lectores de las más de mis meditaciones; no hay periódicos bastantes en Madrid, acaso no hay lectores bastantes tampoco. ¡Dichoso el que tiene oficina! ¡Dichoso el empleado, aun sin sueldo o sin cobrarlo, que es lo mismo! Al menos no está obligado a pensar; puede fumar; puede leer la «Gaceta».

—¡Las cuatro! ¡La comida! —me dijo una voz de criado, una voz de entonación servil y sumisa;

en el hombre que sirve, hasta la voz parece pedir permiso para sonar.

Esta palabra me sacó de mi estupor, e involuntariamente iba a exclamar como Don Quijote: «Come, Sancho, hijo, come, tú que no eres caballero andante y que naciste para comer»; porque al fin los filósofos, es decir, los desgraciados, podemos no comer, ¡pero los criados de los filósofos!... Una idea más luminosa me ocurrió; era día de Navidad. Me acordé de que en sus famosas saturnales los romanos trocaban los papeles y los esclavos podían decir la verdad a sus amos. Costumbre humilde, digna del cristianismo. Miré a mi criado y dije para mí: «Esta noche me dirás la verdad». Saqué de mi gaveta unas monedas: tenían el busto de los monarcas de España. Cualquiera diría que son retratos; sin embargo, eran artículos de periódico. Los miré con orgullo.

—Come y bebe de mis artículos —añadí con desprecio—; sólo en esa forma, sólo por medio de esa estratagema se pueden meter los artículos en el cuerpo de ciertas gentes.

Una risa estúpida se dibujó en la fisonomía de aquel ser que los naturalistas han tenido la bondad de llamar racional sólo porque lo han visto hombre. Mi criado se rió. Era aquella risa el demonio de la gula que reconocía su campo.

Tercié la capa, calé el sombrero, y en la calle.

¿Qué es un aniversario? Acaso un error de fecha. Si no se hubiera compartido el año en trescientos sesenta y cinco días, ¿qué sería de nuestros aniversarios? Pero al pueblo le han dicho: «Hoy es un aniversario»: y el pueblo ha respondido «Pues si es un aniversario comamos, y comamos doble». ¿Por qué como hoy más que ayer?O ayer pasó hambre u hoy pasará indigestión. Miserable humanidad, destinada siempre a quedarse más acá o ir más allá.

Hace mil ochocientos treinta y seis años nació el Redentor del mundo; nació el que no reconoce principio, y el que no reconoce fin; nació para morir. ¡Sublime misterio!

¿Hay misterio que celebrar?, pues «comamos» —dice el hombre—; no dice: «reflexionemos». El vientre es el encargado de cumplir con las grandes solemnidades. El hombre tiene que recurrir a la materia para pagar las deudas del espíritu. ¡Argumento terrible en favor del alma!

Para ir desde mi casa al teatro es preciso pasar por la plaza tan indispensablemente como es preciso pasar por el dolor para ir desde la cuna al sepulcro. Montones de comestibles acumulados, risa y algazara, compra y venta, sobras por todas partes, y alegría. No pudo menos de ocurrirme la idea de Bilbao. Figuróseme ver de pronto que se alzaba por entre las montañas de víveres una frente altísima y extenuada: una mano seca y roída llevaba a una boca cárdena, y negra de morder cartuchos, un manojo de laurel sangriento. Y aquella boca no hablaba. Pero el rostro entero se dirigía a los bulliciosos liberales de Madrid, que traficaban. Era horrible el contraste de la fisonomía escuálida y de los rostros alegres. Era la reconvención y la culpa: aquélla, agria y severa; ésta, indiferente y descarada.

Todos aquellos víveres han sido aquí traídos de distintas provincias para la colación cristiana de una capital. En una cena de ayuno se come una ciudad a las demás.

¡Las cinco! Hora del teatro. El telón se levanta a la vista de un pueblo palpitante y bullicioso. Dos comedias de circunstancias, o yo estoy loco. Una representación en que los hombres son mujeres y las mujeres hombres. He aquí nuestra época y nuestras costumbres. Los hombres ya no saben sino hablar como las mujeres, en congresos y en corrillos. Y las mujeres son hombres, ellas son las únicas que conquistan. Segunda comedia; un novio que no ve el logro de su esperanza: ese novio es el pueblo español: no se casa con un solo gobierno, con quien no tenga que reñir al día siguiente. Es el matrimonio repetido al infinito.

Pero las orgías llaman a los ciudadanos. Ciérranse las puertas, ábrense las cocinas. Dos horas, tres horas, y yo rondo de calle en calle a merced de mi pensamiento. La luz que ilumina los banquetes viene a herir mis ojos por las rendijas de los balcones; el ruido de los panderos y de la bacanal que estremece los pisos y las vidrieras se abre paso hasta mis sentidos, y entre en ellos como cuña a mano, rompiendo y desbaratando.

Las doce van a dar: las campanas que ha dejado la junta de enajenación en el aire, y que en estar todavía en el aire se parecen a todas nuestras cosas, citan a los cristianos al oficio divino. ¿Qué es esto? ¿Va a expirar el 24, y no me ha ocurrido en él más contratiempo que mi mal humor de todos los días? Pero mi criado me espera en mi casa como espera la cuba al catador, llena de vino; mis artículos hechos moneda, mi moneda hecha mosto se ha apoderado del imbécil como imaginé, y el asturiano ya no es hombre; es todo verdad.

Mi criado tiene de mesa lo cuadrado y el estar en talla al alcance de la mano. Por tanto, es un mueble cómodo; su color es el que indica la ausencia completa de aquello con que se piensa, es decir, que es bueno; las manos se confundirían con los pies, si no fuera por los zapatos, y porque anda casualmente sobre los últimos; a imitación de la mayor parte de los hombres, tiene orejas que están a uno y otro lado de la cabeza como los floreros en una consola, de adorno, o como los balcones figurados, por donde no entra ni sale nada; también tiene dos ojos en la cara; él cree ver con ellos, ¡qué chasco se lleva! A pesar de esta pintura, todavía sería difícil reconocerle entre la multitud, porque al fin no es sino un ejemplar de la grande edición hecha por la Providencia de la humanidad, y que yo comparo de buena gana con las que suelen hacer los autores: algunos ejemplares de regalo finos y bien empastados; el surtido todo igual, ordinario y a la rústica.

Mi criado pertenece al surtido. Pero la Providencia, que se vale para humillar a los soberbios de los instrumentos más humildes, me reservaba en él mi mal rato del día 24. La verdad me esperaba en él, y era preciso oírla de sus labios impuros. La verdad es como el agua filtrada, que no llega a los labios sino al través del cieno. Me abrió mi criado, y no tardé en reconocer su estado.

—Aparta, imbécil —exclamé, empujando suavemente aquel cuerpo sin alma que en uno de sus columpios se venía sobre mí—. ¡Oiga! Está ebrio. ¡Pobre muchacho! ¡Da lástima!

Me entré de rondón a mi estancia; pero el cuerpo me siguió con un rumor sordo e interrumpido; una vez dentro los dos, su aliento desigual y sus movimientos violentos apagaron la luz; una bocanada de aire colada por la puerta al abrirme, cerró la de mi habitación, y quedamos dentro casi a oscuras yo y mi criado, es decir, la verdad y Fígaro, aquélla en figura de hombre beodo arrimado a los pies de mi cama para no vacilar, y yo a su cabecera, buscando inútilmente un fósforo que nos iluminase.

Dos ojos brillaban como dos llamas fatídicas enfrente de mí: no sé por qué misterio mi criado encontró entonces, y de repente, voz y palabras, y habló y raciocinó: misterios más raros se han visto acreditados: los fabulistas hacen hablar a los animales, ¿por qué no he de hacer yo hablar a mi criado? Oradores conozco yo de quienes hace algún tiempo no hubiera hecho yo una pintura más favorable que de mi astur, y que han roto, sin embargo, a hablar, y los oye el mundo y los escucha, y nadie se admira.

En fin, yo cuento un hecho: tal me ha pasado: yo no escribo para los que dudan de mi veracidad; el que no quiera creerme puede doblar la hoja; eso se ahorrará tal vez de fastidio; pero una voz salió de mi criado, y entre ella y la mía se estableció el siguiente diálogo:

—Lástima —dijo la voz, repitiendo mi piadosa exclamación—. ¿Y por qué me has de tener lástima, escritor? Yo a ti, ya lo entiendo.

—¿Tú a mí? —pregunté sobrecogido ya por un terror supersticioso; y es que la voz empezaba a decir verdad.

—Escucha: tú vienes triste como de costumbre: yo estoy más alegre que suelo. ¿Por qué ese color pálido, ese rostro deshecho, esas hondas y verdes ojeras que ilumino con mi luz al abrirte todas las noches? ¿Por qué esa distracción constante y esas palabras vagas e interrumpidas de que sorprendo todos los días fragmentos errantes sobre tus labios? ¿Por qué te vuelves y te revuelves en tu mullido lecho como un criminal, acostado con su remordimiento, en tanto que yo ronco sobre mi tosca tarima? ¿Quién debe tener lástima a quién? No pareces criminal: la justicia no te prende al menos; verdad es que la justicia no prende sino a los pequeños criminales, a los que roban con ganzúas o a los que matan con puñal: pero a los que arrebatan el sosiego de una familia seduciendo a la mujer casada o a la hija honesta, a los que roban con los naipes en la mano, a los que matan una existencia con una palabra dicha al oído, con una carta cerrada, a ésos ni los llama la sociedad criminales, ni la justicia los prende, porque la víctima no arroja sangre, ni manifiesta herida, sino agoniza lentamente, consumida por el veneno de la pasión, que su verdugo le ha propinado. ¡Qué de tísicos han muerto asesinados por una infiel, por un ingrato, por un calumniador! Los entierran; dicen que la cura no ha alcanzado y que los médicos no la entendieron. Pero la puñalada hipócrita alcanzó e hirió el corazón. Tú acaso eres de esos criminales y hay un acusador dentro de ti, y ese frac elegante, y esa media de seda, y ese chaleco de tisú de oro que yo te he visto, son tus armas maldecidas.

—Silencio, hombre borracho.

—No, has de oír al vino una vez que habla. Acaba ese oro que a fuer de elegante has ganado en tu sarao y que vuelcas con indiferencia sobre tu tocador, es el precio del honor de una familia. Acaso ese billete que desdoblas es un anónimo embustero que va a separar de ti para siempre la mujer que adorabas; acaso es una prueba de la ingratitud de ella o de su perfidia. Más de uno te he visto morder y despedazar con tus uñas y tus dientes en los momentos en que el buen tono cede el paso a la pasión y a la sociedad.

Tú buscas la felicidad en el corazón humano, y para eso le destrozas, hozando en él, como quien remueve la tierra en busca de un tesoro. Yo nada busco, y el desengaño no me espera a la vuelta de la esperanza. Tú eres literato y escritor: y ¡qué tormentos no te hace pasar tu amor propio, ajado diariamente por la indiferencia de unos, por la envidia de otros, por el rencor de muchos! Preciado de gracioso, harías reír a costa de un amigo, si amigos hubiera, y no quieres tener remordimiento. Hombre de partido, haces la guerra a otro partido; o cada vencimiento es una humillación, o compras la victoria demasiado cara para gozar de ella. Ofendes y no quieres tener enemigos. ¿A mí quién me calumnia? ¿Quién me conoce? Tú me pagas un salario bastante a cubrir mis necesidades; a ti te paga el mundo como paga a los demás que le sirven. Te llamas liberal y despreocupado, y el día que te apoderes del látigo azotarás como te han azotado. Los hombres de mundo os llamáis hombres de honor y de carácter, y a cada suceso nuevo cambiáis de opinión, apostatáis de vuestros principios. Despedazado siempre por la sed de gloria, inconsecuencia rara, despreciarás acaso a aquellos para quienes escribes y reclamas con el incensario en la mano su adulación: adulas a tus lectores para ser de ellos adulado, y eres también despedazado por el temor, y no sabes si mañana irás a coger tus laureles a las Baleares o a un calabozo.

—¡Basta, basta!

—Concluyo; yo, en fin, no tengo necesidades: tú, a pesar de tus riquezas, acaso tendrás que someterte mañana a un usurero para un capricho innecesario, porque vosotros tragáis oro, o para un banquete de vanidad en que cada bocado es un tósigo. Tú lees día y noche buscando la verdad en los libros hoja por hoja, y sufres de no encontrarla ni escrita. Ente ridículo, bailas sin alegría; tu movimiento turbulento es el movimiento de la llama, que, sin gozar ella, quema. Cuando yo necesito de mujeres, echo mano de mi salario, y las encuentro, fieles por más de un cuarto de hora; tú echas mano de tu corazón, y vas y lo arrojas a los pies de la primera que pasa, y no quieres que lo pise y lo lastime, y le entregas ese depósito sin conocerla. Confías tu tesoro a cualquiera por su linda cara, y crees porque quieres; y si mañana tu tesoro desaparece, llamas ladrón al depositario, debiendo llamarte imprudente y necio a ti mismo.

—Por piedad, déjame, voz del infierno.

—Concluyo: inventas palabras y haces de ellas sentimientos, ciencias, artes, objetos de existencia. ¡Política, gloria, saber, poder, riqueza, amistad, amor! Y cuando descubres que son palabras, blasfemas y maldices. En tanto, el pobre asturiano come, bebe y duerme, y nadie le engaña, y, si no es feliz, no es desgraciado; no es, al menos, hombre de mundo, ni ambicioso, ni elegante, ni literato, ni enamorado. Ten lástima ahora del pobre asturiano. Tú me mandas, pero no te mandas a ti mismo. Tenme lástima, literato. Yo estoy ebrio de vino, es verdad; ¡pero tú lo estás de deseos y de impotencia...!

Un ronco sonido terminó el diálogo; el cuerpo, cansado del esfuerzo, había caído al suelo; el órgano de la Providencia había callado, y el asturiano roncaba.

—¡Ahora te conozco —exclamé—, día 24!

Una lágrima preñada de horror y de desesperación surcaba mi mejilla, ajada ya por el dolor. A la mañana, amo y criado yacían, aquél en el lecho, éste en el suelo. El primero tenía todavía abiertos los ojos y los clavaba con delirio y con delicia en una caja amarilla, donde se leía mañana. ¿Llegará ese *mañana* fatídico? ¿Qué encerraba la caja? En tanto, *la noche buena* era pasada, y el mundo todo, a mis barbas, cuando hablaba de ella, la seguía llamando *noche buena*.

MIGUEL DE UNAMUNO
(1864-1936)

Sumamente compleja y rica es la personalidad de don Miguel de Unamuno, que inició en la España de su tiempo la fecunda guerra civil de los espíritus. Por eso, su ministerio, que ministerio fue su prédica y su literatura, fue el del cantaverdades, el del regañón heroico. No se cansó a lo largo de su batallona existencia de predicar y esto más por anhelo de claridades que por ansia sermoneadora. Unamuno fue siempre el caballero andante de la palabra que anda preocupado por cosas íntimas y ultratumberías.

Sus congojas, que nos descubren su sentido trágico de la vida, le llevaron a las más hondas paradojas. Su cristianismo apasionado, al decir de Bergamín, le llevó a pensar y a escribir páginas admirables, donde, evidentemente, no sólo toca y roza, sino cae de lleno en la herejía. Recuerda a su modo a los protestantes antiguos, pero su sentido religioso difuso es muy otro que el del protestantismo histórico. Unamuno, antes que otra cosa, es un irracionalista enemistado (como Lutero) con la «ramera razón».

El caso de Unamuno ofrece notables características. A diferencia de los demás escritores modernos, siente el problema religioso en lo vivo. Sus preocupaciones no tienen el más mínico carácter farisaico. Su afición a comentar los versículos bíblicos (los versillos como dice él), es una señal más de su íntima vocación religiosa. Ahora bien, los combates que librará consigo mismo le conducirán a una postura existencialista que desdeña la filosofía y se queda con la poesía. La pasión del filósofo Unamuno será la poesía y a ella condicionará todo. Es importantísimo tener esto presente porque de otro modo queda mal comprendida la irrevocable vocación poética unamuniana.

Cuando emprende la redacción de su «Vida de Don Quijote y Sancho», le asedia el ritmo poético de la prosa hasta el punto de que los razonamientos terminan en exclamaciones. La poesía irrumpe o se entrecruza a cada paso con la prosa. En este libro, el jadeo de la frase unamuniana, como observa Octavio Paz, «es jadeo de poeta que quiere dejar la empinada senda del razonamiento y soltarse a bailar».

Unamuno es uno de los escritores que con mayor hondura han revelado las grandes contradicciones que nos tejen y destejen. Y su revelación adopta la vía de la paradoja y la de la novela trágico-grotesca. La paradoja es esencial al pensador y el lirismo de la novela «confesional» le permite decir las palabras reveladoras.

Se ha afirmado frívolamente que Unamuno carecía en absoluto de humor. Peregrina afirmación, pues, pocos escritores encarnan como él el eterno malhumorismo español. Hasta es teorizador de este malhumor cuando nos dice: «La gracia sin hiel no es graciosa, sino pura y simplemente tonta: de puro tonta insoportable. La ironía, la verdadera ironía, nos es casi desconocida, como nos lo es la sonrisa. La ironía se nos convierte en sarcasmo, y en vez de sonreír, nos reímos a carcajadas, o con lo que se llama risa sardónica que es un modo de llorar». Y acto seguido estampa: «Si se habla de la sal ática, debería hablarse del ajenjo, o del acíbar hispánico».

Este ajenpo, más espesado que desleído, se encuentra sobre todo en «Amor y pedagogía», novela fragmentada y compleja, que funde elementos grotescos y trágicos. Allí se echa de ver el odio que abrigaba Unamuno contra la «ramera razón» y el sentido común. «Amor y pedagogía» constituye una burla cruel contra el cientificismo. Y los «Apuntes para un tratado de cocotología», con sus prolegómenos, historia y razón del método, son broma tan pesada que seguramente no se ha querido ver en ellos la insolencia anticientífica. Se ha preferido trivializarlos, como si fueran una quisicosa de don Miguel. Sin embargo, como ha observado Francisco Ayala, esas facecias revelan una preocupación capital que reaparece constantemente en la obra de Unamuno: la filosofía no es más que poesía echada a perder. Clara manifestación ésta de odio y desconfianza frente a las especulaciones racionales de los pobres filósofos sin novelería

Ahora en que el alma de Apolodoro se acerca, merced a las fricciones superauriculares, al *amfioxus,* psíquico, ahora ha venido a habitar en nuestra ciudad el verbo de Carrascal, el insondable filósofo don Fulgencio.

Es don Fulgencio Entrambosmares hombre entrado en años y de ilusiones salido, de mirar vago que parece perderse en lo infinito, a causa de su cortedad de vista sobre todo, de reposado ademán y de palabra en que subraya tanto todo que dicen sus admiradores que habla en bastardilla. Jamás presenta a su mujer por avergonzarse de estar casado y sobre todo de tener que estarlo con mujer. El traje lo lleva de retazos hábilmente cosidos, intercambiables, diciendo: «Esto es un traje orgánico; siempre conserva las caderas y rodilleras, signo de mi personalidad, *mis* caderas, *mis* rodilleras».

Tiene en su despacho, junto a un piano, un esqueleto de hombre con chistera, corbata, frac, sortija en los huesos de los dedos y un paraguas en una mano y sobre él esta inscripción: *Homo insipiens,* y a un lado un esqueleto desnudo de un gorila con esta otra: *Simia sapiens,* y encima de una y de otra una tercera inscripción que dice: *Quantum mutatus ab illo.* Y por todas partes carteles con aforismos de este jaez: «La verdad es un lujo; cuesta cara». «Si no hubiera hombres habría que inventarlos.» «Pensar la vida es vivir el pensamiento.» «El fin del hombre es la ciencia.»

Son, en efecto, los aforismos uno de sus fuertes, y el *Libro de los aforismos o píldoras de sabiduría,* su libro exotérico, el que ha de dar como ilustración al común de los mortales. Porque el otro, su *Ars magna combinatoria,* su gran obra exotérica, que irá escrita en latín o en volapuk, la reserva para más felices edades. Trabaja en ella de continuo, más decidido a encerrarla, desconocida, en un hermético cofrecito de iridio o de molibdeno, cuando muera, ordenando que la entierren con él y dejando al Destino que al correr de los siglos aparezca a flor de tierra un día, entre roídos huesos cuando sea ya el género humano digno de tamaño presente.

Porque es lo que se dice a solas: «¿Trabajar yo para este público donde han caído como en el vacío mis más profundos y geniales estudios?, ¿para este público que tarda tanto en admitir como en despedir a aquel a quien una vez haya admitido? Esto es como caminar en un arenal, esto es romperse el brazo del alma al ir a dar con todo esfuerzo y encontrarse con el aire nada más. Hay aquí cien escritores, publica cada cual cien ejemplares de cada una de sus obras y las cambian entre sí, como cambian los saludos y las envidias. El que no escribe no lee; y el que escribe tampoco lee como no le regalen lo que haya de leer. Como ninguno se halla sostenido por público compacto, numeroso y culto, ni creen en sí mismos ni en los otros— pues necesitamos de que los demás nos crean para creernos— y a falta de esa fe, de la fe en la popularidad, única de nuestro escritor, desprécianse mutuamente o creen despreciarse más bien.»

Profesa un santo odio, un *odium philosophicum,* al sentido común, del que dice: «¿El sentido común?, ¡a la cocina!». Y cuando llega a sus oídos esa estúpida conseja de que es una olla de grillos su cabeza, recítase este fragmento poético que para su propio regalo tan sólo ha compuesto:

Amados grillos que con vuestro canto
de mi cabeza a la olla dais encanto

cantad, cantad sin tino,
cumplid vuestro destino,
mientras las ollas de los más sesudos,
de sentido común torpes guaridas,
de sucias cucarachas, grillos muchos,
verbenean manidas.
Resuenen esas ollas con el eco
del canto de lo hueco.

Tal es el guía a quien para la educación del genio se ha confiado don Avito.

Han anunciado a don Fulgencio que Carrascal le busca; sale el filósofo en chancletas, echa a don Avito una mano sobre el hombro y exclama:

—¡Paz y ciencia!, amigo Avito... ¡cuánto bueno por aquí!...

—Usted siempre tan magnánimo, don Fulgencio... Vengo algo sudoroso; está tan lejos esta casa... Se pierde mucho tiempo en recorrer espacio...

—Casi tanto como el espacio que se pierde en pasar el tiempo... ¿Y qué tal le va el papel?

Don Avito queda confundido ante esta profundidad de hombre, y como al entrar en el despacho le salta a la vista eso de que «el fin del hombre es la ciencia», vuélvese al maestro y se decide a preguntarle:

—¿Y el fin de la ciencia?

—¡Catalogar el universo!

—¿Para qué?

—Para devolvérselo a Dios en orden, con un inventario razonado de lo existente...

—A Dios... a Dios... —murmura Carrascal.

—¡A Dios, sí, a Dios! —repite don Fulgencio con enigmática sonrisa.

—Pero, ¿es que ahora cree usted en Dios? —pregunta con alarma el otro.

—Mientras El crea en mí... —y levantando episcopalmente la mano derecha, añade—: Dispense un poco, Avito.

Frunce los labios y baja los ojos, síntomas claros

del parto de un aforismo, y tomando una cuartilla de papel escribe algo, tal vez un trozo de padrenuestro, o unos garrapatos sin sentido. Entretanto la voz interior le dice a Carrascal: «¡Caíste... has vuelto a caer, caes y caerás cien veces... éste es un mixtificador, este hombre se ríe por dentro, se ríe de ti...», y Avito, escandalizado de tan inaudita insolencia, le dice a su demonio familiar: «¡cállate, insolente!, ¡cállate!, ¡tú qué sabes, estúpido!».

—Puede usted seguir, Avito.

—¿Seguir? Pero, ¡si no he empezado!...

—Nunca se empieza, todo es seguimiento.

Confuso Carrascal ante tamaña profundidad de hombre, le explana de cabo a cabo la historia toda de su matrimonio y lo que respecto a su hijo proyecta. Le oye don Fulgencio silencioso, interrumpiéndole por dos veces con el gesto episcopal para asentar algún aforismo o escribir cualquier cosa o ni cosa alguna. Al concluir su exposición quédase Carrascal bebiéndose con la mirada el rostro del maestro, sintiendo que a su espalda tiene el *Simia sapiens* y delante, sobre la augusta cabeza del filósofo, lo de «Si no hubiera hombres habría que inventarlos». Mantiénese don Fulgencio cabizbajo unos segundos, e irguiendo la vista, dice:

—Importante papel atribuye usted a su hijo en la tragicomedia humana; ¿será el que el Supremo Director de escena le designe?

Responde Carrascal con un pestañeo.

—Esto es una tragicomedia, amigo Avito. Representamos cada uno nuestro papel; nos tiran de los hilos cuando creemos obrar, no siendo este obrar más que un accionar; recitamos el papel aprendido allá, en las tinieblas de la inconciencia, en nuestra tenebrosa preexistencia; el Apuntador nos guía; el gran tramoyista maquina todo esto...

—¿La preexistencia? —insinúa Carrascal.

—Sí, de eso hablaremos otro día; así como nuestro morir es un *des-nacer*, nuestro nacer es un *des-mo-*

rir... Aquí de la permutación. Y en este teatro lo tremendo es el héroe...

—¿El héroe?

—El héroe, sí, el que toma en serio su papel y se posesiona de él y no piensa en la galería, ni se le da un pitoche del público, sino que representa al vivo, al verdadero vivo, y en la escena del desafío mata de verdad al que hace de adversario suyo... matar de verdad es matar para siempre aterrando a la galería, y en la escena de amor, ¡figúrese usted!, no quiero decirle nada...

Interrúmpese para escribir un aforismo y prosigue:

—Hay coristas, comparsas, primeras y segundas partes, racioneros... Yo, Fulgencio Entrambosmares, tengo conciencia del papel de filósofo que el Autor me repartió, de filósofo extravagante a los ojos de los demás cómicos, y procuro desempeñarlo bien. Hay quien cree que repetimos luego la comedia en otro escenario, o que, cómicos de la legua viajando por los mundos estelares, representamos la misma luego en otros planetas; hay también quien opina, y es mi opinión, que desde aquí nos vamos a dormir a casa. Y hay, fíjese también en esto, Avito, hay quien alguna vez mete su *morcilla* en la comedia.

Cállase un momento; mientras Carrascal se recrea en interpretarle el pensamiento, irrádianle los fulgurantes ojos y, mirando al enchisterado *Homo insipiens,* prosigue:

—La morcilla, ¡oh, la morcilla! ¡Por la morcilla sobreviviremos lo que sobrevivamos! No hay en la vida toda de cada hombre más que un momento, un solo momento de libertad, de verdadera libertad, sólo una vez en la vida se es libre de veras, y de ese momento, de ese momento, ¡ay!, que si se va no vuelve, como todos los demás momentos y que como todos ellos se va, de ese nuestro momento *metadramático,* de esa hora misteriosa depende nuestro destino todo.

Y ante todo, ¿sabe usted, Avito, lo que es la morcilla?

—No —contesta Carrascal pensando en su matrimonio, en la hora aquélla misteriosa de su visita a Leoncia, cuando se encontró con Marina, en aquel momento metadramático en que los tersos ojazos de la hoy su mujer le decían cuanto no se sabe ni se sabrá jamás, en aquel momento de libertad... ¿de libertad?, ¿de libertad o de amor?, ¿el amor, da o quita libertad?, ¿la libertad, da o quita amor? Y la voz interior le dice: «Caíste y volverás a caer».

—Pues morcilla se llama, amigo Carrascal, a lo que meten los actores por su cuenta en sus recitales, a lo que añaden a la obra del autor dramático. ¡La morcilla! Hay que espiar su hora, prepararla, vigilarla, y cuando llega, meterla, meter nuestra morcilla, más o menos larga en el recitado, y siga luego la función. Por esa morcilla sobreviviremos, morcilla, ¡ay!, que también nos la sopla al oído el gran Apuntador.

* * *

Entra don Fulgencio, se va derecho a su sillón, en el que se sienta, y, luego de haber escrito en su cuadernillo esta sentencia: «El hombre es un aforismo», empieza: —Querido Apolodoro: Vienes iniciado ya, preparado a la nueva y grande labor que se te ofrece... *ars longa, vita brevis,* que dijo Hipócrates en griego y en latín lo repetimos... voy a hablarte, sin embargo, hijo mío, en lenguaje exotérico, llano y corriente, sin acudir a mi *Ars magna combinatoria.* Eres muy tiernecito aún para introducirte en ella, a gozar de maravillas cerradas a los ojos del común de los mortales. ¡El común de los mortales, hijo mío, el común de los mortales! El sentido común es su peculio. Guárdate de él, guárdate del sentido común, guárdate de él como de la peste. Es el sentido común el que con los medios comunes de conocer juzga, de tal modo que en tierra en que un solo mortal conociese el microscopio y el telescopio disputaríanle sus coterráneos por hombre falto de sentido común cuando les comunicase sus observaciones, juzgando ellos a simple vista que es el instrumento del sentido común. Líbrate, por lo demás, de mirar con microscopio a las estrellas y con telescopio a un infusorio. Y cuando oigas a alguien decir que es el sentido común el más raro de los sentidos, apártate de él, es un tonto de capirote. ¡Zape! —y sacude al gato que se ha subido a las piernas—. ¿Qué estudias ahora?

—Matemáticas.

—¿Matemáticas? Son como el arsénico; en bien dosificada receta fortifican; administradas a todo pasto matan. Y las matemáticas combinadas con el sentido común dan un compuesto explosivo y detonante: la *supervulgarina.* ¿Matemáticas? Uno..., dos..., tres..., todo en serie; estudia historia para que aprendas a ver las cosas en proceso, en flujo. Las matemáticas y la historia son dos polos.

Detiénese a escribir un aforismo y prosigue:

—Te decía, hijo mío, que no frecuentes mucho el trato con los sensatos, pues quien nunca suelte un desatino, puedes jurarlo, es tonto de remate. Una jeringuilla especial para inocular en los sesos todos un suero de cuatro paradojas, tres embolismos y una utopía y estábamos salvados. Huye de la salud gañanesca. No creas en lo que llaman los viejos experiencia, que no por rezar cien padrenuestros al día le sabe una vieja beata mejor que quien no le reza hace años. Es más, sólo nos fijamos en el camino en que hay tropiezos. Y de la otra experiencia, de la que hablan los libros, tampoco te fíes en exceso. ¡Hechos!, ¡hechos!, ¡hechos!, te dirán. ¿Y qué hay que no lo sea?, ¿qué no es hecho?, ¿qué no se ha hecho de un modo o de otro? Llenaban antes los libros de palabras, de relatos de hechos los atiborran ahora; lo que por ninguna parte veo son ideas. Si yo tuviese la desgracia de tener que apoyar en datos mis doctrinas, los inventaría, seguro como estoy de que todo cuanto pueda el hombre imaginarse o ha sucedido, o está sucediendo, o sucederá algún día. De nada te servirán, además, aun reducidos a bolo deglutivo por los libros, sin jugo intelectual que en quimo de ideas los convierta. Huye de los hechólogos, que la hechología es el sentido común echado a perder, fíjate bien, echado a perder, porque lo sacan de su terreno propio, de aquel en que da frutos, comunes, pero útiles. Ni por esto te dejes guiar tampoco por los otros, por los del caldero de Odín. Son éstos los que llevan a cuestas, a guisa de sombrero, como el dios escandinavo, un gran caldero, enorme molde de quesos, cuyo borde les da en los talones y que les priva de ver la luz; van con una inmensa fórmula, en que creen que cabe todo, para aplicarla, pero no encuentran leche con que hacer el queso colosal. Es mejor hacerlo con las manos.

Detiénese para escribir: «La escolástica es una vasta y hermosa catedral, en que todos los problemas de construcción han sido resueltos en siglos, de admirable fábrica, pero hecha de adobes». Y prosigue:

—Extravaga, hijo mío, extravaga cuanto puedas, que más vale eso que vagar a secas. Los memos que llaman extravagante al prójimo, ¡cuánto darían por serlo! Que no te clasifiquen; haz como el zorro, que con el jopo borra sus huellas; despístales. Sé ilógico a sus ojos hasta que renunciando a clasificarte se digan: es él, Apolodoro Carrascal, especie única. Sé tú, tú mismo, único e insustituible. No haya entre tus diversos actos y palabras más que un solo principio de unidad: tú mismo. Devuelve cualquier sonido que a ti venga, sea el que fuere, reforzando y prestándole tu timbre. El timbre será lo tuyo. Que digan: «suena a Apolodoro», como se dice: «suena a flauta» o a caramillo, o a oboe, o a fagot. Y en esto aspira a ser órgano, a tener los registros todos. ¿Qué te pasa?

—¡Nada, nada..., siga usted!

—Hay tres clases de hombres: los que primero piensan y obran luego, o sea los prudentes; los que obran antes de pensarlo, los arrojadizos; los que obran y piensan a la vez, pensando lo que hacen a la vez misma que hacen lo que piensan. Estos son los fuertes. ¡Sé de los fuertes! Y de la ciencia, hijo mío, ¿qué he de decirte de la ciencia? Lee el aforismo —le mostró el cartel que decía: «El fin del hombre es la ciencia»—. El universo se ha hecho y no ha sido hecho ni lo han hecho; el Universo se ha hecho para ser explicado por el hombre. Y cuando quede explicado...

Irradian los fulgurantes ojos del filósofo, y con tono profético continúa:

—¡La ciencia! Acabará la ciencia toda por hacerse, merced al hombre un catálogo razonado, un vasto diccionario en que estén bien definidos los nombres todos y ordenados en orden genérico o ideológico, órdenes que acabarán por coincidir. Cuando se hayan reducido por completo las cosas a ideas desaparecerán las cosas quedando las ideas tan sólo, y reducidas estas últimas a nombres quedarán sólo los nombres y el eterno e infinito silencio pronunciándolos en la infinidad y por toda una eternidad. Tal será el fin y anegamiento de la realidad en la sobre-realidad. Y por hoy te baste con lo dicho: ¡vete!

Apuntes para un tratado de cocotología
Origen y fin de la pajarita

El origen de cada *cocotte* o pajarita se nos aparece a primera vista muy claro y obvio, la construimos nosotros con nuestras propias manos tomando un pedazo de papel. Mas ya hemos visto que al construirla no pasamos de ser humilde instrumento de una Potencia Suprema e Inteligente que guía nuestras manos. Aquí, de lo que quiere tratar es de su origen filogénico, del origen de la especie. Porque nosotros las aprendimos a hacer por haber visto hacerlas, mas ¿quién las ideó primero? ¿Las ideó alguien?, ¿surgieron de la nada, del azar o de la Inteligencia creadora y ordenadora? ¡Grave cuestión!

¿Podrá haber quien nos persuada torpemente de que ser tan maravilloso, dotado de tantas y tan excelsas perfecciones, vaso de tan admirables relaciones métricas conmensurables e inconmensurables, estáticas y dinámicas, de que este perfecto ser papiráceo pudo ser obra del acaso? ¿Tendremos que recordar lo que echando al azar caracteres de imprenta no pudo salir la *Ilíada*? ¡Lejos de nosotros Demócrito y Leucipo y Holbach y los materialistas todos! ¡Oh ceguera de los hombres!, ¡oh dureza de sus corazones! No, no es posible que nos persuadan de doctrinas tan absurdas como impías.

Ha surgido en modernos tiempos una secta proterva e impía llamada transformismo, darwinismo o evolucionismo —que con estos y otros tan pomposos nombres se engalana— que en su ceguera y arrogancia pretende que las especies hoy existentes se han producido todas, todas, incluso la humana, unas de otras, a partir de las más sencillas e imperfectas y ascendiendo a las más perfectas y complicadas. Pocas veces se ha visto error más nefasto.

Y ¿qué nos dice el flamante transformismo acerca de la pajarita de papel? ¿Podrá hacernos creer que tan perfecto ser se engendra evolutivamente y no que surgiese de una sola vez y como por ensalmo con las perfecciones todas que hoy atesora? Supongo que nos vendrá diciendo que dado un perfecto cuadrado de papel y doblándolo con precisión no hay modo sino de que engendre figuras regulares, que doblando un cuadrado por su diagonal por fuerza resultan dos triángulos isósceles; pero ¿no veis, desgraciados, que eso que me venís diciendo implica una petición de principio o círculo vicioso?

Sí, conozco sus sofismas aparatosos, sofismas de ciencia vana que hincha y no conforta; sé que llevados de su natural soberbia sostienen con pertinacia que los cantos rodados han resultado tales en puro frotarse contra el lecho del arroyo y las aguas y no que fueron hechos rodados desde un principio para que mejor resistieran a la corriente. ¿Qué más? Hay un hecho admirabilísimo, fuente de admiración para todo verdadero sabio, que ha servido a esos falseadores para uno de sus más artificiosos sofismas.

El hecho es el de lo maravillosamente dispuestas que están las celdillas de los panales de abejas, en prismas hexagonales, que son las construcciones que acercándose más a los cilindros desplazan menos terreno. ¡Maravillosa economía del espacio! Muchos sabios modestos, profundos y piadosos se han detenido a admirar a la Providencia en esta maravillosa traza, y puesto que no cabe, no siendo llevado de un espíritu sectario, atribuir a las abejas un conocimiento tal de la geometría que sepan cómo son los prismas hexagonales las figuras que mejor encajan unas en otras sin desplazar terreno y ofrecen el hueco que más se acerque al del cilindro, forzoso nos es ver en ello una Inteligencia suprema que las dotó de instinto. Pero he aquí que vienen estos sabios modernos, estos sofistas aparatosos y henchidos de presunción arrogante, y nos dicen que las avispas hacen cilíndricas sus celdillas dejando huecos intermedios, perdiendo terreno, y que si las abejas *han llegado* a hacerlas hexagonales es porque apretando unos canutillos contra otros acaban por tomar ellos mismos, naturalmente, la forma de prismas hexagonales, y a tal propósito nos invitan a reunir un fajo de tales canutillos, a modo de cigarrillos en paquete, y ceñirlos y apretarlos bien y lo veremos patente. ¡Oh ceguedad de la razón humana, y a qué extremos conduces a los infelices mortales!, ¡oh astucias del Enemigo malo!

Recordemos que cuando Dios puso a nuestros primeros padres en el paraíso terreno dejó todo aquel amenísimo jardín en usufructo, ya que no en propiedad, y sólo los prohibió que tocaran a los frutos del árbol de la ciencia del bien y del mal; pero vino el Tentador y les ofreció que serían como dioses, conocedores del bien y del mal, y de las razones de las cosas, y probaron del fruto del árbol de la ciencia, y se vieron desnudos, y cayeron en miseria y de allí arrancaron nuestros males todos, entre ellos el primero y el más grave de todos, que es eso que llamamos *progreso*.

La tentación continúa, pues estoy completamente convencido de que todo eso del transformismo no es más que una añagaza puesta con divina astucia a nuestra razón para ver si ésta se deja seducir y cree más en sí misma que en lo que debe creer y a que debe confiarse.

Todo lo que a los seres orgánicos se refiere está, en efecto, de tal modo dispuesto y trazado que se vea nuestra pobre y flaca razón llevada *naturalmente* y como de la mano a caer en los errores del transformismo. Paralelismo entre el desarrollo del embrión y la serie zoológica, órganos atrofiados, casos de atavismo, todo se halla ordenado a inducirnos a error. Es evidente que mirada la cosa a la luz de la sola razón, no hay más remedio que caer en el transformismo, pues éste sólo nos explica la diversidad de especies y su diversidad de formas. La ciencia es implacable y no sirve quererla resistir. La razón cae y tiene que caer naturalmente en el transformismo si la fe no la sostiene *sobrenaturalmente*.

Pero llegará el último día, el día del juicio, aquél en que nos veremos todos las caras, el día en que los ignorantes confundirán a los sabios, y aquel día oiremos que se les dice a nuestros flamantes sabios modernos:

«Sí, es verdad, todo estaba trazado y dispuesto para haceros creer en que unas especies provenían de otras mediante transformación, incluso el hombre provenir de una especie de mono; todo llevaba vuestra razón naturalmente y como por irresistible fuerza a tal creencia, pero era ¡ay!, para probar vuestra fe y ver si creíais más a vuestra pobre, flaca y soberbia razón que no a las palabras que por infalibles debíais tener. Cierto es también que apóstoles del error y de la mentira os hablaron de cierta quisicosa que llaman revelación natural y de que Dios habla por sus obras y de que es la naturaleza su palabra, su verbo, y de que El nos enseñaba el transformismo y de que era ésta una doctrina profundamente religiosa y piadosa en cuanto que mostraba al hombre una indefinida ascensión de mejora, pero todo eran trampas que se os ponían para probar vuestra fe. Y así como a Faraón se le endureció el corazón y una vez con el corazón endurecido no respondió cuando se le llamaba y fue por ello castigado, así se os castigará ahora por haber creído antes a vuestra razón que no a antiquísimas y venerandas palabras.» Y sonará la fatídica trompeta.

Tal es, sin duda alguna, el hondo sentido de ese moderno y perniciosísimo error que se llama transformismo, añagaza que a la razón se le antepone. Mas a nosotros debe apartarnos de él la asidua y cuidadosa contemplación de las perfecciones que la *cocotte* o pajarita de papel atesora...

* * *

Aquí termina bruscamente el manuscrito de los *Apuntes para un tratado de cocotología* del ilustre don Fulgencio, y es lástima que este nuestro primer cocotólogo, el primero en orden de tiempo y de preeminencia, no haya podido llevar a cabo su proyecto de escribir en definitiva un tratado completo de la nueva ciencia. Me ha asegurado que piensa refundirla en su gran obra de *Ars magna combinatoria* y aun parece ser que fue la cotología lo que primero le sugirió tan considerable monumento de sabiduría.

Apéndice

Don Fulgencio, que sigue —pues inmortal— viviendo, sigue pensando escribir un extenso *Tratado crítico comparativo de cocotología racional* en dos tomos, por lo menos, de unas cuatrocientas páginas cada uno, con su bibliografía —literatura le llaman en tudesco—, por supuesto, sus notas y notas a las notas, y con gráficos y todo. Todo el andamiaje, en fin, que tape el cuerpo de la obra e impida verla ensenta. Cosa seria y no esas cosillas de entretenimiento —a lo peor poesías y fruslerías así— a que otros se dan. Don Fulgencio se aternilla y se atornilla de seriedad.

Cierto es que aquel físico, fisiólogo y psicólogo que fue Teodoro Fechner —el de la llamada ley de su nombre— escribió, con el seudónimo de *Doctor*

Mist, un tratado de anatomía de los ángeles y otro sobre la sustancialidad de las sombras, pero eran tristes desahogos de un espíritu enfermo, torturado por obsesiones anticientíficas. ¡Pobre Fechner! ¡Ir a caer en el humorismo! Es que el pobre, llevado de la soberbia de querer penetrar los misterios del último allende, no se conformó con ser un concienzudo pincharranas galvanizador de la ciencia positiva.

Don Fulgencio, no. Don Fulgencio se dedica en serio a la investigación —investigación, ¿eh?— cocotológica y me ha enviado el extracto de una monografía que prepara sobre un portentoso descubrimiento que acaba de hacer y es el de la aparición del sexo en la *cocota vulgaris,* o pajarita de papel ordinaria. Y a seguida de ello va una nota sobre la visión cocótica del universo.

He aquí el extracto:

Fue en un día fausto para la ciencia española —negada todavía por nuestros malos patriotas—, cuando me fue dado por Dios el poder de descubrir la aparición del sexo en la pajarita.

«Si en su proceso embrionario, al llegar al segundo pliegue —cocota de costillas simples— se echan éstas hacia afuera, a modo dermatoesquelético, en vez de dejarlas dentro, se verá aparecer el sexo, primero indiferenciado y diferenciándose luego. Y es de notar, al ver que los sexos salen de las costillas, cuán profunda es la revelación del Génesis de que Jehová hizo de una costilla de Adán a Eva. ¡Siempre la ciencia positiva confirmando la Revelación!

»Si todas esas costillas superiores quedan libres, hacia afuera, sin pliegue alguno, resulta una especie de monstruo papiráceo, un andrógino, o hermafrodita. O sea manflorita. Pero muy luego, por el plegarse de esas costillas exteriores, se originan el macho, con nuez de Adán, y la hembra, con su papera de Eva. Sin que haya una fija línea divisoria entre ambos. La nuez de Adán puede achicarse hasta desaparecer y quedar el sujeto en neutro, y puede crecer hasta hacerse papera, pasando el macho a ser hembra, y si sigue en más hembra, en mayor papera, acaba en monstruo o manflorita. Y es de notar aquí si acaso esto de la nuez de Adán y de la papera de Eva no se deba en el proceso filogenético a que se les atracó la consabida manzana paradisíaca.

»En el macho perfecto, como se ve en la figura 4, la nuez de Adán forma una protuberancia triangular cuya punta se halla a los tres cuartos hacia arriba de la línea que va de la punta del pie a la del pico, y de aquella punta parte una línea hacia la mitad del cogote, mientras que en la hembra perfecta —figura 3— se forma una papera trapezoidal cuyo ángulo libre, también a los tres cuartos de altura de la susodicha línea, lanza una línea hacia la coronilla. En el macho, es el cogote el que rige la nuez adánica, y en la hembra es la coronilla la que rige la papera evaica. Dejo a los místicos y a los humoristas —que son lo mismo— que escudriñen, enquisen, pesquisen y requisen este simbolismo. La augusta seriedad de la ciencia investigativa no me permite distraerme en ello.

»Obsérvese que la cabeza del macho resulta más ensenta que la de la hembra, y su pico mayor y más robusto, y a la vez que las meninges de su cerebro son de doble pliegue, sin duda para soportar el pico de picar, mientras que en la hembra la cabeza se hunde en la pechera dejándole un piquillo de piar, y las meninges son de simple pliegue, menos complicadas, cual corresponde a cerebro femenino.

»Conviene que el estudioso no se limite a contemplar esas figuras, sino que coja papel, lo pliegue, e investigue por sí mismo, como en seminario o laboratorio científico, que otra cosa no es sino ciencia memorística o literaria, que es peor.

»Estos son, sobria y objetivamente expuestos, sin misticismo ni humorismo algunos, los hechos de mi hallazgo. Y no voy a caer en la tentación, partiendo de esa diferenciación de sexos cocótidos, de entrar a divagar o extravagar, que no investigar, sobre la diferencia de los dos amores, el eros y el ágape, la lascivia y la caridad. Porque ello me llevaría a campos peligrosos como es el del amor paternal y filial, de un lado, y el del amor conyugal, del otro. El de la entrega filial al Padre, el abandono a su voluntad soberana, base de la fe luterana, y el de la unión —desposorio o matrimonio— con el Amado, como en la contemplación infusa de nuestros místicos. Bien es cierto que Lutero, que empezó monje, célibe y solitario, se casó —y con una monja— para ser padre carnal. El cuerpo, como el alma, le pedía obras. También nuestra Santa Teresa decía: «Obras, obras, obras, obras!» Es lo que piden los obreros parados —contemplativos y quietistas—, pero se conforman con jornales. Y basta de esto, que me he excedido de mi cometido científico y objetivo, y no es cosa de fechnerizar más.

»Mas antes de concluir este informe he de exponer lo que a base del descubrimiento de la triangular nuez de Adán y de la trapezoidal papera de Eva cocótica cabe conjeturar que sea la visión y por tanto la contemplación del mundo que tenga la cocota. Es decir, su *Weltanschaung,* para mayor claridad. Visión y contemplación estrictamente cúbicas, pero no de un cubismo caprichoso y antigeométrico. Y voy a dar ejemplo.

»Sabido es que la greca es la representación cubista del oleaje del mar, reduciendo a ángulos —y ángulos rectos— la crestería de las olas, y que la hoy tan famosa cruz gamada o ganchuda, la svástica de los racistas de allí y de aquí, no es sino la reducción angular —y en ángulos rectos— de una imagen del sol que aparece en cipos funerarios formada por semicírculos que se cruzan. Pues bien, la cocota o pajarita de papel ve una puesta de sol en la mar como el acostarse de una svática en una greca. Y adjunto va un dibujo en que se ve a la pajarita al pie de un árbol anguloso, contemplando el romperse la svástica en la greca.»

* * *

Así termina la nota que de su gran descubrimiento me ha dado a mí don Fulgencio. Y con esto termino yo, por mi parte, este apéndice, porque si después del prólogo-epílogo de esta edición y el prólogo y el epílogo de la primera me doy a hinchar este apéndice, puede inflamarse y padecer esta obra de apendicitis, que es una de las peores dolencias que pueden aquejar a una obra científica o literaria. Es enfermedad para ellas tan mala como la de la cirrosis cuando el tejido conjuntivo se come al noble. Y me temo que si don Fulgencio llega a darnos su gran obra cocotológica no resulte enferma de apendicitis o de cirrosis.

Concluyo, pues, antes de que se me agríe el humor y dejando este tono me avíe a otro en que vierta todo el asco que me producen los pedantes investigacionistas, que no investigadores. Tengamos la fiesta en paz, y ahoguemos en amor, en caridad, la pedagogía.

RAMON DEL VALLE-INCLAN
(1886-1936)

Fue don Ramón del Valle-Inclán conversador soberano que derrochó en las tertulias de café tanta fantasía como ingenio. Además, su charla siempre tuvo ese raro punto de amenidad misteriosa que le prestaba incentivo. El retrato amenísimo que de él nos ha dejado Ramón Gómez de la Serna, pone de relieve esas innegables dotes valleinclanescas. Novelador fabuloso, comienza por novelar su vida, embozándola con raros chispazos de humor y de agresiva chacota. Con su cecear característico, va prodigando historietas caprichudas que han de causar pasmo a su auditorio. Esgrime el sarcasmo contra la papanatería cortesana a la que se ofrece en espectáculo durante casi medio siglo. Unamuno, que no era manco en punto a enjuiciar vidas ajenas, se pregunta si Valle no fue más actor que autor, y dice: «Vivió, esto es, se hizo en escena. Su vida más que sueño fue farándula. El hizo de todo muy seriamente una gran farsa». Confesemos que la opinión unamuniana corrobora esa proclividad a la farsa que se nota a la legua en Valle-Inclán. Pero, de carecer de este privilegio, probablemente no hubiera sido el inventor del esperpento. Por eso, en el «Esperpento», su último género tragicómico, está todo él, como si estuviéramos escuchando su conversación amena y misteriosa. Hasta la lengua con que expresa los esperpentos parece calco fiel de los dichos que recogen sus biógrafos. En los esperpentos el poeta se tornó más natural y encontró ese estilo rotundo que es prenda de hallazgo en la literatura española. Gran crítico de su propia obra, juzga su última estética en estos términos: «Mi estética es una superación del dolor y de la risa, como deben ser las conversaciones de los muertos, al contarse historias de los vivos». Y en sus pláticas, que dan la mejor base para juzgarlo, deja caer: «Soy como aquel mi pariente que una vez al preguntarle el cacique qué deseaba ser, contestó: Yo, difunto». Realmente, Valle-Inclán es el artista puro que quiere hablar desde la otra orilla

Para cualquier papanatas puritanoide, para cualquier beocio de las mesnadas de la tontería, esta última fase del arte valleinclanesco ofrece un total descaro. ¿Qué otra cosa sino descaro podía ofrecer el gran escritor, si quería dar una visión de la grotesca España que le tocó vivir? La época anterior a la guerra civil española era la de Valle-Inclán. Se había formado el poeta por aquellos años de 1900-1920, años «de timba, retórica, marcha real y efemérides cívico-religiosa». Será este mundo grotesco el que el agresivo Valle hará objeto de sus burlerías en sus esperpentos corrosivos. Un clima de agresiva chacota tiene en ellos la virtud de recordarnos el más feroz teatro Dadá, o la aspereza y crueldad del «Ubu, Rey», de Jarry. En este teatro, como en el esperpento valleinclanesco, las piezas son asaltos verbales que nos precipitan en las mismas llamas del Infierno moderno.

Con razón el gran estilista llegó a decir de su obra pasada que era: musiquilla de violín. Pues, al romper con las viejas galanuras, al abandonar su decidida fiebre de orfebre, se lanza a un «esperanto arrabalero y genial». En la plazoleta del Retiro, posiblemente encontraba Valle esas palabras ausentes del diccionario que prestan majeza y mal sabor a lo que escribe.

Luces de Bohemia quizá sea el esperpento en donde se muestra más absoluto el humor negro del escritor. Además de ser una de sus mejores obras, nos ofrece, como ninguna otra deformación esper-

péntica, el aspecto negativo del mundo. Luces de Bohemia *es una obra desgarrada y admirable, en donde —ese supremo artista que siempre fue Valle-Inclán— inventa una estética nueva, arbitraria, que es pura burlería desde el comienzo hasta el fin.* Luces de Bohemia, *si no es creación portentosa por la imaginación, lo es por la palabra que lleva siempre su carga explosiva, su impacto demoledor. Se trata de una tremenda bufonada que actúa de revulsivo del espíritu.*

Escena Sexta

El calabozo. Sótano mal alumbrado por una candileja. En la sombra se mueve el bulto de un hombre. —Blusa, tapabocas y alpargatas—. Pasea hablando solo. Repentinamente se abre la puerta. Max Estrella, *empujando y trompicando, rueda al fondo del calabozo. Se cierra de golpe la puerta.*

MAX. — ¡Canallas! ¡Asalariados! ¡Cobardes!
VOZ FUERA. — ¡Aún vas a llevar mancuerna!
MAX. — ¡Esbirro!

Sale de la tiniebla el bulto del hombre morador del calabozo. Bajo la luz se le ve esposado, con la cara llena de sangre.

EL PRESO. — ¡Buenas noches!
MAX. — ¿No estoy solo?
EL PRESO. — Así parece.
MAX. — ¿Quién eres, compañero?
EL PRESO. — Un paria.
MAX. — ¿Catalán?
EL PRESO. — De todas partes.
MAX. — ¡Paria!... Solamente los obreros catalanes aguijan su rebeldía con ese denigrante epíteto. Paria, en bocas como la tuya, es una espuela. Pronto llegará vuestra hora.
EL PRESO. — Tiene usted luces que no todos tienen. Barcelona alimenta una hoguera de odio, soy obrero barcelonés, y a orgullo lo tengo.
MAX. — ¿Eres anarquista?

EL PRESO. — Soy lo que me han hecho las Leyes.

MAX. — Pertenecemos a la misma Iglesia.

EL PRESO. — Usted lleva chalina.

MAX. — ¡El dogal de la más horrible servidumbre! Me lo arrancaré, para que hablemos.

EL PRESO. — Usted no es proletario.

MAX. — Yo soy el dolor de un mal sueño.

EL PRESO. — Parece usted hombre de luces. Su hablar es como de otros tiempos.

MAX. — Yo soy un poeta ciego.

EL PRESO. — ¡No es pequeña desgracia!... En España el trabajo y la inteligencia siempre se han visto menospreciados. Aquí todo lo manda el dinero.

MAX. — Hay que establecer la guillotina eléctrica en la Puerta del Sol.

EL PRESO. — No basta. El ideal revolucionario tiene que ser la destrucción de la riqueza, como en Rusia. No es suficiente la degollación de todos los ricos: siempre aparecerá un heredero, y aun cuando se suprima la herencia, no podrá evitarse que los despojados conspiren para recobrarla. Hay que hacer imposible el orden anterior, y eso sólo se consigue destruyendo la riqueza. Barcelona industrial tiene que hundirse para renacer de sus escombros con otro concepto de la propiedad y del trabajo. En Europa, el patrono de más negra entraña es el catalán, y no digo del mundo porque existen las Colonias Españolas de América. ¡Barcelona solamente se salva pereciendo!

MAX. — ¡Barcelona es cara a mi corazón!

EL PRESO. — ¡Yo también la recuerdo!

MAX. — Yo le debo los únicos goces en la lobreguez de mi ceguera. Todos los días, un patrono muerto, algunas veces, dos... Eso consuela.

EL PRESO. — No cuenta usted los obreros que caen...

MAX. — Los obreros se reproducen populosamente, de un modo comparable a las moscas. En cambio, los patronos, como los elefantes, como todas las bestias poderosas y prehistóricas, procrean lentamente. Saulo, hay que difundir por el mundo la religión nueva.

EL PRESO. — Mi nombre es Mateo.

MAX. — Yo te bautizo Saulo. Soy poeta y tengo derecho al alfabeto. Escucha para cuando seas libre, Saulo. Una buena cacería puede encarecer la piel de patrono catalán por encima del marfil de Calcuta.

EL PRESO. — En ello laboramos.

MAX. — Y en último consuelo, aún cabe pensar que exterminado el proletario también se extermina al patrón.

EL PRESO. — Acabando con la ciudad, acabaremos con el judaísmo barcelonés.

MAX. — No me opongo. Barcelona semita sea destruida, como Cartago y Jerusalén. ¡*Alea jacta est*! *Dame la mano.*

EL PRESO. — Estoy esposado.

MAX. — ¿Eres joven? No puedo verte.

EL PRESO. — Soy joven. Treinta años.

MAX. — ¿De qué te acusan?

EL PRESO. — Es cuento largo. Soy tachado de rebelde... No quise dejar el telar por ir a la guerra y levanté un motín en la fábrica. Me denunció el patrón, cumplí condena, recorrí el mundo buscando trabajo, y ahora voy por tránsitos, reclamado de no sé qué jueces. Conozco la suerte que me espera: cuatro tiros por intento de fuga. Bueno. Si no es más que eso...

MAX. — ¿Pues qué temes?

EL PRESO. — Que se diviertan dándome tormento.

MAX. — ¡Bárbaros!

EL PRESO. — Hay que conocerlos.

MAX. — Canallas. ¡Y ésos son los que protestan de la leyenda negra!

EL PRESO. — Por siete pesetas, al cruzar un lugar

solitario, me sacarán la vida los que tienen a su cargo la defensa del pueblo. ¡Y a esto llaman justicia los ricos canallas!

MAX. — Los ricos y los pobres, la barbarie ibérica es unánime.

EL PRESO. — ¡Todos!

MAX. — ¡Todos! Mateo, ¿dónde está la bomba que destripe el terrón maldito de España?

EL PRESO. — ¡Señor poeta!, que tanto adivina, ¿no ha visto usted una mano levantada?

Se abre la puerta del calabozo, y EL LLAVERO, *con jactancia de rufo ordena al preso maniatado que le acompañe.*

EL LLAVERO. — Tú, catalán, ¡disponte!

EL PRESO. — Estoy dispuesto.

EL LLAVERO. — Pues andando. Gachó, vas a salir en viaje de recreo.

El esposado, con resignada entereza, se acerca al ciego y le toca el hombro con la barba. Se despide hablando a media voz.

EL PRESO. — Llegó la mía... Creo que no volveremos a vernos...

MAX. — ¡Es horrible!

EL PRESO. — Van a matarme... ¿Qué dirá mañana esa prensa canalla?

MAX. — Lo que le manden.

EL PRESO. — ¿Está usted llorando?

MAX. — De impotencia y de rabia. Abracémonos, hermano.

Se abrazan. EL CARCELERO *y el esposado salen. Vuelve a cerrarse la puerta.* MAX ESTRELLA *tantea buscando la pared, y se sienta con las piernas cruzadas, en una actitud religiosa, de meditación asiática. Exprime un gran dolor taciturno el bulto del poeta ciego. Llega de fuera tumulto de voces y galopar de caballos.*

. . . .

MAX ESTRELLA *se tiende en el umbral de su puerta. Cruza la costanilla un perro golfo que corre en zigzag. En el centro, encoge la pata y se orina. El ojo legañoso, como un poeta, levantado al azul de la última estrella.*

MAX. — Latino, entona el gori-gori.

DON LATINO. — Si continúas con esa broma macabra, te abandono.

MAX. — Yo soy el que se va para siempre.

DON LATINO. — Incorpórate, Max. Vamos a caminar.

MAX. — Estoy muerto.

DON LATINO. — ¡Que me estás asustando! Max, vamos a caminar. Incorpórate, ¡no tuerzas la boca, condenado! ¡Max! ¡Max! ¡Condenado, responde!

MAX. — Los muertos no hablan.

DON LATINO. — Definitivamente, te dejo.

MAX. — ¡Buenas noches!

DON LATINO DE HISPALIS *se sopla los dedos arrecidos y camina unos pasos encorvándose bajo su carrik pingón, orlado de cascarrias. Con una tos gruñona retorna al lado de* MAX ESTRELLA. *Procura incorporarle hablándole a la oreja.*

DON LATINO. — Max, estás completamente borracho y sería un crimen dejarte la cartera encima, para que te la roben. Max, me llevo tu cartera y te la devolveré mañana.

Finalmente se eleva tras de la puerta la voz achulada de una vecina. Resuenan pasos dentro del zaguán. DON LATINO *se cuela por un callejón.*

LA VOZ DE LA VECINA. — ¡Señá Flora! ¡Señá Flora! Se le han apegado a usted las mantas de la cama.

LA VOZ DE LA PORTERA. — ¿Quién es? Esperarse que encuentre la caja de mixtos.

LA VECINA. — ¡Señá Flora!

LA PORTERA. — Ahora salgo. ¿Quién es?

LA VECINA. — ¡Está usted marmota! ¿Quién será? ¡La Cuca, que se camina al lavadero!

LA PORTERA. — ¡Ay, qué centella de mixtos! ¿Son horas?

LA VECINA. — ¡Son horas y pasan de serlo!

Se oye el paso cansino de una mujer en chanclas. Sigue el murmullo de las voces. Rechina la cerradura y aparecen en el hueco de la puerta dos mujeres: la una, canosa, viva y agalgada, con un saco de ropa cargado sobre la cadera. La otra, jamona, refajo colorado, pañuelo pingón sobre los hombros, greñas y chancletas. El cuerpo del bohemio resbala y queda acostado sobre el umbral al abrirse la puerta.

LA VECINA. — ¡Santísimo Cristo, un hombre muerto!

LA PORTERA. — Es don Max, el poeta, que la ha pescado.

LA VECINA. — ¡Está del color de la cera!

LA PORTERA. — Cuca, por tu alma, quédate a la mira un instante, mientras subo el aviso a Madama Collet.

LA PORTERA *sube la escalera chancleando. Se la oye renegar.* LA CUCA, *viéndose sola, con aire medroso, toca las manos del bohemio y luego se inclina a mirarle los ojos entreabiertos bajo la frente lívida.*

LA VECINA. — ¡Santísimo Señor! ¡Esto no lo dimana la bebida! ¡La muerte talmente representa! ¡Señá Flora! ¡Señá Flora! ¡Que no puedo demorarme! ¡Ya se me voló un cuarto de día! ¡Que se queda esto a la vindicta pública, señá Flora! ¡Propia la muerte!

Velorio en un sotabanco. MADAMA COLLET *y* CLAUDINITA, *desgreñadas y macilentas, lloran al muerto, ya tendido en la angostura de la caja, amortajado con una sábana, entre cuatro velas. Astillando una tabla, el brillo de un clavo aguza su punta sobre la sien inerme. La caja, embetunada de luto por fuera y por dentro, de tablas de pino sin labrar ni pintar, tiene una sórdida esterilla que amarillea. Está posada sobre las baldosas, de esquina a esquina, y las dos mujeres, que lloran en los ángulos, tienen en las manos cruzadas el reflejo de las velas.* DORIO DE GADEX, CLARINITO *y* PEREZ, *arrimados a la pared, son tres fúnebres fantoches en hilera. Repentinamente, entrometiéndose en el duelo, cloquea un rajado repique, la campanilla de la escalera.*

DORIO DE GADEX. — A las cuatro viene la funeraria.

CLARINITO. — No puede ser esa hora.

DORIO DE GADEX. — ¿Usted no tendrá reloj, Madama Collet?

MADAMA COLLET. — ¡Que no me lo lleven todavía! ¡Que no me lo lleven!

PEREZ. — No puede ser la funeraria.

DORIO DE GADEX. — ¡Ninguno tiene reloj! ¡No hay duda que somos unos potentados!

CLAUDINITA, *con andar cansado, trompicando, ha salido para abrir la puerta. Se oye rumor de voces, y la tos de* DON LATINO DE HISPALIS. *La tos clásica del tabaco y del aguardiente.*

DON LATINO. — ¡Ha muerto el Genio! ¡No llores, hija mía! ¡Ha muerto y no ha muerto!... ¡El Genio es inmortal!... ¡Consuélate, Claudinita, porque eres la hija del primer poeta español! ¡Que te sirva de consuelo saber que eres la hija de Víctor Hugo! ¡Una huérfana ilustre! ¡Déjame que te abrace!

CLAUDINITA. — Usted está borracho!

DON LATINO. — Lo parezco. Sin duda lo parezco. ¡Es el dolor!

CLAUDINITA. — ¡Si tumba el vaho de aguardiente!

DON LATINO. — ¡Es el dolor! ¡Un efecto del dolor, estudiado científicamente por los alemanes!

DON LATINO *tambaleándose en la puerta, con el cartapacio de las revistas en bandolera y el perrillo sin rabo y sin orejas, entre las cañotas. Trae los espejuelos alzados sobre la frente y se limpia los ojos chispones con un pañuelo mugriento.*

CLAUDINITA. — Viene a dos velas.

DORIO DE GADEX. — Para el funeral. ¡Siempre correcto!

DON LATINO. — Max, hermano mío, si menor en años...

DORIO DE GADEX. — Mayor en prez. Nos adivinamos.

DON LATINO. — ¡Justamente! Tú lo has dicho, bellaco.

DORIO DE GADEX. — Antes lo había dicho el maestro.

DON LATINO. — ¡Madama Collet, es usted una viuda ilustre, y en medio de su intenso dolor debe usted sentirse orgullosa de haber sido la compañera del primer poeta español! ¡Murió pobre, como debe morir el Genio! ¡Max, ya no tienes una palabra para tu perro fiel! ¡Max, hermano mío, si menor en años, mayor en...

DORIO DE GADEX. — ¡Prez!

DON LATINO. — Ya podías haberme dejado terminar, majadero. ¡Jóvenes modernistas, ha muerto el maestro, y os llamáis todos de tú en el Parnaso

Hispano-Americano! Yo tenía apostado con este cadáver frío sobre cuál de los dos emprendería primero el viaje, y me ha vencido en esto como en todo! ¡Cuántas veces cruzamos la misma apuesta! ¿Te acuerdas, hermano? ¡Te has muerto de hambre, como yo voy a morir, como moriremos todos los españoles dignos! ¡Te habían cerrado todas las puertas, y te has vengado muriéndote de hambre! ¡Bien hecho! ¡Que caiga esa vergüenza sobre los cabrones de la Academia! ¡En España es un delito el talento!

DON LATINO *se dobla y besa la frente del muerto. El perrillo, a los pies de la caja, entre el reflejo inquietante de las velas, agita el muñón del rabo.* MADAMA COLLET *levanta la cabeza con un gesto doloroso dirigido a los tres fantoches en hilera.*

MADAMA COLLET. — ¡Por Dios, llévenselo ustedes al pasillo!

DORIO DE GADEX. — Habrá que darle amoníaco. ¡La trae de alivio!

CLAUDINITA. — ¡Pues que la duerma! ¡Le tengo una hincha!

CLAUDINITA. — ¡Golfo! ¡Siempre estorbando!

CLAUDINITA. — ¡Si papá no sale ayer tarde, está vivo!

DON LATINO. — ¡Claudinita, me acusas injustamente! ¡Estás ofuscada por el dolor!

CLAUDINITA. — ¡Golfo! ¡Siempre estorbando!

DORIO DE GADEX. — Vamos a darnos unas vueltas en el corredor, Don Latino.

DON LATINO. — ¡Vamos! ¡Esta escena es demasiado dolorosa!

DORIO DE GADEX. — Pues no la prolonguemos.

DORIO DE GADEX *empuja el encurdado vejete y le va llevando hacia la puerta. El perrillo salta por encima de la caja y los sigue, dejando en el salto torcida una vela.*

En la fila de fantoches pegados a la pared queda un hueco lleno de sugestiones.

DON LATINO. — Te convido a unas tintas. ¿Qué dices?

DORIO DE GADEX. — Ya sabe usted que soy un hombre complaciente, Don Latino.

Desaparecen en la rojiza penumbra del corredor, largo y triste, con el gato al pie del botijo y el reflejo almagreño de los baldosines. CLAUDINITA *les ve salir encendidos de ira los ojos. Después se hinca a llorar con una crisis nerviosa y muerde el pañuelo que estruja entre las manos.*

CLAUDINITA. — ¡Me crispa! ¡No puedo verlo! ¡Ese hombre es el asesino de papá!

MADAMA COLLET. — ¡Por Dios, hija, no digas demencias!

CLAUDINITA. — El único asesino. ¡Le aborrezco!

MADAMA COLLET. — Era fatal que llegase este momento, y sabes que lo esperábamos... Le mató la tristeza de verse ciego... No podía trabajar, y descansa.

CLAUDINITA. — Verá usted cómo ahora todos reconocen su talento.

PEREZ. — Ya no proyecta sombra.

MADAMA COLLET. — Sin el aplauso de ustedes, los jóvenes que luchan pasando mil miserias, hubiera estado solo estos últimos tiempos.

CLAUDINITA. — ¡Más solo que estaba!

PEREZ. — El maestro era un rebelde como nosotros.

MADAMA COLLET. — ¡Max, pobre amigo, tú solo te mataste! ¡Tú solamente, sin acordar de estas pobres mujeres! ¡Y toda la vida has trabajado para matarte!

CLAUDINITA. — ¡Papá era muy bueno!

MADAMA COLLET. — ¡Sólo fue malo para sí!

Aparece en la puerta un hombre alto, abotonado, escueto, grandes barbas rojas de judío anarquista y ojos envidiosos, bajo el testuz de bisonte obstinado. Es un fripón periodista alemán, fichado en los registros policíacos como anarquista ruso y conocido por el falso nombre de BASILIO SOULINAKE.

BASILIO SOULINAKE. — ¡Paz a todos!

MADAMA COLLET. — ¡Perdone usted, Basilio! ¡No tenemos siquiera una silla que ofrecerle!

BASILIO SOULINAKE. — ¡Oh! No se preocupe usted de mi persona. De ninguna manera. No lo consiento, Madama Collet. Y me dispense usted a mí si llego con algún retraso, como la guardia valona, que dicen ustedes siempre los españoles. En la taberna donde comemos algunos emigrados eslavos, acabo de tener la referencia de que había muerto mi amigo Máximo Estrella. Me ha dado el periódico el chico de Pica Lagartos. ¿La muerte vino de improviso?

MADAMA COLLET. — ¡Un colapso! No se cuidaba.

BASILIO SOULINAKE. — ¿Quién certificó la defunción? En España son muy buenos los médicos y como los mejores de otros países. Sin embargo, una autoridad completamente mundial les falta a los españoles. No es como sucede en Alemania. Yo tengo estudiado durante diez años medicina, y no soy doctor. Mi primera impresión al entrar aquí ha sido la de hallarme en presencia de un hombre dormido, nunca de un muerto. Y en esa primera impresión me empecino, como dicen los españoles. Madama Collet, tiene usted una gran responsabilidad. ¡Mi amigo Max Estrella no está muerto! Presenta todos los caracteres de un interesante caso de catalepsia.

MADAMA COLLET *y* CLAUDINITA *se abrazan con un gran grito, repentinamente aguzados los ojos, manos crispadas, revolantes sobre la frente las sortijillas del pelo.*

SEÑA FLORA, *la portera, llega acezando. La pregonan el resuello y sus chancletas.*

LA PORTERA. — ¡Ahí está la carroza! ¿Son ustedes suficientes para bajar el cuerpo del finado difunto? Si no lo son, subirá mi esposo.

CLAUDINITA. — Gracias, nosotros nos bastamos.

BASILIO SOULINAKE. — Señora portera, usted debe comunicarle al conductor del coche fúnebre que se aplaza el sepelio. Y que se vaya con viento fresco. ¿No es así cómo dicen ustedes los españoles?

MADAMA COLLET. — ¡Que espere!... Puede usted equivocarse, Basilio.

LA PORTERA. — Hay bombines y javiques en la calle, y si no me engaño, un coche de galones. ¡Cuidado lo que es el mundo, parece el entierro de un concejal! ¡No me pensaba yo que tanto representaba el finado! Madama Collet, ¿qué razón le doy al gachó de la carroza? ¡Porque ese tío no se espera! Dice que tiene otro viaje en la calle de Carlos Rubio.

MADAMA COLLET. — ¡Válgame Dios! Yo estoy incierta.

LA PORTERA. — ¡Cuatro Caminos! ¡Hay que ver, más de una legua, y no le queda tarde!

CLAUDINITA. — ¡Que se vaya! ¡Que no vuelva!

MADAMA COLLET. — Si no puede esperar... Sin duda...

LA PORTERA. — Le cuesta a usted el doble, total por tener el fiambre unas horas más en casa. ¡Deje usted que se lo lleven, Madama Collet!

MADAMA COLLET. — ¡Y si no estuviese muerto!

LA PORTERA. — ¿Que no está muerto? Ustedes sin salir de este aire no perciben la corrupción que tiene.

BASILIO SOULINAKE. — ¿Podría usted decirme, señora portera, si tiene usted hechos estudios universitarios acerca de medicina? Si usted los tiene, yo me callo y no hablo más. Pero si usted no los tiene, me permitirá de no darle beligerancia, cuando yo soy a decir que no está muerto, sino cataléptico.

LA PORTERA. — ¡Que no está muerto! ¡Muerto y corrupto!

BASILIO SOULINAKE. — Usted, sin estudios universitarios, no puede tener conmigo controversia. La democracia no excluye las categorías técnicas, ya usted lo sabe, señora portera.

LA PORTERA. — ¡Un rato largo! ¿Conque no está muerto? ¡Habría usted de estar como él! Madama Collet, ¿tiene usted un espejo? Se lo aplicamos a la boca, y verán ustedes cómo no lo alienta.

BASILIO SOULINAKE. — ¡Esa es una comprobación anticientífica! Como dicen siempre ustedes todos los españoles: un me alegro mucho de verte bueno. ¿No es así como dicen?

LA PORTERA. — Usted ha venido aquí a dar un mitin y a soliviantar con alicantinas a estas pobres mujeres, que harto tienen con sus penas y sus deudas.

BASILIO SOULINAKE. — Puede usted seguir hablando, señora portera. Ya ve usted que yo no la interrumpo.

Aparece en el marco de la puerta el cochero de la carroza fúnebre: narices de borracho, chisterón viejo con escarapela, casaca de un luto raído, peluca de estopa y canillejas negras.

EL COCHERO. — ¡Que son las cuatro, y tengo otro parroquiano en la calle de Carlos Rubio!

BASILIO SOULINAKE. — Madama Collet, yo me hago responsable, porque he visto y estudiado casos de catalepsia en los hospitales de Alemania. ¡Su esposo de usted, mi amigo y compañero Max Estrella, no está muerto!

LA PORTERA. — ¿Quiere usted no armar escándalo, caballero? Madama Collet, ¿dónde tiene usted un espejo?

BASILIO SOULINAKE. — ¡Es una prueba anticientífica!

EL COCHERO. — Póngale usted un mixto encendido en el dedo pulgar de la mano. Si se consume hasta el final, está tan fiambre como mi abuelo. ¡Y perdonen ustedes si he faltado!

EL COCHERO *fúnebre arrima la fusta a la pared y rasca una cerilla. Acucándose ante el ataúd, desenlaza las manos del muerto y una vuelve por la palma amarillenta. En la yema del pulgar le pone la cerilla luciente, que sigue ardiendo y agonizando.* CLAUDINA, *con un grito estridente, tuerce los ojos y comienza a batir la cabeza contra el suelo.*

CLAUDINITA. — ¡Mi padre! ¡Mi padre! ¡Mi padre querido!

JOSE GUTIERREZ SOLANA
(1865-1945)

Se ha dicho, y no sin razón, que la obra literaria del pintor Solana se presta, dentro de su uniformidad, a múltiples interpretaciones. A primera vista, si no pasamos de la corteza, las páginas solanescas, por muy negras que sean, pueden considerarse páginas cotumbristas. Será el de Solana, naturalmente, un costumbrismo áspero, pero, después de todo, costumbrismo. Y apenas ahondemos, veremos que el escritor no es un castizo que se recrea en la realidad del país —porque en ella hay que recrearse para ser castizo—, sino que recoge una realidad, como el que pinta un cuadro. Que no en balde Solana fue pintor.

Lo que anima las descripciones solanescas es precisamente la composición. Esas estampas del Madrid, escenas y costumbres *y las páginas más trashumantes de la* España negra *se hacen sobremanera interesantes, por la sobriedad del observador, pero sobre todo por el sentido de composición pictórica que en ellas impera. Seamos francos, si las calidades pictóricas (y por qué no poéticas) no destacaran en estas páginas, el valor intrínsecamente literario sería menor. Podrán unos y otros entrever más valores donde ahora nosotros no acertamos a ver, pero lo cierto es que el espíritu —leyéndolas— tiende a la pintura.*

Se me dirá que no hay oropel literario en estas páginas sinceras y broncas. Es cierto, pero un esteticismo evidente se descubre y éste no es otro que el valor pictórico consustancial con las mismas.

Y aparte de estas calidades innegables (todas ellas

pictóricas), también descubrimos un humor soterrado, de la más negra especie. El esqueletismo de Solana a ratos resulta aterrador. Parecen sus descripciones de cementerio verdaderas burlas macabras, y cuando abandona los osarios y las osamentas, no es menos implacable, duro y obsesionante. Véase sino lo que escribió en «Prólogo a un libro» o el modo cómo describe las «Solitarias de Avila».

Solana, escribiendo, es un clásico en toda la extensión de la palabra y, más que otra cosa, un gran humorista negro. Sin duda, en él había un enorme fondo de cazurrería y de flema. Esto unido a una castellanía triste dieron este precipitado de humor que Solana tiene. Gómez de la Serna ya advirtió en su obra pictórica ese «fondo sombrío que quedó en España entre proyección de Ghetto y mascarada».

Su humor es cierto, no recorre toda la gama, pero lo que nos ofrece a nuestra curiosidad de lectores nos deja una impresión indeleble y realmente pesadillesca. En el retrato lírico que le hizo Juan Ramón hay estas palabras: «Todo nos lo adelanta o retrasa a primer día de fiambre, embalsamando con su mágico oscuro óleo rico la armonía del empezar a acostumbrarse a lo otro». Solana no sólo es un obseso, sino además un fanático de sus temas y de su mundo que no es otro que España y sus cosas.

Su mirada es una ojeada goyesca, y aunque no sea ésta la sola ojeada sagaz que cabe sobre nuestras cosas, para desnudar España, no hay duda de que es muy legítima y, además, muy nuestra.

Solana no captaba la España eterna, la España que a veces duerme con hambre, con ojos flojos. Su mirada es acerada y además doliente en extremo, tanto que, si Goya y Quevedo nos vieron como zarabanda infernal, Solana nos muestra una como locura colectiva, una danza de la muerte con postrimerías de Juicio final...

El ortopédico

—Yo, señores, soy Antonio López; mi padre fue aquel famoso cirujano-dentista que, nada más presentarse en público, con su ingenio y simpatía llenaba la plaza de alegría; yo soy el inventor y fabricante de la pierna articulada más práctica que se conoce, y de otros aparatos ortopédicos para curar los tísicos de las desviaciones de la espina dorsal, que les hace parecer ir siempre mirando a los tejados; estos individuos que cuando pasan a nuestro lado, parece que nos miran a la nariz. También corrijo los vicios de los cargados de espalda, que les hace ir, inevitablemente, camino de la chepa o jiba; curo y evito en una pierna enferma, el que la tengan que cortar; les contaré el caso siguiente: Pepita Rodríguez, de doce años; sus padres unos labradores de Avila, le llevaron a todas las clínicas; la niña estaba pálida y no crecía; por todos lados del cuerpo le salían tumores y varias fuentes, y así es que los cirujanos aconsejaron a los padres el cortar la pierna; vinieron a Madrid y me visitaron; yo, en seguida, tendiendo una sola ojeada, vi que tenía un tumor frío; la enyesé la pierna, hice que estuviera en la más completa inmovilidad, y hoy está sana y buena, corre y salta, tirando las muletas que llevaba siempre consigo; así es que, para las consultas, dirigirse a mi clínica, y por carta los que vivís fuera, Leganitos, ciento tres, entresuelo; acordaos del famoso crimen de Leganitos, que no voy a contar ahora, por saberlo todos los que me escucháis de sobra. Señores, las piernas de palo están hoy desechadas; son feas, antihigiénicas, recogen todo el polvo y la suciedad de la calle, y eso nada más que lo puede llevar un descuidado, un pordiosero; la pierna articulada que yo vendo es limpia y elegante; va tapada por el pantalón y puede ir calzada por la mejor bota, y nadie sospechará que os falta ese miembro; ni la misma mujer con quien os habéis casado, con ser tan curiosa, lo notará, hasta que al ir a acostaros la dejéis en un rincón de la habitación; tiene también una gran ventaja sobre la pierna de goma, y es la de que con el calor, la goma puede doblarse, dar de sí o achicarse; además, lo sé por experiencia, ésta no consiste más que en el esqueleto de metal, vendado con grandes tiras de lienzo y dándole la forma mullida de la pantorrilla natural. A ver, Cartón, acerca esa silla. Cartón, señores, más que mi criado, es mi fiel amigo.

Entonces, aquel hombre jovial, que habla con inmovilidad de autómata, rígido y sin mover un pliegue de su ropa, empieza, ante la estupefacción de la gente, a quitarse la levita, el chaleco, quedando en mangas de camisa; luego se quita los pantalones, quedándose con unos peleles de punto, sentado en la silla; entonces se ve que tiene unas correas por el pecho; se levanta y separa una pierna, quedándose con ella en la mano, enseñándola al público, mientras que Cartón le coloca una silla debajo del muñón para que no se caiga; pero el ortopédico se tira del coche de un salto y empieza a andar a saltos entre la gente, enseñando la pierna que lleva en la mano.

—Esta es, señores, la verdadera, la maravillosa pierna articulada; véanla y examinen; llevo este aparato de mi invención hace nueve años, y está completamente nuevo, menos la bota; como es natural, la he cambiado algunas veces de pares; ésta que tiene puesta todavía está en buen uso; es tanta mi costumbre, rejuvenece tanto esta pierna y da tanto vigor, que ya casi soy capaz de andar sin ella. ¡Pero no!, no me separaré jamás de mi querida pierna; cuando muera haré que me entierren con ella puesta.

Ahora me la voy a poner para que vean lo sencillo que es: la parte más alta, como ven, tiene una almohadilla; sobre ella descansa y se ajusta el muñón; los arreos son muy sencillos: consisten en unos tirantes que van desde la pierna a la espalda y cruzan por el pecho; ya está colocada; bien sujeta, tiene todos los movimientos de la pierna natural, pues al sentarse se dobla perfectamente; hasta se puede poner uno de cuclillas; como veis, nadie ha notado hasta ahora, y acabo de vestir, nadie me sabrá decir cuál es la pierna natural y cuál la artificial. Y ahora, señores, yo, su servidor Antonio López, inventor de esta pierna, la vendo en los precios de veinte, treinta hasta sesenta duros, según sea su fabricación, en tocante al lujo, edad, estatura, etcétera. Está al alcance de todas las fortunas, pues la vendo a plazos por la módica cantidad de diez pesetas mensuales; al venderla al contado hago una gran rebaja. Esta tarde, antes de marcharme, voy a leer a ustedes la lista de mis parroquianos: «Angel Rojas, de treinta años, jornalero, natural de Madrid y casado, que puede hoy seguir trabajando debido a mi invento; Juan Piñuela, artesano, natural de Chinchón, de cuarenta años, casado, viene usando mi invento hace siete años; Epifanio Manteca, de treinta y siete años, carpintero, natural de Cáceres, propagandista entusiasta de mi invención; Pedro Marganes, farolero, soltero y que su empleo en el Municipio lo debe a la compra que me hizo; Serapia Muñoz, de cincuenta años, natural de Segovia, portera, que hoy riega la escalera y va al lavadero gracias a su pierna mecánica; y, en fin, no continuaré la lista porque sería interminable.»

La sala de disección

Metido en un armario se ve el esqueleto de un granadero francés que tiene mercurio en sus huesos, y el de un negro de la Guadalupe de siete pies de alto. En otro armario está el esqueleto del gigante extremeño, y su piel, disecada, clavada en el fondo de la vitrina; en el suelo se ven las enormes botas que usaba; este esqueleto está todo apolillado, como si fuera corcho, porque murió el gigante de carie en los huesos. También se conserva en este museo anatómico el riñón de un hombre que fue extraído de su cadáver atravesado por el cuchillo de un criminal hacia su parte anterior, cuya herida, en que fue además interesado el peritoneo, dio lugar a un derrame mortal en la cavidad del vientre.

Entre las preparaciones anatómicas figuran una cabeza artificial de mujer disecada con los músculos del rostro, las arterias y los nervios.

Hay al lado una cabeza de hombre que por un lado muestra, después de la extracción de los músculos, las arterias y venas, como también los nervios dentales; el ojo con sus músculos motores y sus arterias, es visible también. Estando levantada la unidad de la parte superior del cráneo, se ven en el interior los nervios de los sentidos cortados y las venas que se extienden sobre la dura-mater.

Hay también varias piezas reproducidas en cartón-piedra de diferentes amputaciones, donde se ve las manos del cirujano llenas de sangre cortar con un cuchillo una pierna, un brazo o una mano y serrar el hueso, y en otras operaciones más delicadas, del cuello, va ligando las arterias y haciendo nudos con un hilo encerado.

Pero la vitrina que nos produce más emoción es la de un grupo de figuras de cera, de mitad del tamaño natural, que parecen personas vivas; un grupo de médicos está alrededor de una cama; sobre la blancura de las almohadas hay hundida la cabeza de una mujer que acaba de morir y resalta el pelo negro y suelto por encima de las sábanas; a este cadáver le están abriendo el vientre para extraer a la criatura, que se supone viva.

El cirujano tiene unas patillas grises como un marino, y la cara y los brazos desnudos rojos y las manos llenas de sangre hasta las muñecas; los ayudantes le rodean con escalpelos y bisturís y están como absortos con los ojos de cristal, mirando el cuerpo desnudo de la muerta; algunos compañeros, que están como espectadores, miran de lejos, muy pulcros, con la barba y el pelo rubio, y están como cohibidos por no mancharse el traje con la sangre de los cubos; tienen los puños de la camisa con mucho brillo y el cuello de pajarita y corbata de lazo blanco, viéndose el pico del pañuelo en las americanas azules; todos tienen las uñas como con una enfermedad, muy brillantes y descoloridas, como los muertos, y parece que les sale a todos pus por las orejas y ventanas de las narices; algunos de estos jóvenes doctores se llevan estudiadamente la mano a la frente, como si una duda les asaltase, pero conservan amaneradamente muy doblado el abrigo de verano al brazo; algunos llevan una flor en el ojal de la americana; sus cabezas, distraídas e inconscientes, no parecen pensar en la acción que se está desarrollando. Al pie de esta vitrina hay un cartel que dice: «Operación cesárea».

En el fondo de esta sala, un viejo jorobado y casi enano, muy metido en un abrigo viejo y con una pipa en la boca, está sentado en una silla alta para llegar a la mesa, y pega, con una brocha que moja en un puchero de engrudo, unas etiquetas en varias calaveras y tibias, para meterlas en un estante; de vez en cuando tose y se pega el tabaco mascado en los huesos de los cráneos, que quita con el pañuelo, y de tanto echarles el humo, ha aculatado algunas de estas calaveras, al pasarse las horas muertas restaurándolas.

Este viejo enano, comprendiendo nuestra curiosidad, nos presenta un cráneo de mucho peso y voluminoso que deja caer de golpe en su mesa: «Esta es la calavera del hermano Pedro, fraile carmelita; era muy putero y violó a muchas mujeres de Tierzo, provincia de Zaragoza, de donde él era natural. ¡Dios le haya perdonado!

»Este cráneo, que está apolillado y tiene las muelas agujereadas porque el difunto no quiso gastarse dinero en vida para que se las compusiera el dentista, es el de un prestamista que dejó a muchos en calzoncillos, y el cabrón de él creo que se dio al final a la bebida, muriendo de delirio tremens. Cuando trajeron esta calavera aquí estaban cegados, por el barro de la sepultura, todos sus agujeros, y yo me entretuve mucho quitándoselo; pero cuando estaba más distraído me llevé un susto, pues salieron dos gusanos enroscados andando por esta mesa; yo no sé el tiempo que no veían el sol, pues los pobres estaban delgadísimos. Si hubieran ustedes venido más temprano les contaría algo curioso de todas estas cosas que nos rodean, pero ya es bastante tarde y este timbre que mete tanto ruido anuncia que nos marchemos.»

Prólogo de un muerto

Yo, lector, tenía anunciado hace seis años, pero en proyecto más de quince, escribir un libro llamado *La España negra*; tenía ya empezados los primeros artículos, por los que tuve que emprender muchos viajes y no pocos sacrificios y molestias, y más tarde, a fuerza de trabajo, pues todo cuesta trabajo, casi terminado el libro, me encontré con el rabo por desollar: me faltaba lo principal, me faltaba el prólogo. ¿Sería incapaz de hacerlo? ¿Tendría que recurrir a otro?

Esto me tenía atrozmente preocupado, pues yo, desde chico, había oído decir que sólo los dementes y los niños están incapacitados, y la sola cosa de ir a casa de Esquerdo o ponerme la chichonera de una criatura en la cabeza a mi edad, agriaba mi carácter, me ponía fuera de sí. Además oía continuamente una voz escalofriante, una voz que me producía calambres y que me repetía a todas horas: «Tú no verás publicado tu libro; si lo llevas a un editor, te lo rechazará, tienes que tener en cuenta que todos los editores y libreros son muy brutos, y que la mayoría, antes de serlo, han sido prestamistas o mulas de varas, y si lo llegaras a dar a la estampa por tu cuenta, no dejaría de ser un atentado a la Academia de la Lengua; esto no te debe preocupar, porque todos los académicos no son más que idiotas, mal intencionados. Pero te veo muy mal; tu salud está muy resentida; cada día bebes más vino, más cerveza, más alcoholes y fumas más, y el día menos pensado haces crac, como una bota vieja; en fin, tú verás; lo mejor que puedes hacer es acostarte temprano y cuidarte.»

Estas fatídicas palabras parece que se han cumplido. Ya me he muerto, lector, creo que me he muerto, este libro quedará sin prólogo.

Aquel maldito dolor de cabeza, aquel resonar de huesos, aquella distensión de los tendones que parecía arrancar la carne, tenía que terminar en tragedia, y así ha sucedido.

¿Era yo el que estaba metido en un ataúd muy estrecho, con unos galones amarillos y unas asas y cerraduras que tenían puestas las llaves pintadas de negro como los baúles del Rastro, y la tapa que iba a encerrarme para siempre, arrimada a la pared, con una larga cruz amarilla y con mis iniciales J. G.-S. en tachuelas tiradas a cordel, y una ventana encima de estas letras con un cristal?

Así ha sucedido; soy yo el que me veo entre cuatro velas, que proyectan fantásticas sombras en la habitación y que es lo único que me distrae en esta soledad; tengo los brazos rígidos a lo largo del cuerpo; en las mangas se me han hecho algunas cortaduras [1] lo mismo que en el pantalón, por las que asoma el blanco de la camisa y el calzoncillo. Un pañuelo negro, que seguramente subió la portera, oprime fuertemente mi mandíbula y deja marcada una raya en el pelo, que tengo algo crecido; seguramente lo puso para que no se desarticulara mi mandíbula y no me desfigurara; para mí es un tormento; varias veces he intentado chillar, abrir la boca; pero este pañuelo parece de hierro, me oprime con tal fuerza que me impide hacer el menor movi-

1. Entre la gente del pueblo y pobre que viste a los muertos, existe la costumbre de hacer estos cortes con una tijera en la ropa cuando está en buen estado, pues creen que es la manera de hacerla respetar de los violadores de sepulturas, que en otro caso de apoderan de ellas para usarlas o venderas en las prenderías.

miento; la lengua la tengo seca, como de papel, y siento las venas de mis sienes hacer tic-tac al compás de un viejo reloj de caja alta que tiene un ventano tapado con un cuero por el que se asomaba a cantar un gallo al dar las horas; su péndulo daba de vez en cuando en los costados de la caja con un ruido seco parecido a los huesos de una calavera muy pesada. Los ojos los tengo cerrados, pero veo tan claramente la habitación como cuando tenía vida. Los balcones están abiertos de par en par y corridas las persianas; de vez en cuando llega distante hasta mí el ruido de las ruedas de algn carro o el taconeo de algún transeúnte sobre las losas. Lo que más me inquietaba y me producía verdadero horror es el no oír pasos en toda la casa; parecía ésta desierta, nadie me velaba, se habían olvidado de mí; una mosca se posó en mi mano y la recorrió durante un largo tiempo; yo la notaba, pero ella hacía su recorrido sin la menor preocupación sobre una cosa inerte como una mesa, un trapo; sentía muy cerca el olor de los cirios, que chisporroteaban, y que con el viento que entraba por los balcones daban siniestros bandazos a lo largo de las paredes, y creía adivinar a través de los cristales de una larga vitrina pintada de negro, cuyos estantes estaban llenos de figuras góticas de maravillosos policromados, la sonrisa burlona y casi humana de una virgen primitiva a la que yo tenía gran cariño, con la cara muy brillante y blanca como un clown; era la única nota optimista entre tanta tristeza; corría la cera y caía en gruesas gotas sobre la alfombra con un ruido seco y desagradable; de pronto el viento hizo que rodara un candelabro hasta mi caja; sentí el terrible pánico de ser quemado, quise gritar, pedir socorro, pero fue en vano; ni un grito salió de mi garganta; quise mover mis brazos, pero fue inútil: estaban rígidos; hice un supremo esfuerzo por incorporarme, pero no pude conseguir ni moverme una línea; la luz fue disminuyendo por momentos; sólo veía pequeñas lucecitas por el techo, parecidas a estrellas; luego nada, estaba muerto...

Una brusca sacudida dada a mi ataúd debió despertarme; luego, un hombre, grotesco como un enano, me cogió del cuello de la americana, me sacó de la caja, y quitándome el maldito pañuelo me hizo poner de pie como un muñeco. «¿Dónde están los baúles, que llevo dos horas esperándote a la puerta con el carro? Estás borracho, eres tonto. ¿No decías que te llamase temprano?»

Este enano había coincidido con la hora de mi entierro, cuando estaba el coche fúnebre a la puerta de mi casa y todo el acompañamiento esperándome para llevarme a enterrar en el cementerio de hombres ilustres. Al entrar tiró a un cura de bruces en la habitación, que venía a echarme el responso; atropelló a los viejos del asilo, que estaban en el portal con sendos cirios en las manos, y discutía a grandes voces con un hombre que tenía nariz de porra y el sombrero calado hasta las orejas, el dueño de la funeraria, que con cuatro criados, vestidos con delantales negros hasta los pies, se empeñaban en meterme dentro del ataúd y echar la llave a la cerradura; el dueño daba órdenes para que me bajasen al coche de muerto; que si yo no estaba contento con aquel ataúd irían a por otro mejor; pero que me tenían que llevar al cementerio, pues ellos no querían quedar en ridículo. Pero mi hombre me zarandeó de lo lindo, y gracias a esto recobré el conocimiento y evitó el triste fin de que fuera enterrado vivo.

Poco después sentía que me quitaban las botas, y que entre él y mi criada me metían en la cama, con una botella de agua caliente a los pies; me pusieron sanguijuelas y me tomé algunas medicinas que él mismo preparó.

Yo no sé el tiempo que estuve durmiendo. A la mañana siguiente me encontré con el traje y las botas llenas de polvo; me puse a cepillarlos como sacudiendo el polvo del cementerio; mi baúl, con cantoneras y mis iniciales en tachuelas doradas estaba sin hacer.

Me volví a acostar, y cuando me disponía a dormir, una cortina se levantó y entró un hombre muy bajito, sin dar los buenos días, con cara de besugo, todo boca y orejas, y dijo: «¡Levántate, hombre, y anda! ¡Yo esperando abajo con el burro y tú sin levantarte y como un muerto en la cama. Haz la maleta, que vas a perder el tren como ayer». Me tiró de las piernas y me hizo salir de la cama y ponerme de pie, y sin darme casi tiempo para arreglar mis cosas, me encontré en el portal, luego en la estación, y un poco más tarde estaba perfectamente acondicionado en un vagón de tercera; sonó el pito del jefe de la estación, se cerraron las últimas portezuelas de los coches y el tren emprendió su marcha camino de Santander. Yo, desde la ventanilla, un poco conmovido, mandé un último saludo a este pequeño hombre, a quien tan agradecido tenía que estar.

Las solitarias de Avila

Entro en una botica a comprar un sello para el dolor de cabeza; en una mesa vi un gran tarro lleno de solitarias; todas parecían estar rabiosas, y alguna tan enroscada y furiosa que parecía comerse la cola; otra parecía morder a la de al lado, todas con caras distintas y terribles; algunas tienen dos cabezas; estas solitarias eran blancas y muy lavadas, con cintas largas y anillosas; estaban en el fondo del alcohol como aplastadas; algunas salían y asomaban el cuello fuera de la superficie del líquido, como si quisieran volver a la vida; otras, descabezadas; las más rebeldes habían dejado la cabeza y parte de su cuerpo en el vientre de sus dueños, que las alimentó y llevó consigo tanto tiempo. El dueño de la botica, con su batín y un gorro del que colgaba una borlita, las miraba con cariño porque él las había catalogado y puesto las etiquetas en los frascos: «Solitaria del gobernador de Avila», la del obispo; la del canónigo don Pedro Carrasco estaba gorda y era tan larga y bien alimentada que llenaba casi el frasco; al lado había una amarilla y delgada de no comer, que parecía quejarse y querer protestar de su mala vida pasada; era la del maestro de escuela del pueblo, don Juan Espada; otra, como si le hubiera entrado la icStericia, tenía la cara con la boca abierta hundida junto al pecho y tenía un color verdoso; era del jefe de la Adoración Nocturna, don Peláez; otra era todo ojos, y la más rabiosa pertenecía a doña María del Olvido, dama noble, tenía un lobanillo detrás de una oreja y se había dejado crecer un largo mechón de pelos para taparlo; pero el lobanillo salía fuera descarado y carnoso como la pelleja de un pollo desplumado. Cuando estaba más distraído en esta botica, viendo los tarros de las medicinas, sentí unas uñas que se clavaban en mis pantalones y un gato empezó a darme de cabezadas en las piernas, debía estar muy hambriento.

Apareció la mañana muy lluviosa, y en las calles de Ogarrio no se hablaba más que de la muerte de Florencio.

En algunas carretas, con toldo a causa del temporal, venían algunos vecinos de pueblos cercanos, La Cavada y el Calerón, donde el difunto era muy querido.

El coche mortuorio bajaba poco después camino del cementerio, tirado por dos caballos con gualdrapas y plumeros negros.

Por las dos aceras iban muchas viejas y amigos de Florencio, con grandes paraguas remendados y calzados con almadreñas; eran los pobres de los entierros, con sus chepas, patas de palo despintadas por la lluvia y el barro y demás defectos.

Las grandes capas de estos pobres les llegaban a los pies. Eran muy humoristas: sacaban las colillas de los bolsillos de los chalecos, fumaban a escondidas, y alguna vez uno a otro guiñaba un ojo y le decía al oído: «Nunca te peas llevando el cirio». Todos llevaban cabos de vela encendidos.

Delante de ellos iba el hermano mayor con un estandarte negro, lleno de lamparones de cera, con una pintura canallesca que representaba las ánimas del Purgatorio entre las llamas, y unos cuantos chantres que cantaban, con voz de tinaja y caldero, unos cuantos latinajos.

Llegamos al cementerio en el preciso momento en que abrían el ataúd y le quitaban el pañuelo que cubría la cara de Florencio.

Los familiares se adelantaron y le besaron; el

sepulturero echó una paletada de cal viva en el vientre del muerto, cerraron la caja, entregaron la llave a los allegados de Florencio, y con unas sogas atadas a las asas, fueron bajando el ataúd al fondo de la sepultura; los amigos echamos tierra sobre él, el sepulturero unas paletadas que resonaron como peñascos en el féretro, se adelantó el cura hasta el borde de la fosa, y con el bonete en la mano pronunció unos latinajos, y mientras la sepultura la iban tapando, empezó la ceremonia de despedida del duelo.

Han pasado los años. El autor de este libro está muy viejo y achacoso, y, para colmo de males, le ha salido, a muy cerca de la avanzada edad de setenta años, un chancro sifilítico; se le está quedando la cabeza pelada como un queso y no conserva ya un solo diente. Se ha enterado de que la mujer de Florencio, la buena y simpática Juana, ha tenido un fin desastroso: está recluida en un manicomio, pues padece monomanía persecutoria, y cree que los frailes quieren violarla y quitarle la herencia; se mea en los bancos del jardín y muchos días se niega a comer porque cree que van a envenenarla para robarle unos papeles que lleva cosidos, en el pecho.

El anciano escritor sólo se defiende a fuerza de atracarse de vino. Si algún día tiene tiempo, humor y dinero, escribirá las hazañas del hijo de Florencio, en Méjico, el cual ha resultado un pequeño hombre de acción, aunque monetariamente ha fracasado y no ha hecho carrera, pero se ha dado una vida de órdago: ha comido, bebido y tirado de bragueta de largo, y esto no es poco, pues menos da una piedra.

SILVERIO LANZA
(1856-1912)

El nombre de Silverio Lanza falta en la mayoría de historias de la literatura española que no han encontrado espacio para tan singular escritor. Esta ausencia imperdonable tiene una explicación. El crítico que se enfrenta con la obra antiacadémica de Lanza ha de hacer un gran esfuerzo para ubicarlo dentro de la tradición. Raro caso de autonomía literaria, no es fácil otorgarle filiación cervantina o quevedesca, como a tantos otros humoristas españoles. A Quevedo a veces se acerca, pero es el suyo humor de otra especie. Silverio Lanza nunca hace monerías con las palabras ni se deja seducir por ellas, como nuestro autor barroco. A Lanza le interesa más sugerir, verter sus opiniones, sus ansias, y darse a conocer como excéntrico pensador. Esta nota que nunca le abandona quizá haya sido la causa de su impopularidad, en un país como el nuestro, más dado al chascarrillo o a la frase envenenada, que a la ironía filosófica turbadora.

El siglo diecinueve, en España, no ofrece pensadores de la especie silveriana. En Galdós difícilmente encontraríamos ese juicio irónico y crudo de la vida que se desprende del más breve cuento de Silverio Lanza. En aquellos tiempos más encogidos que éstos, era necesario para escribir algo nuevo, para romper con la ramplonería, usar del tropo y del apólogo.

Nuestros críticos suelen menospreciar o minusvalorar el cuento, como no sea éste de corte tradicional o no se sujete a los cánones de una preceptiva rigurosa que no sabemos quién, maldito, la ha for-

jado. Por eso, han dejado a un lado o han olvidado, por poco extensa, o por poco convencional, la rica producción cuentística de Silverio Lanza. Sin embargo, en ella se nos aparece un elemento renovador y experimental que echamos de menos en la literatura española moderna, más abierta al pasado que al futuro. Silverio Lanza, que se inclinó siempre por la narración breve, intuyó que en ella cabe una mayor experimentación que en la novela. Y descubrió también que el cuento podía ser vehículo de sus odios y sueños. A través de su selva de cuentos, aparece el crítico acerbo del caciquismo español. Así como Eugenio Noel tuvo verdadera obsesión por los aficionados taurinos y flamenquistas, a quienes imputaba la mayor parte de los males que padecía España, el caciquismo fue preocupación casi obsesiva de Silverio Lanza. El cacique resume todos los males del país que, si no medra, es por causa de esta sanguijuela. En sus días, gobernaba el cacicato político. Liberal o conservador, la voluntad del cacique era ley.

Ante esta realidad social, de la que fue crítico imparcial y severo, Silverio Lanza da vida a una obra literaria que en nada se asemeja a la de sus contemporáneos. Lejos del afán puramente novelístico de recoger vidas ajenas, a base de muchos episodios, lo que le interesa al fantástico Silverio Lanza es dar cuerpo a unas ficciones que nos descubran el morbo de una sociedad trituradora, en la que no hay lugar para la escueta justicia. Hubiese sido un predicador destemplado, si a sus sueños no los hubiera adobado con humor. Pero, como Silverio Lanza es especialmente un gran humorista, sus denuncias se convierten en sueños casi enigmáticos. Se parece a Goya —tanto que le llamaríamos el Goya de nuestra literatura. La comparación con Goya no es descabellada, pues, muchas narracions de Silverio Lanza podrían ilustrarse con afuafuertes goyescos.

Las páginas silverianas ofrecen una visión amarga

de la realidad, de acuerdo con la situación que le tocó vivir, que era por demás aplastante. Su nihilismo desesperanzado se resuelve en un humor amargo que casi podríamos calificar de mal humor y en ocasiones de franco humor negro. Sus pensamientos rezuman amargura y todos ellos reflejan la condición bajuna y cruel que descubre en sus inmediatos semejantes: «El cortés le quita al grosero la esposa, la hija, la paz y el dinero», «Hay países donde quien no huele a cera, huele a vino o huele a...», «Jesús no ayunó por sacrificarse, sino para experimentar lo mucho que el hambre enseña».

Silverio Lanza fue esencialmente un desplazado y en ese sentido se debe hoy leer a este escritor que, además de su leyenda, tiene ribetes de maldito.

El Rey destronado
(En el manicomio)

Su majestad el Rey ha tenido visita por la mañana. A la hora de la comida asegura a sus compañeros que le han visitado la familia real y el presidente del Consejo.

—Volveré pronto a palacio.

—¿Por qué no?, se dice uno.

—Cosas de este pobre hombre, opinan los restantes.

Su majestad llega a la huerta y enciende un cigarro puro. Los locos le rodean.

—¡Qué aire tan distinguido tiene usted!

El rey no contesta.

—¡Qué buen tabaco fuma vuecencia!

El rey sigue impasible.

—Señor: Si V.M. se fatiga, yo chuparé.

—Después: cuando me queme los dedos.

Y todos los locos piensan en lo que harán para conseguir la colilla.

El Rey está en un banco elevado a trono, y sus vasallos le rodean. Hay algo extraordinariamente majestuoso en la apostura de aquel fumador y en el humo que rodea su cabeza.

Y después, cuando ya se quema los dedos, apaga el puro restregándolo contra el trono, enseña la colilla a sus cortesanos, y dice:

—Para picarla mañana.

Y se la guarda en un bolsillo.

Los locos se esparcen por la huerta.

—¿Y el rey? —pregunta un demente que acaba de llegar.

—Ya no lo es.

—¿Por qué?

—Porque apura la colilla.

Antropomorfia

Los animales del Paraíso celebraron una reunión, y como tenían la seguridad de que todos respetarían el derecho ajeno, se pasaron sin presidente; y como ninguno habría de negar lo ocurrido, tampoco nombraron secretario.

Actuó de ponente un oso, y dijo así:

—Señores animales: Con disgusto vimos que Dios hiciese, con las sobras de los materiales con que formó lo existente, ese animal que se llama hombre, pero fue mayor nuestra pena cuando vimos a la mujer.

»Esa pareja estúpida es enemiga de Dios; se creen superiores a nosotros, siendo así que jamás podrán vencernos si no emplean las malas artes de Luzbel; huyen de nuestro trato si éste no les sirve de homenaje; y, en resumen, son incompatibles con nosotros en el Paraíso.»

(Muestras de aprobación.)

«El dado está lanzado. (El orador se detiene para observar el efecto que produce su erudición, pero nota que no produce ningún efecto, y continúa así): ¡Ah, señores animales de los tres sexos!, es bien fácil quitarnos esa molestia, y nuestra labor se reduce a conseguir que la pareja humana coma el fruto del árbol del bien y del mal? ¿De qué manera lo conseguiremos? Así. Decidle al hombre que lo coma, y no os hará caso, porque ya habéis visto que el hombre es tan indolente que ha permanecido ocioso mientras no ha tenido la compañía de la mujer. Recordad a ésta que hay algo que la está vedado, que hay una voluntad superior a la suya, y se rebelará contra ese mandato y comerá el fruto prohibido.

Pero, ¿quién se acerca a la feroz mujer, que envidia de nosotros las rizadas plumas o las sedosas pieles, los dulces trinos y la fuerza bruta? Tal atrevimiento sólo pudiera realizarlo la serpiente.

»¿Convenís conmigo?

—Aprobado.

Un mono interrumpiendo: —¿Y yo no podría...

El león: —Calle el lujurioso animal que más se parece al hombre, y que conteste la aludida.

La serpiente: —Yo, señores..., es favor que ustedes me hacen..., pero, en fin..., por más que aquí hay otras señoras, como la zorra y la ardilla, que también...

El buitre: —Serpiente no seas mujer, y vete a cumplir tu encargo.

Y allá marchóse luciendo los anillos de su piel como si fuese moza con pendientes, sortijas y brazaletes.

* * *

Cuando la pareja humana salió expulsada del Paraíso, hizo Eva su programa diciéndole a Adán:

—¡Bah! Trabaja y comeremos.

Comprendió la mujer que había sido vencida por la serpiente, y la odió, pero procuró imitarla para conseguir sin riesgo su victoria, y avanza silenciosamente, se enrosca para ocultarse, se pone erguida cuando se la molesta y se quita la camisa en cuanto encuentra ocasión.

Filosofía descarnada

Ya saben ustedes que, si guardan sesenta kilogramos de difunto en un ataúd de zinc, llega un día que la carne ha desaparecido. ¿Quién se ha comido al muerto? Preciso es confesar que el muerto se ha comido a sí mismo a fuerza de discurrir.

Y ¿qué discurren los muertos?

Como la vida nerviosa subsiste después que termina la vida muscular, claro es que el muerto se apercibe de que le tocan, y oye lo que se dice a su lado. Y después... nada nuevo: algún ruido de trepidación, y a comerse hasta los tobillos discurriendo.

Olvidaba decir a ustedes que todas las leyes (sabias) tienen su verificación experimental, y no le falta ésta a mi ley de la autofogia de ultratumba. En efecto, ni la santidad ni la perversidad, ni las enfermedades ni la robustez determinan la consunción del cadáver. En cambio, vengo observando que al destapar el ataúd de un tonto aparece intacto el muerto: el pobrecito siguió sin discurrir.

Ave, César: tu víctima te saluda

Al terminar el alquiler de la sepultura de Silverio, no pude renovarlo, y sólo obtuve la gracia de presenciar la exhumación.

Al abrir el ataúd, cayó un papel que yo había colocado y donde aún podía leerse:

> Este es Sil   Lanza,
> que vivió pe   uido
> por la Envi   y por la Soberbia.
> Hasta el últ   momento
> pensaba en   a los caciques
> y a sus mujer   .

Me extrañó que el papel estuviese roto, y me fijé en la actitud del esqueleto. Silverio se había movido.

El antebrazo derecho aparecía flexionado hacia su brazo, y entre ellos estaban los huesos de la mano izquierda.

Pero nunca supe si aquél era su último saludo a los caciques de los vivos o su primer saludo a los caciques de los muertos.

¿Quién, con mayor poder, se atreve a tanto como se atrevía, vivo o muerto, el infeliz Silverio Lanza?

J. B. A.

Juan Bodoque

La Correspondencia. — 17 de Enero de 18... — En la calle de Tal ha sido atropellado por un borrico Juan Bodoque, mozo de cuadra del excelentísimo señor duque de Cual. En grave estado fue conducido a la casa de socorro. El infeliz es casado y tiene una hija.

La Correspondencia. — 2 de Agosto de 18... — Hoy ha recibido el Alcalde a los de barrio recientemente elegidos, que son, por el Sudoeste, don Juan Bodoque, etc.

La Correspondencia. — 7 de Octubre de 18... — El celoso alcalde de barrio don Juan Bodoque ha prohibido a las verduleras y demás vendedoras ambulantes que se paseen en las calles y pregonen sus géneros en alta voz.

Sinceramente felicitamos al señor Bodoque por la adopción de esta medida, que hace tiempo venía reclamando la higiene pública. El gremio de ultramarinos del barrio citado obsequia a su digno alcalde con un almuerzo en el café Inglés.

La Correspondencia. — 2 de Noviembre de 18... — El celoso alcalde de barrio don Juan Bodoque, de quien tantos elogios hemos hecho otras veces, logró ayer por la noche capturar en el cementerio al escritor anarquista N de N. Es un importante servicio.

La Correspondencia. — 15 de Febrero de 18... — Con motivo de las próximas elecciones para concejales, el comité del partido equilibrista del distrito de Aquí ha acordado la siguiente candidatura: Silvestre Ladacenado, Juan Bodoque.

La Correspondencia. — 9 de Marzo de 18... — El

Concejal señor Bodoque ha sido encargado de la Comisaría de alumbrado en las afueras.

La Correspondencia. — 3 de Abril de 18... — Podemos asegurar al vecindario de las afueras que las faltas que noten en el alumbrado no son culpa de la buena gestión del Municipio.

La Correspondencia. — 25 de Junio de 18... — Ayer fue día de gran recepción en el lindo hotel de don Juan Bodoque, con motivo de ser el día de su santo. Allí vimos a todo el Ayuntamiento, los ministros Tal y Cual con sus bellas señoras y sus lindas hijas, los diputados..., etc.

La Correspondencia. — 2 de Agosto de 18... — En ausencia del señor Barbián, se ha encargado de la presidencia del Ayuntamiento el señor don Juan Bodoque, actual teniente alcalde del distrito de Masallá.

La Correspondencia. — 7 de Octubre de 18... — Es digna de todo elogio la campaña emprendida por el teniente alcalde señor Bodoque contra los panaderos. Dicha autoridad ha llevado su rigor hasta el punto de que prohíbe que se dé un panecillo de limosna si el panecillo está falto de peso. ¡Ojalá tuviera muchos imitadores esta conducta!

La Correspondencia. — 2 de Noviembre de 18... — Gracias a los esfuerzos de las cofradías religiosas cerca del señor Bodoque, ayer visitó el público los cementerios. El señor Delegado de Medicina aseguró que en vista de la frialdad del día no influirá la aglomeración de gentes en el desarrollo de la epidemia epizoótica que aflige a esta población.

La Correspondencia. — 15 de Febrero de 18... — Ha sido elegido diputado provincial el señor don Juan Bodoque. Es una elección acertadísima.

La Correspondencia. — 9 de Marzo de 18... — El diputado provincial señor Bodoque ha sido nombrado visitador del Hospital de Melancólicos.

La Correspondencia. — 3 de Abril de 18... — Debidamente autorizados podemos asegurar terminarán en breve las obras de reparación del Hospital de Melancólicos.

La Correspondenia. — 25 de Junio de 18... — Ayer felicitaron al señor don Juan Bodoque los Presidentes de la Diputación provincial y del Ayuntamiento. Durante todo el día, y gran parte de la noche, recibió el señor Bodoque innumerables visitas que admiraron la hermosura de la casa-palacio que dicho señor acaba de construir en el paseo de la Manchega.

La Correspondencia. — 2 de Agosto de 18... — Ha sido concedida al señor don Juan Bodoque la gran cruz de la orden del Cuco. La diputación ha abierto una suscripción entre sus miembros para costear las insignias, que serán lujosísimas.

La Correspondencia. — 7 de Octubre de 18... — El señor Bodoque ha presentado voto particular en el dictamen de la Comisión de Quintas. Propone dicho señor, para evitar ocultaciones, que se sortee a los cabezas de familia, con lo cual los agraciados habrán de declarar los mozos sorteables que hubiere en su casa.

La Correspondencia. — 28 de Diciembre de 18... — Por el distrito vacante de la Piara ha sido elegido diputado a Cortes el excelentísimo señor don Juan Bodoque.

La Correspondencia. — 11 de Febrero de 18... — Mañana daremos noticia a nuestros lectores del magnífico baile de trajes que se verificará hoy en casa del excelentísimo señor don Juan Bodoque.

La Correspondencia. — 3 de Julio de 18... — Hoy ha salido para su posesión de Los Manzanos el diputado a Cortes señor Bodoque y su distinguida familia. De allí pasarán al extranjero.

La Correspondencia. — 15 de Octubre de 18... — Hoy ha llegado del extranjero el excelentísimo señor don Juan Bodoque y su distinguida familia. El eminente hombre público ha sido agraciado con distintas condecoraciones extranjeras.

La Correspondencia. — 4 de Enero de 18... — Se habla con insistencia de la actitud política que tomará el señor Bodoque a consecuencia del último debate.

La Correspondencia. — 2 de Mayo de 18... — Se ha concedido al excelentísimo señor don Juan Bodoque el título de marqués del Amor Propio por la heroica defensa de sus principios.

La Correspondencia. — 17 de Junio de 18... — Ha sido elegido senador por La Borreguera el excelentísimo señor marqués del Amor Propio.

La Correspondencia. — 22 de Septiembre de 18... — El proyectado empréstito queda asegurado por el poderoso millonario, el excelentísimo señor marqués del Amor Propio, quien se compromete a tomar toda la emisión al tipo de 17 por 100.

La Correspondencia. — 17 de Enero de 18... — Completamente autorizados, podemos romper nuestra discreción y anunciar a nuestros lectores el próximo enlace del excelentísimo señor duque de Tal con la lindísima Lucrecia Bodoque, hija del excelentísimo señor marqués del Amor Propio.

* * *

¡Alto!, dije yo, cuando leí esta noticia. ¿Es posible que el descendiente de un insigne cruzado, de un héroe de la Reconquista, de un conquistador de América y de un bizarro general de la guerra de la Independencia se case con la hija de un ciudadano que hace diecisiete años era mozo de cuadra y se dejaba atropellar por un borrico?

Me avisté con un mi amigo, distinguido matemático, periodista, autor dramático y hombre sin dos pesetas, y le pregunté:

—Tú conoces a Bodoque, ¿no es verdad?

—Sí.

—¿Y es hombre culto?

—¡Quita allá!... Un bestia solamente.

—Y ¿cómo se casa el duque de Tal con la hija de un bestia semejante?

—Te advierto que esa bestia es millonario.

—¿Y la hija?

—Tiene mejor origen. La actual marquesa del Amor Propio, cuando era doncella de la duquesa de Cual, tenía trapicheos con su amo.

—Entonces Bodoque no es un Bodoque. Es otra cosa.

* * *

Digamos con cierto escritor: «Bendito sea Dios que ha hecho pasar los grandes ríos al lado de las grandes ciudades».

Bendigamos a Dios que al fin nos explica los más sorprendentes fenómenos de la naturaleza.

El hombre es un ser superior solamente porque puede hacer daño, y lo hace siempre.

El miedo al Estado sólo es vergonzoso para el Estado que produce miedo.

Es triste que el colectivismo haga cobardes; y es más triste que éstos tengan la hipocresía de ocultarlo y dificulten su remedio.

El hombre es el mayor amigo del perro; los dos muerden y lamen.

La orgía de los ricos estremece de envidia a los pobres; y la orgía de los pobres estremece de miedo a los ricos.

El cortés le quita al grosero la esposa, la hija, la paz y el dinero.

Hay países donde quien no huele a cera, huele a vino o huele a...

Una epidemia que mate a veinte pobres, alarma a todos los ricos; y una epidemia que matase a todos los ricos no alarmaría a ningún pobre.

Jesús no ayunó por sacrificarse, sino para experimentar lo mucho que el hambre enseña.

Mientras riñen el fraile y el impío, les explota el judío.

Nos estorba, nos hace mucho daño la estúpida aristocracia; no por lo que ellos creen sino por lo que nosotros sufrimos. No porque lleven casacas bordadas, que nosotros en cambio llevamos el cuerpo sano y la camisa limpia; no porque vayan en coche, que nosotros tenemos bastante con nuestras ágiles piernas; no porque puedan cubrirse delante del rey, que a nosotros no nos molestan los actos de cortesía; no porque tengan complacencias pactadas entre los esposos, porque nosotros preferimos los celos de nuestras mujeres y la satisfacción de disiparlos; no por nada tonto ni indigno: no por envidia; nos estorban porque de cuanto Dios da al hombre, sólo un derecho no nos niegan: el derecho a morirnos.

No hay que acabar con lo existente, pero hay que modificarlo todo.

Sí, hermanos, es necesario afirmarlo con la entereza de los mártires: aquí se hace justicia según ritual. Se llama juicio un acto en el que no se formula juicio alguno, ni se emplea razonamiento de ninguna especie; se llama instrucción a un montón de papeles que nada instruye. Todo es rito; todo es ceremonia. Se sumerge a un reo en el Código, como se sumerge un densímetro en la leche: lo que marca la escala es la pena. El defensor tira por un lado, el fiscal tira por el otro, el acusador privado todo lo quiere hacer público, y en esta disputa quien paga la leche y los gritos de los lecheros es el infeliz densímetro.

No es gran pena ir a presidio por ladrón: es mayor pena la de vivir siempre robado.

Mientras los señores de las grandes urbes hablan de España sin conocer nada más que un casino y un paseo, yo que también he vivido en poblaciones pequeñas, he observado que los hurtos y los robos inmediatamente preceden o siguen a las elecciones. En esas épocas, los granujas cuentan con la amistad del cacique, y roban.

En la cuenta de los caciques hay que cargar las brutalidades actuales, y la impunidad que permite a locos y a majaderos, armados de bombas, de cuchillos y de procesos, molestar al rey, a Maura y a mí.

¡Desdichada juventud!, y ¡desdichado también yo que no he tenido la comodidad de envejecer!

Desdichado soy porque por mi espíritu huyo de los viejos; y, por mis canas, me huyen los jóvenes.

Si yo renaciese y me viera entre vosotros, os enseñaría a ejercer la fuerza social que tenéis y no concebís. Y vosotros me ampararíais ya que nadie me ampara porque no puede ampararme; porque suplico a los seres cultos, y todos ellos viven a merced de diez millones de bestias manejados astutamente por un millar de caciques.

Los Gobiernos son candorosamente revolucionarios. Cuando se les denuncia una barbaridad cometida por un funcionario público, aplauden a éste y le reiteran su confianza; todo ello para sostener, según lo dicen, el principio de autoridad. Y, así, quien teme una cesantía, hace un desatino; y se asegura en su puesto. Y, así, cuando vemos que alguien perdura en su ejercicio de autoridad, suponemos que habrá hecho muchas barbaridades. Y así se va a la revolución.

Ahora los arcaísmos de la ciencia nos los enseña con neologismos extravagantes algún pedantuelo doctor, que logró por oposición una plaza de catedrático. Pero recordad que se exigió a los opositores que supiesen tocar el flautín, y sólo se presentó uno, y para aquél fue el título de maestro en Ciencias o en Derecho o en Filosofía.

Nos hemos redimido de la opresión de los grandes

capitanes y de los grandes sacerdotes, y ahora venimos a ser esclavos de cuatro monigotes sin vergüenza. Hemos realizado nuestros grandes ideales históricos.

El mal es tan grande, que ya no lo curan los consuelos del socialismo ni el anodino de las rancias democracias. Estamos ya desesperados, y o se nos cura pronto y bien, o caemos en la más espantosa de las demencias.

Nicasio Alvarez, socialista

La esposa y la prostituta luchan por la posesión del hombre. Pero la prostituta sólo quiere o el amor o el dinero; y la esposa quiere el dinero, el amor, el apellido y todas las consideraciones personales que van unidas al apellido. Los pactos afectuosos e interesados de la prostituta se pueden rescindir en cualquier instante. La esposa pacta ante la autoridad religiosa y la civil. El pacto matrimonial se rescinde a modo de juicio de Salomón. Yo entiendo que el divorcio es al matrimonio lo que el robo es al hambre: una solución necesaria, pero deshonrosa.

Como se ve, la prostituta pide mucho; la esposa lo pide todo. En cambio la prostituta da en sus pactos afectuosos todo su cuerpo y todo su dinero y toda su alma. La esposa da su cuerpo según, cómo y cuándo; deposita la dote en las arcas del esposo mediante recibo, y el alma... el alma es de Dios.

Conste que comparo ambas hembras en su parte afectuosa; primero: porque la prostituta es capaz para estos pactos; segundo: porque ninguna esposa se casó por interés.

Lo primero lo aseguro yo, que soy voto imparcial, y lo aseguran cuantos han sentido en su boca el beso abrasador de la ramera.

Lo segundo lo digo yo por cortesía, y lo afirman todas las esposas. Todas se casan por amor y ninguna porque la mantengan.

Planteada de esta manera la cuestión, es indudable que el pacto con la prostituta es mejor que el pacto con la mujer propia.

Pero... ¿qué espera la querida de su amante? Si

éste paga, ¿qué idea formará aquélla de un hombre tan grosero? Si éste ama, ¿qué esperanza tiene un amor que a nada obliga? Guiada por estas reflexiones, la querida se convence de que es la mujer del momento. Ni hace nada para el porvenir ni se acuerda del pasado. No quiere ser madre porque no quiere tener hijos que nazcan infamados y vivan en el abandono, y de esta manera, siendo la diosa del placer, sólo quiere placeres en su altar.

La esposa que no canta, el juez que no ríe y el ciudadano que no vota, son racionales que no quieren distinguirse de las bestias.

La esposa estéril es un factor cero dentro de la sociedad. El mismo efecto produce un cero multiplicado que un infinito dividido. Lo mismo se aniquila una raza de mujeres estériles que una raza de hombres borrachos.

Pero cuando la mujer propia canta y pare, no hay ser más amable que la mujer propia.

Si canta, no tendrá remordimientos y será buena, no tendrá rencores y será indulgente.

Si pare, anudará sus intereses y su persona a los intereses y a la persona de su esposo.

Y después de unida la pareja por los lazos del mutuo amor y del mutuo egoísmo, haced que él sea inteligente y valeroso y que sea ella hacendosa y obediente, y aunque pasen por delante de la puerta de aquel hogar todas las mancebas de la capital de un reino, daráles a los esposos el mismo cuidado que a mí me dan otras pequeñeces.

Quedamos en que la prostituta tiene el inconveniente de ser la mujer del momento, y quedamos en que la mujer propia es una alhaja cuando es obediente, hacendosa, indulgente, desinteresada y fecunda. Pues por esto dije yo que la porfiada lucha entre la esposa y la querida, va a tener un fin deplorable.

La prostituta se civiliza y la esposa se embrutece.

Ya es muy fácil hallar una prostituta ingeniosa

con educación social y con notable instrucción. Limpia (de verdad) y haciendo alardes de costurera y bordadora y de saber freír unos huevos y volver una tortilla. Tales bestias no os querrán; pero aparentan amaros con tal sinceridad, que bien vale que se les abone algunas pesetas. La querida será la mujer del momento; pero bien haya quien logra una vida llena de momentos tan agradables.

Yo creo que la niña que se educa para esposa sale muy mal educada. Físicamente suele ser escrofulosa, anémica, biliosa, estéril, la mayor parte de las veces, e incapaz casi siempre para amamantar a sus hijos. Si yo miento volvamos la Higiene del revés y convengamos en que son más provechosos el corsé que el justillo; la luz y el calor del gas, que la luz y el calor del sol; la polca dando saltos, que la contradanza dando vueltas; oler el bigote de un hombre bailando, que oler el aceite frito guisando; respirar por la noche la atmósfera del salón de un teatro, que respirar por la mañana el fresco ambiente del lavadero. Y será mejor pasar la noche con fiebre producida por el insomnio, que dormir panza arriba roncando como un borrico.

Será verdad que son cursis las prostitutas, que van limpias y vestidas con sencillez. Será verdad que son elegantes las señoritas llenas de cintajos, postizos, afeites y porquerías. Será verdad todo eso. Podéis vosotros, padres legítimos, y vosotras, niñas casaderas, deshaceros en improperios contra las prostitutas y contra mí que tales cosas digo (yo que no gusto de más carne que aquella que se corta con cuchillo y se coge con tenedor), gritad hasta produciros la afonía; pero vuestros padres huirán de vuestras madres, vuestros esposos de vosotras y vuestros hijos de sus esposas. Decid que el mundo se desquicia, decid que aumenta la astucia de las mancebas; echad la culpa a la política o al libre pensamiento, seguid siendo feas y cochinas y holgazanas y soberbias y egoístas, y, ¡vive Dios!, que algún día ni vuestra alma la querrá el diablo, ni yo dejaré que mis perros coman vuestras nalgas podridas, ni vuestras costillas descarnadas.

La antropocultura

Primera parte. Ya es antiguo que al muerto le roben el herraje fino del ataúd; la mortaja, la piel, la grasa para hacer ungüentos que curan especialmente el raquitismo, las elovinas y las hemotisis; el pelo, ciertos minerales, ciertos intestinos; la carne para hacer salchichas o pasteles famosos como los que fabricaba Pedro Moguelin a quien facilitaba el bárbaro Bernabé Caborel la materia prima; y vísceras y huesos para fingir reliquias y para estudios anatómicos. Las cuerdas musculares obtenidas de los cadáveres humanos, no saltan, no bajan y producen sonidos característicos amplios y puros, son superiores a la seda y a la cerda para dar a los presos cuerdas de escaso volumen y de poco peso y utilísimo para descender por ellas y dar garrote a los hierros. El bestial ultraje realizado en el cadáver de María Stuard se ha repetido según rumores, muchas veces. Tales delitos han de cometerse porque los muertos están abandonados de los vivos que debieran recordarlos o sino los recuerdan, o porque los sepultureros sean criminales con la anuencia siquiera tácita de la superioridad (ayuntamientos y congregaciones) que les da un sueldo mezquino. Si el autor de estos apuntes conociese de uno solo de esos crímenes lo pondría en conocimiento de las respetables autoridades sin temor a la venganza; si le injuriaban, sostendría la denuncia, si lo complicaban en cualquier proceso, sostendría la denuncia; si le golpeaban, sostendría la denuncia; si le arruinaban, sostendría la denuncia; si le molestaban con esa persecución insidiosa en que toman parte vecinos y parientes, y tenderos y hasta los periodistas, sostendría la denuncia; y si le separaban del cuerpo la cabeza y le cortaban la lengua, seguiría sosteniendo la denuncia; porque jamás comprenderán ustedes el santo civismo que me ilumina cuando estoy escribiendo.

Segunda parte: Gran conquista de la Ciencia será el aprovechamiento de los órganos sanos de los difuntos para remendar los cuerpos enfermos de los vivos. Quizás no sea mucha la ventaja: un médico forense que ha practicado miles de autopsias me asegura que nunca halló sano un corazón y un estómago, y lo creo por razones que diré después: conque habremos de contentarnos con sustituir el estómago por su duodeno y reforzar en Higiología la profilaxia del corazón.

Pero cuando sean posibles esas sustituciones que prevee el sabio doctor Ferreras ¿las harán los médicos? Conviene pensarlo un poco. Enójanse los galenos si se les dice crudamente que, a costa de los pobres viven de los ricos: yo no lo repetiré crudamente ni soy sospechoso de galenofobia. Dejaré que los hechos hablen por mí. Exceptuando el caso de Mateo Barthas, habéis aprendido Anatomía en los cuerpos de los pobres; habéis verificado vuestras teorías y ensayado vuestros medicamentos en los cuerpos de los pobres; molestáis en la cárcel con vuestras informaciones abusivas molestáis en estrados a los pobres; cuando necesitáis piel humana buscáis la de un pobre, y no influís para que la venda cara; cuando necesitáis leche humana para amamantar, buscáis la de una pobre, y no influís para que la venda cara: personalmente sois el mayor amparo del pobre (¡Dios os bendiga!); socialmente sois los mayores enemigos de los pobres: pues podéis redimirlos vosotros solos, y no los redimís. Esto es tan exacto que por no amparar a los pobres y por humillarse a los ricos os morís de hambre. Se os ha pedido que os incautéis de todos los bienes de la Beneficencia, y dejáis que los exploten el Estado, sus testaferros y los beneficios industriales. El patronato de un hospital está constituido por el párroco, el alcalde y ciertos individuos propuestos por el cacique: al médico se le excluye. Si la inspección de los alimentos está encomendada aparentemente a un veterinario, está ejercida realmente por un delegado gubernativo. La inspección de las escuelas y de los talleres corresponde a don N.N. y a don X.Z.: al médico se le excluye.

Opinar por cuenta propia acerca de la muerte (metamorfosis, cambio de forma de la materia) es arriesgado. Todas las religiones, derivando de sus filosofías o mistificando éstas, se ocupan de la muerte, porque siendo ellas encarnaciones en el sentimiento han de ocuparse con la muerte que comparte con la vida todas las atenciones humanas. Pero es extraño que durante la vida, aunque el hombre haya de morir, no pone todos sus empeños en alejar la muerte; y las recetas para evitar orificaciones, angilosis, prostatitis, enfermedades seniles y la caída del pelo, sólo preocupan a los ancianos que ya no pueden detener a la vejez que avanza. Y, cuando llega la muerte, no se consuela el hombre recordando lo grato de su vida pasada, sino que se atormenta recordando sus pecados, calla los sociales porque el juez no ha de darle ningún beneficio, y confiesa los religiosos buscando por la religión la gloria eterna.

Agréguense a las penas propias del enfermo las penas que le han sido aportadas: el enojo por la agresión o el accidente que le produce la muerte; el enojo contra el médico que, por lo menos, mata de hambre por la dieta, por el alcohol (cuando lo recomendaba) porque el alcohol es un disolvente, y por la leche porque ésta apenas alimenta aunque digan lo contrario los doctores que se nutren con carne, y las beatas que soportan una cuaresma tomando solamente natillas después de un plato de lentejas con migas de pan; y el enojo contra los jaleadores (no hallo palabra más oportuna, pues la de entrenadores usada en el deporte supone que éstos practiquen el mismo deporte).

Los señores jaleadores merecen párrafo aparte; cumplen altas misiones sociales; y los molestaré muy poco pues temo a sus iras. Cuando la Ley condena definitivamente a la pena de muerte, sería lo humano (menos inhumano) que el verdugo penetrase de seguida en la celda del preso, y lo estrangulase. Pues no se hace así: se jalea esa muerte para que el reo padezca más en pena.

Esta pena es absurda, entre otras razones muy dichas, porque es incierta. Termina súbitamente una vida ignorando lo que podía durar, es un castigo incierto: es castigar con ligereza. Matar a quien quiere suicidarse no es lo mismo que matar a quien halla amable la vida. Y, sobretodo, jalear la ejecución es condenar no solamente a la pena capital sino a la pena de tormento que, según se dice, ha desaparecido de nuestras leyes penales. Pues a quien muere en su camita también le jalean la muerte. Los jaleadores, orgullosos de su misión caritativa, toman posiciones en el hogar del enfermo. Ante todos se conviene en notificar a éste su condena para que se disponga. El más entrometido y, al parecer, más respetable, cumple desatinadamente esta comisión. Convencido el enfermo de que debe morirse, empieza el jaleo cuyas ceremonias varían según la condición social del protagonista. El señor notario que viene a recoger la última voluntad que no es deliberada ni es la última. Los parientes avisados por telégrafo, que llegan presurosos desde la estación trayendo en las maletas los trajes de luto, y refunfuñan porque el enfermo hizo testamento, con anticipación. El médico forense que viene in extremis para molestar al enfermo aplicándole unas inyecciones (tratamiento de la agonía) que costarán buenas pesetas. Y el señor cura, que no cobra, a quien nadie obsequia, que habrá de oír suposiciones maliciosas si el difunto dejó algo para su alma; y que soporta, abrazado al enfermo, el hedor de éste, y la confesión tardía, incompleta, ladina, cobarde y angustiosa de quien nunca se atrevió, ni se atreve a confesarse a sí mismo, que cambiaría por un año de vida la gloria eterna, y busca ésta (por si existe) engañando al cura para arrancarle una bendición pagadera por el Dios de lo creado. Siguen las ceremonias religiosas de la Comunión y de la Extrema Unción, y en ello el enfermo suele ver entre los asistentes a sus mayores enemigos que no van a perdonar ni a que les perdonen; que van alardeando de generosa conducta y que irán al entierro para deshacer en suaves reticencias la buena memoria del finado.

Convengamos en que la sociedad colectivista nos ayuda a morir tan cruelmente como nos ayuda a vivir.

Ya llegamos al verdadero estudio antropocultor y conviene recordar que:

A. La fisiología del muerto es diferente a la del vivo. Y no solamente tiene la propia, manifestada por la destrucción del cadáver, sino que conserva a veces la anterior como se manifiesta en el crecimiento del pelo, de las uñas, etcétera; y quizás en la extensión de los brazos con que aparecen los cadáveres que fueron enterrados con los brazos en flexión y las manos cruzadas. Aunque esto se atribuye a movimiento gravital cuando los tejidos desaparecen.

B. Sus fisiologías diferentes pueden producir análogas funciones. Esto es indiscutible y es elemental en Fisiología comparada.

Con estas bases empecemos nuestro razonamiento. Si en un ataúd metálico bien soldado se encierra un cadáver, llegará a que de éste no quede sino el esqueleto y algo de polvo fino. ¿Dónde está el resto del cadáver? Si se hubiera convertido en materia líquida o gaseosa estaría dentro del ataúd que se conserva intacto. Ese resto ha debido de convertirse en otra cosa. Y mecánicamente e indubitablemente cuando hay pérdida aparente de materia es porque ésta se ha convertido en acción (trabajo, luz, calor, electricidad, etcétera).

ANTONIO MACHADO
(1875-1939)

En contra de lo que se tiende a suponer, la mejor prosa es patrimonio de los poetas. No es un azar que sea así. El ejercicio de la poesía, que les obliga a la precisión, les hace diestros en el manejo de «esa otra armonía». Pero, de eso a creer que todos pueden lograrla va una gran distancia. Como el poste no sea verdadero, mal ha de dársele la prosa que, contra lo que se cree, suele ser más difícil que escribir verso. No porque esté sujeta a una mayor disciplina, sino porque con el lenguaje general de su país el prosista tiene que realizar el prodigio. Por una parte, es más esclavo de la servidumbre lingüística; por la otra, se le ensanchan las posibilidades de creación.

Para medir el mérito de la prosa machadiana —que aparece en Juan de Mairena*— nos basta con dar valor a la suprema sencillez y anatematizar los amaneramientos, que no son pocos los que nuestra historia literaria ofrece. El casticismo ha sido una plaga hasta entre nuestros mejores.*

Machado, conocedor de la entraña del idioma como pocos, logra, en un sentido estrictamente formal, un instrumento expresivo mayor que su verso. Invitamos al lector a que se lea todo el Juan de Mairena*, a que lo abra en la página que le dé la gana. Seguro que no ha de echar de menos la palabra clave, la chunga bien templada, la idea feliz expresada en cuatro renglones incisivos. Aquí ha de encontrar la frase única, la conversación imaginaria, la transcripción de una clase. Si Antonio Machado nos sitúa en un escenario, es para que sepamos (como se sabe* *en el aula) quiénes son los alumnos zotes y quiénes los avispados. Mairena va adquiriendo matices españoles por la vía del testimonio indirecto. El profesor apócrifo de Machado sería una entelequía sin esos ejercicios retóricos o sofísticos, sin las conversaciones en el café con el «amigo Tortólez». Mairena sería un personaje desencarnado, si no encontráramos aquí el sermón de Chipiona o el de Rute.*

En la lírica de Machado hay menos espacio para la burla que en su prosa. Con su especial zumba nativa, Machado, a lo largo de su Juan de Mairena, *va dándonos una lección de humorismo como la dieron pocos en las letras españolas. Pues, contados son los casos en que el humorismo se resuelve de modo tan campechano y con tono tan zumbón.*

En Antonio Machado encontramos el peleleo de los grandes humoristas. No se trata sólo de hacer reír, sino de reírse de sí mismo: «Yo soy Tartarín, yo soy el grillo, el burro de la flauta ronca, y el caracol y todo lo demás». Lo que no dijo es que se salía por peteneras y echaba sus petardetes. En las sombrías profundidades del pensamiento machadiano, hay siempre como una corta traca que nos hiere los oídos del alma.

Se ha querido dar una explicación a su humorismo y quizá la tenga. Y se ha dicho que la fuente más caudalosa está sin duda en su escepticismo. Es muy probable que el escepticismo y el humor no estén desavenidos, pero no basta con ser escépticos para ser humoristas de veras.

La fuente de donde brota el humor machadiano es su posición ante la vida, que no es la del escéptico, sino la del desconsolado. Sin consuelo vive y desconsolador es su saber, que está lejos de ser el del simple mortal sin cuitas espirituales. Las entrañas machadianas están hechas a la filosofía, a los retortijones del alma. Es sabido que la pasión del poeta Machado fue la filosofía y que su prosa fue hija de esta pasión. Pero que conste que sin la salida del humor no hubiese filosofado o hubiese sido un filosofastro más. El humor le redime del retorcimiento filosófico y hace que sus congojas, que las tiene, no acaben —como otras— por dejarnos ahítos.

El humorismo machadiano es un humorismo dubitativo, propio de quien pelea contra la razón razonante, armado de artillería antilógica. Y lo empapa fuerte tristura que nace de la índole triste de su pensamiento.

En algunas observaciones, aun con ser muy otro su estilo, está la influencia de Larra: está la temática, el costumbrismo, y el propósito satírico. Y tenemos la sospecha de que, además de Larra, se dejó ganar por la atrabilis quevedesca

—Señor Gonzálvez.
—Presente.
—Respóndame sin titubear. ¿Se puede comer judías con tomate? (El maestro mira atentamente a su reloj.)
—¡Claro que sí!
—¿Y tomate con judías?
—También.
—¿Y judíos con tomate?
—Eso... no estaría bien.
—¡Claro! Sería un caso de antropofagia. Pero siempre se podrá comer tomate con judíos. ¿No es cierto?
—Eso...
—Reflexione un momento.
—Eso, no.
El chico no ha comprendido la pregunta.
—Que me traigan una cabeza de burro para este niño.

* * *

Alguna vez se ha dicho: las cabezas son malas; que gobiernen las botas. Esto es muy español, amigo Mairena.
—Eso es algo universal, querido don Cosme. Lo específicamente español es que las botas no lo hagan siempre peor que las cabezas.

* * *

Cuando nuestros políticos dicen que la política no

tiene entrañas, aciertan alguna vez en lo que dicen y en lo que quieren decir. Una política sin entrañas es, en efecto, la política hueca que suelen hacer los hombres de malas tripas.

* * *

Contaba Mairena que había leído en una placa dorada, a la puerta de una clínica, la siguiente inscripción: «Doctor Rimbombe. De cuatro a cinco, consulta a precios módicos para empleados modestos con blenorragia crónica». Reparad —observaba Mairena— en que aquí lo modesto no es precisamente el doctor, ni, mucho menos, la blenorragia.

* * *

Se es poeta por lo que se afirma o por lo que se niega, nunca, naturalmente, por lo que se duda. Esto viene a decir —no recuerdo dónde— un sabio, o por mejor decir, un *savant,* que sabía de poetas tanto como nosotros de capar ranas.

* * *

Es inútil —habla Mairena, encarándose con un tradicionalista amigo suyo, en una tertulia de café provinciano— que busque usted a Felipe II en su panteón de El Escorial, porque es allí donde no queda de él absolutamente nada. Ese culto a los muertos me repugna. El *ayer* hay que buscarlo en el *hoy*; aquellos polvos trajeron —o trujeron, si le agrada a usted más— estos lodos. Felipe II no ha muerto, amigo mío. ¡¡Felipe II soy yo!! ¿No me había usted conocido?

Esta anécdota, que apunta uno de los discípulos de Mairena, explica la fama de loco y de espiritista que acompañó al maestro en los últimos años de su vida.

* * *

De los suprarrealistas hubiera dicho Juan de Mairena; todavía no han comprendido esas mulas de noria que no hay noria sin agua.

* * *

Aprendió tantas cosas —escribía mi maestro, a la muerte de un amigo erudito— que no tuvo tiempo para pensar en ninguna de ellas.

* * *

Ladrón de energías, llamaba Nietzsche al Cristo. Y es lástima —añadía Mairena— que no nos haya robado bastante.

* * *

Leyendo a Nietzsche, decía mi maestro Abel Martín— sigue hablando Mairena a sus alumnos—, se diría que es el Cristo quien nos ha envenenado. Y bien pudiera ser lo contrario —añadía—: que hayamos nosotros envenenado al Cristo en nuestras almas.

* * *

¿Conservadores? Muy bien —decía Mairena—, siempre que no lo entendamos a la manera de aquel sarnoso que se emperraba en conservar, no la salud, sino la sarna.

Un Dios existente —decía mi maestro— sería algo horrible. ¡Que Dios nos libre de él!

* * *

Desde cierto punto de vista —decía mi maestro—

nada hay más burgués que un proletario, puesto que, al fin, el proletario es una creación de la burguesía. Proletarios del mundo —añadía— uníos para acabar lo antes posible con la burguesía y, consecuentemente, con el proletariado.

—Su maestro de usted, querido Mairena, debía estar más loco que una gavia.

—Es posible. Pero oiga usted, amigo Tortólez, lo que contaba de un confitero andaluz muy descreído a quien quiso convertir en filósofo pragmatista a la religión de sus mayores.

—¿De los mayores de quién, amigo Mairena? Porque ese «sus» es algo anfibológico.

—De los mayores del filósofo pragmatista, probablemente. Pero escuche usted lo que decía el filósofo. «Si usted creyera en Dios, en un Juez Supremo que había de pedirle cuentas de sus actos, haría usted unos confites mucho mejores que esos que usted vende, y los daría usted más baratos, y ganaría usted mucho dinero, porque aumentaría usted considerablemente su clientela. Le conviene a usted creer en Dios.» «¿Pero, Dios existe, señor doctor?», preguntó el confitero. «Eso es cuestión baladí —replicó el filósofo—. Lo importante es que usted crea en Dios.» «Pero ¿y si no puedo?», volvió a preguntar el confitero. «Tampoco eso tiene demasiada importancia. Basta con que usted quiera creer. Porque de ese modo, una de tres; o usted acaba por creer, o por creer que cree, lo que viene a ser aproximadamente lo mismo, o, en último caso, trabaja usted en sus confituras como si creyera. Y siempre vendrá a resultar que usted mejora el género que vende, en beneficio de su clientela y en el suyo propio.»

El confitero —contaba mi maestro— no fue del todo insensible a las razones del filósofo. «Vuelva usted por aquí —le dijo— dentro de unos días.»

Cuando volvió el filósofo encontró cambiada la muestra del confitero, que rezaba así: «Confitería de Angel Martínez, proveedor de su Divina Majestad».

—Está bien. Pero conviene saber, amigo Mairena, si la calidad de los confites…

—La calidad de los confites no había mejorado. Pero, lo que decía el confitero a su amigo filósofo: «Lo importante es que usted crea que ha mejorado, o quiera usted creerlo, o, en último caso, que usted se coma estos confites y me los pague como si lo creyera».

* * *

Mas no todo es *folklore* en la blasfemia, que decía mi maestro Abel Martín. En una facultad de Teología bien organizada es imprescindible —para los estudios del doctorado, naturalmente— una cátedra de Blasfemia, desempeñada, si fuera posible, por el mismo Demonio.

* * *

Los hombres que están siempre de vuelta en todas las cosas son los que no han ido nunca a ninguna parte. Porque ya es mucho ir; volver, ¡nadie ha vuelto!

* * *

Para mi maestro Abel Martín fue el Cristo un ángel díscolo, un menor en rebeldía contra la norma del Padre. Dicho de otro modo; fue el Cristo un hombre que se hizo Dios para expiar en la cruz el gran pecado de la Divinidad. De este modo, pensaba mi maestro, la tragedia del Gólgota adquiere nueva significación y mayor grandeza.

* * *

Sin el tiempo, esa invención de Satanás, sin ese que llamó mi maestro «engendro de Luzbel en su caída», el mundo perdería la angustia de la espera y el consuelo de la esperanza. Y el diablo ya no tendría nada que hacer. Y los poetas tampoco.

* * *

Nunca aduléis a la divinidad en vuestras oraciones. Un Dios justiciero exige justicia y rechaza la lisonja. Que no vivimos en el mejor de los mundos posibles, lo prueba suficientemente el que apenas si hay nada de lo cual no pensemos que pudiera mejorarse. Es ésta una de las pruebas en verdad concluyentes, incontrovertibles que conozco. Porque, aun suponiendo, como muchos suponen, que esta idea de la mediocridad del mundo fuese hija de la limitación y endeblez de nuestra mollera, como esta mollera forma parte del mundo, siempre resultaría que había en él algo muy importante que convendría mejorar.

* * *

¡Oh corte, quién te desea! He aquí el verso cortesano por excelencia. Día llegará —decía mi maestro— en que las personas distinguidas vivan todas, sin excepción, en el campo, dejando las grandes urbes para la humanidad de munición; si es que la humanidad de munición no hace imposible la existencia de las personas distinguidas.

* * *

De la vejez, poco he de deciros, porque no creo haberla alcanzado todavía. Noto, sin embargo, que mi cuerpo se va poniendo en ridículo; y esto es la vejez para la mayoría de los hombres. Os confieso que no me hace maldita la gracia.

* * *

El Cristo —decía mi maestro— predicó la humildad a los poderosos. Cuando vuelva, predicará el orgullo a los humildes. De sabios es mudar de consejo. No os estrepitéis. Si el Cristo vuelve, sus palabras serán aproximadamente las mismas que ya conocéis: «Acordaos de que sois hijos de Dios, que por parte de padre sois alguien, niños». Mas si dudáis de una divinidad que cambia de propósito y de conducta, os diré que estáis envenenados por la lógica y que carecéis de sentido teológico. Porque nada hay más propio de la divinidad que el arrepentimiento. Cuando estudiemos la Historia Sagrada, hemos de definirla como historia de los grandes arrepentimientos, para distinguirla no ya de la Historia profana, sino de la misma Naturaleza, que no tiene historia, porque no acostumbra a arrepentirse de nada.

* * *

Las señoras declaran que aquí todos somos católicos, es decir, que aquí todos somos señoras. Yo creo que, en efecto, la mentalidad española es femenina, puesto que nadie protesta de la afirmación de las señoras. Después de todo, un cambio de sexo en la mentalidad española dominante a partir de nuestra expansión conquistadora de América, podría explicarnos este eterno batallar, no por la cuestión religiosa, sino contra ella, porque no haya cuestión. La Inquisición pudo muy bien ser cosa de señoras y las guerras civiles un levantamiento del campo azuzado por las señoras. Comprendo que esto es una interpretación caprichosa de la historia; pero en verdad extraña que en este país de los pantalones apenas haya negocio de alguna trascendencia que no resuelvan las mujeres a escobazos.

* * *

Por equivocación

Dos pobres hombres que comían en la venta de un camino de España fueron muertos a tiros por la Guardia Civil; fue un error, un tanto irreparable, que hasta las personas de orden lamentaron. Pero los muertos no han debido quedar muy satisfechos de la memoria de los vivos; porque esta noche —noche de luna clara— llamaron a la puerta de mi casa. Y a otras muchas debieron llamar antes. Tal vez no se les oyó. De otro modo, ¿cómo hubieran ellos pensado en despertar a un pobre modernista del año tres? El caso es que los dos muertos —fantasmas, si queréis— subieron a mi cuarto y allí pude verlos de cerca. Eran dos figuras, un tanto rígidas, que parecían arrancadas a un lienzo de ciego romancero. Se inclinaron. Acaso pretendían excusarse por lo intempestivo de la hora. «¡Oh, no! —les dije—; toda hora es buena para recibiros; porque sé a lo que venís. Vosotros queréis un poco de piedad para vuestra memoria.» Ellos movieron la cabeza de derecha a izquierda. «¿No? Entonces es que tenéis hijos y queréis que esa piedad sea para ellos.» Ambas cabezas espectrales quedaron inclinadas, oblicuas. Era como si quisieran decir: «Sí..., pero tampoco es eso». Yo comencé a inquietarme, porque el diálogo iba a ser imposible. «Entonces —añadí— vosotros deseáis algo más... Por ejemplo, justicia.» Mis fantasmas movieron la cabeza de arriba abajo. «Mucho pedís —les dije— o quizá demasiado poco; porque la justicia es, en España, un simple lema de ironía.» Tomé la pluma y les escribí esta copla:

> Dice el burgués: Al pobre,
> la caridad, y gracias.
> ¿Justicia? No; justicias,
> para guardar mi casa.

Y añadí: «Tomad, hijos míos, y que os publiquen eso en los papeles».

* * *

FRAGMENTO DE PESADILLA

Sonaron unos golpecitos en la puerta.

Me desperté sobresaltado.

—¿Quién es?

—Soy yo: el verdugo.

Por un alto ventanuco entraba la luz clara y fría del amanecer.

Apareció un hombrecillo viejo y jovial, con un paquete bajo el brazo.

—Puede usted, si quiere, dormir un poquito más; todavía no es hora... Pero si le es a usted lo mismo... Yo estoy a su disposición. Ahorco a domicilio y traigo conmigo todo lo necesario.

El hombrecillo tenía aspecto de barbero.

Yo me senté sobre un lecho duro. Miré en torno mío. ¡Qué extraña habitación!

—¿A domicilio?... Esta no es mi casa.

—El domicilio del preso es la celda de la cárcel.

Y el viejo sonreía afablemente.

—Pero, ¿es cierto que usted es el verdugo? ¿Y me va usted a ahorcar?

—Sí; que hoy viene por usted el verdugo y mañana por mí. El verdugo es la muerte.

Me golpeé el pecho con ambas manos, para ver si estaba despierto o si soñaba. Después grité:

—¡¡Soy inocente!!

—Oh amigo, compañero (porque yo también soy compañero de usted; figuro en el escalafón de empleados, aunque cobro por nómina aparte), procure reportarse.

»Yo ahorco por las buenas. Nada de violencia... Pero póngase usted en mi caso. Si no le ahorco a usted, me ahorcan a mí. Además, tengo mujer e hijos... Usted se hará cargo.»

En efecto —pensaba yo—: los verdugos son hombres finos, que procuran no molestar demasiado a sus víctimas y aun captarse su benevolencia, pidiéndoles perdón anticipado por la ejecución. Esto va de veras... ¡Dios mío!

—¿Se decide usted? Verá qué cosa tan sencilla —dijo el hombrecillo sonriente, mientras depositaba en el suelo algo envuelto en un paño negro.

Yo miraba a las paredes de la celda, húmedas y mugrientas, pintarrajeadas con almazarrón. Y leí —ya sin extrañeza— algunos letreros: «¡Mírate en ese espejo!», «El verdadero ahorcado huele a pescado», «Toribio: ¡saca la lengua!».

El viejecillo levantó el paño negro y descubrió un artefacto, algo así como una horma de sombrerero, colocada sobre un mástil que iba poco a poco levantándose.

Comencé a sentir un vago malestar en el estómago, que, poco a poco, se iba adueñando de todo mi cuerpo. (¡Qué desagradable es todo esto!)

—Un metro ochenta... Basta... ¿Ve usted? —añadió—. ¡Animo!, en un periquete despachamos —y el viejecillo me miraba sonriente, cariñoso... Yo pensaba: Este tío es un farsante.

Mientras contemplaba el extraño aparato, mi memoria se iluminaba. Empecé a recordar... Sí; se me había acusado de un crimen. Yo arrojé a la vía —según se me dijo— al revisor del expreso de Barcelona. Un juez me interrogó; después quedé procesado y preso. Cuando se vio la causa, los jurados contestaron sí a tres preguntas y no a otras tres. Se me condenó a pena capital. Yo grité: ¡Soy inocente! Los jueces me mandaron callar con malos modos. Mientras me retiraba de la sala, conducido por dos guardias civiles, observé que los jueces conversaban de buen humor con mi abogado. Uno dijo:

—Y todo por viajar gratis, como si fuera un senador del reino.

Mi abogado hizo un chiste.

—Para el viaje que le espera, ya no necesita billete...

Lo recordaba todo, todo, menos mi viaje en el expreso de Barcelona.

—Levántese, amiguito, y procederemos a la ejecución. Si aguardamos a la hora señalada, tendré que ahorcarle a usted en el teatro, con todas las de la ley.

—¡¡...!!

—Sí... Y el público es exigente, las entradas son caras —dijo el verdugo. Y añadió con malicia y misterio—: Los curas las revenden.

¡Los curas las revenden!... En esta frase absurda latía algo horrible. En ella culminaba mi pesadilla.

—Sí —pensé—; estoy perdido...

Fuera de la celda sonaron pasos, voces, bullicio de gente que se aproximaba.

Se oyó una vocecilla femenina, casi infantil.

—¿Es aquí donde se va a ahorcar un inocente?

Otra vocecita, no menos doncellil:

—Y si es inocente, ¿por qué lo ahorcan?

La primera vocecilla:

—Calla, boba, que ésa es la gracia.

El verdugo exclamó entonces con voz tonante, que no le había sonado hasta entonces:

—Aquí se ahorca, y nada más... Pase el que quiera.

Y, volviéndose hacia mí, añadió en voz baja:

—¿Lo ve usted? Ya no hay combinación. (Alto.) ¡Adelante, adelante!

Yo sudaba como un pollo y repetía maquinalmente:

—Ya no hay combinación. ¡Adelante, adelante!

El verdugo abrió el pesado portón. Una multitud abigarrada llenó, en desorden, la prisión. Burgueses, obreros, golfos, mujeres, soldados, chiquillos... Muchos arrastraban sillas, bancos y taburetes... Algunos traían canastos y tarteras con meriendas. Un naranjero pregonaba su mercancía.

EL HOMBRE DE LA PERILLA DE ALABARDERO (al cura sentado a su derecha): Verá usted cómo nos deja mal este verdugo.

EL CURA: Sí; era gente ruda, pero seria. Los de hoy serán más científicos, pero...

—Señores —gritó el verdugo, dirigiéndose a la concurrencia—, va a comenzar la ejecución. ¡Arriba el sambenitado!

¡El sambenitado!... Nunca me había oído llamar así.

—Se trata, señores —continuó el verdugo—, de dar una solución científica, elegante y perfectamente laica al último problema. Mi modesto aparato...

Rumores contradictorios; palmas, silbidos. Algunos golfos, pateando a compás:

—¡Camelos, no; camelos, no!

UNA VOZ: ¡Viva la Ciencia!

OTRA VOZ: ¡Viva Cristo!

EL HOMBRE... (con voz tonante): ¡Fuera gentuza!... Y silencio, en nombre del rey. (Pausado.) El señor verdugo tiene un privilegio real para ensayar un aparato de su invención. Al reo asiste el derecho de reclamar los auxilios de nuestra santa religión, antes, naturalmente, de que se le ejecute.:

VOCES: ¡Camelos, no!...

EL HOMBRE...: ¡Fuera gentuza! Y silencio, en nombre del rey.

EL CURA (aparte): ¡Vivir para ver!

EL VERDUGO: Mi modesto aparato...

LA JOVENCITA: Mira qué cara tiene el sambenitado. Se comprende que lo ahorquen.

* * *

A LA ORILLA DEL AGUA IRREBOGABLE:

—Esa barba verdosa... Sí, usted es Caronte.

CARONTE: ¿Quién te trajo, infeliz, a esta ribera?

—Ahorcóme un peluquero; no sé por qué razón.

CARONTE: ¡La de todos! Aguarda y embarcarás.

—¡La de todos!... Y yo que creí haber muerto de una manera original...

RAMON GOMEZ DE LA SERNA (1888-1963)

Este poeta esencial que desarrolló una actividad literaria portentosa, como quizá ningún otro de la literatura contemporánea española, abordó los más diversos géneros, dejando en todos ellos la huella de su personalidad impar. Entre los muchos «ismos» que proliferaron durante su generación, el suyo («el ramonismo») constituye una escuela. Escritor abocado a la escritura por necesidad vital, Ramón Gómez de la Serna se reveló sobre todo por sus «greguerías», pero éstas no han de oscurecer el resto de su magna obra en la que encontramos de todo: novela, ensayo, biografía, memorias.

A Ramón Gómez de la Serna no se lo han tomado todos los críticos con la seriedad que merece. Entre algunos círculos, pasa por ser un «clown» de las letras, y hasta los hay que se atreven a catalogarle como un escritor menor, ingeniesillo, simpático, que no merece estar en la literatura seria. Naturalmente quienes así piensan no sabrían decirnos por qué otros —tampoco serios— gozan de tan alto predicamento en nuestras letras. Pero a los tales no se les ha de preguntar pero sí delatar, porque ellos con sus seguidores han sembrado no pocas especies críticas y valoraciones nefastas en el campo de la literatura española.

Bien está que Alfonso Reyes diga que Ramón no era escritor en el sentido pasatista de la palabra. Comprendemos ese juicio, porque Ramón no es precisamente un modelo de urdidumbre y cohesión. Pero que no se diga de él que no fue el invencionero mayor que ha tenido España. Y para hallar se las pintaba, o mejor dicho, no sé qué sortilegio tenía para el hallazgo. Entregado a la aventura literaria, se limita siempre a encontrar.

Ramón es sobre todo un humorista. Cualquier trabajo que emprenda, acaba por resolverlo en humor. Este privilegio de saber descomponer la cosa en humor nadie lo ha tenido como él. Gracias a este don nacieron los acoplamientos de Ramón, que no son mixturas y menos mixtificaciones. En su obra proteica, donde no falta el «trampantojo», la «gollería», el «capricho», jamás se nos da gato por liebre. Ramón, con sus dones, nos ha hecho ver el mundo a su manera, cosa que pretendieron los surrealistas y no lo consiguieron.

A Ramón le debe mucho nuestra literatura machaconamente realista y conceptual. Le debe sobre todo una modernidad que le hacía falta. Por más que el ramonismo se pueda rastrear en Granada, en Quevedo, y a ratos en Gracián, todos esos espíritus son de su época y huelen su poquito a rancios.

Familiarizado con la muerte y con los muertos, como todo español en el que hierve el barroco y busca el hondón de la existencia, Gómez de la Serna escribió Los muertos, las muertas y otras fantasmagorías, *las páginas tal vez más transidas de angustia de toda la literatura contemporánea española.*

Los muertos, las muertas y otras fantasmagorías *no es ningún fantaseo y sí un prodigio del pensamiento relacionador y analógico de Ramón.*

Sin mentidos conceptos doctorales, se compone de unas reflexiones sobre la muerte, una colección de epitafios recogidos por Ramón en los cementerios, un caudal bien dosificado de reflexiones sobre lo fúnebre y, al final, una serie de fantasías relacionadas con la muerte y los muertos. Sin duda la parte más interesante de este libro es la que lleva por título: «Lucubraciones sobre la muerte».

Pocas veces el genio adensado de Ramón rayó tan

alto y tan hondo. Con espíritu nuevo, se enfrenta con el concepto de la Muerte, tan traído y llevado en nuestra literatura secular. Que Ramón aporta una nueva visión de la muerte, qué duda cabe. Antes la muerte pudo tener un signo negativo; después del libro ramoniano, aunque la misma, nos parece otra. Además a ella (a la Muerte) le asigna Ramón un lugar en el concierto del desconcierto. Partiendo de la idea de que la muerte es un valor en crisis, va a demostrar en forma saltimbanqui que no se trata en realidad de un escándalo sino de una burla de todas las esperanzas y valores que ha levantado el materialismo.

Ramón, por lo demás, anda en desacuerdo con la tradicional posición del español ante la muerte. De tanto pensar en ella, el español se ha vuelto hacia el nihilismo. No hay que aborrecerla, ni siquiera imputarla a la creación como un mal. Meditar sí sobre nuestra suerte pero que la meditación tenga su mota de alegría y desenfado.

Al correr del tiempo, todos los cráneos se agujerean y parecen cráneos de suicidas.

Después de la emigración ya no hay más que la transmigración.

El perro se echa a nuestros pies como si ya estuviera guardando nuestro sepulcro.

Pensamiento consolador: el gusano también morirá.

Ese triquitraque de huesos que producen los dedos al ser estirados, suenan a ultratumba, a deudas adquiridas con el más allá.

Lo peor de las ruinas es que ocultan el alacrán.

El que se tira del piso diecisiete ya no es un suicida, sino un aviador.

Se asustan tanto los diabéticos que creen que un terrón es una lápida.

El ombligo es para que le salga el agua al ahogado pero nunca cumple su misión.

Lo más terrible de la muerte de los peces es que no pueden cerrar los ojos porque no tienen párpados.

Nos indigna la polilla porque es el primer gusano que nos come.

Los aviones, al caer, tienen el gesto consolador de estrellarse con los brazos en cruz.

Era tan pulcro aquel verdugo, que desinfectaba la guillotina antes de cortar la cabeza a la víctima.

Cuando en los alambres de púa salgan rosas, habrán acabado las guerras.

La mosca nos trae un murmullo de los confesionarios de la muerte.

La tortuga se quedó castigada a estar debajo de la mesa toda la eternidad.

El consejo es muchas veces un pájaro de mal agüero: un cornejo.

Después del vestuario viene el esqueletario.

Los que se tiran un tiro en la sien han tomado la pistola por un sacacorchos.

En el cocodrilo se reúne el deseo de tragarnos que tiene el agua y la tierra.

La tortícolis del ahorcado es incurable.

Los atavismos son zapatos viejos que nos dejaron nuestros antepasados.

Hombre maduro: un hombre que está hecho un higo.

Zapaterías: las gentes probándose cucarachas.

Algunas versiones de cómo perdió el brazo D. Ramón del Valle-Inclán

Entre mis versiones de esa pérdida, las hay inventadas, hay otras que he oído contar, como muestras del ingenio de D. Ramón, está la que él ha escrito en su «Sonata de Invierno» y está la verídica. Unas con otras son como una pequeña corona —pequeña como una pulsera— de flores alegres, pero de solemne y respetuosa corona que yo ofrezco al brazo macabro.

La nueva mujer de Putifar.

Aquella mujer no era de ésas a las que se deja la túnica a la americana cuando, al huir, se agarran como náufragos a la ropa del que se va. D. Ramón quiso probar en ella el amor pasajero, pero ella cerró la puerta tras él, con cerrojo, llave inglesa, barra y cadena. D. Ramón, aun con eso, cansado del «Ramón del alma mía», repetido por aquella mujer, quiso huir, pero la mujer, fuerte e implacable, lo retuvo por la muñeca, y él, atado así a sus manos, vivió unos cuantos días más, hasta que viendo que ella no soltaba su muñeca dio un tirón final y ¡zas!, se desprendió de su brazo dejándoselo entre las manos.

El carbunclo.

D. Ramón tuvo una súbita y terrible calentura. Nadie sabía a qué achacar aquello. Los médicos se reunieron en consulta alrededor de su lecho. Discutieron mucho, hasta que uno, observando un pequeño rasguño que don Ramón se había hecho al salir de su coche y sobre el que se había puesto el fino guante de cabritilla, supuso que aquel guante lo había contaminado, pues hecho con la piel de un animal muerto por el carbunclo, había infectado la pequeña herida y había que cortarle el brazo.

Por eso, para la mano que le queda, no usa D. Ramón sino un guante de punto.

Barbey D'Aurevilly.

Un día le escribió a D. Ramón aquel prócer de las letras, aquel verdadero emperador de Francia que se llamó Barbey d'Aurevilly y a quien él admiraba tanto que había llegado a ser su discípulo en el gesto, en la anécdota y en la novela.

«Si viniese usted a París —decía uno de los párrafos de aquella carta— yo le recibiría en mi palacio y le prepararía la alcoba en el salón de las lunas venecianas que reproducirían su figura tantas veces como merece ser reproducida en la popularidad... ¡Cuánto me gustaría estrechar su mano, para descansar por excepción de tener que estrechar esas manos en que me parece tocar las que los gorilas sacan por entre los barrotes de sus jaulas en los parques zoológicos!»

D. Ramón en aquella sazón era pobre, y no pudiendo ir a París con el lujo que su alcurnia requería, pero deseoso de tener el honor de estrechar la mano que le ofrecía desde allí su magnífico maestro, se cortó el brazo y lo embaló en una caja hermética en la que escribió como dirección:

FRANCIA
ILUSTRE SEÑOR BARBEY D'AUREVILLY
PALACIO EXCELSO
85, RUE DE RENNE, ETAGE 5EME.
PARIS.

Dentro de la mano crispada del brazo cercenado había metido D. Ramón un papelito que decía:
«Mi admirado señor; tal es mi deseo de estrechar la mano que me ofrece, que no pudiendo ir yo, le envío mi auténtica mano, con brazo y todo, para que eso dé más fuerza al apretón.»

El hambre del hidalgo.

Estando D. Ramón en su gran palacio del Norte, un día se presentó en su despacho, cariacontecido y apurado, el viejo ayuda de cámara, siempre vestido con un gran casacón bordado en oro y con los escudos bordados en colores en los faldones y en las solapas de gran pico.
—Señor —le dijo balbuciente el antiguo servidor—, no hay nada de provecho que echar hoy al puchero.
—¿Pues y los mil reales que te di para la compra de ayer? ¿Y los perniles y toda la matanza que había en la despensa?
—Todo se ha consumido, señor.
D. Ramón entonces ordenó al viejo criado:
—Tráeme mi navaja de afeitar.
El criado obedeció y volvió entregando a D. Ramón la ancha navaja. D. Ramón la abrió y alargando su brazo le dijo al moyordomo:
—Coge bien de ahí, de la mano, con fuerza.
Y dándose un tajo junto al hombro separó su brazo del tronco y dijo:
—Echa eso en el puchero.

Versiones a granel.

Muchas más historias podrían relatarse. Hay quien supone que el brazo de ese hombre de madera está sirviendo de brazo relicario en alguna catedral, estofado de oro y señalando el cielo con un fanatismo interminable. Hay quien supone que es uno de esos brazos, pero que hace al cielo un gesto feo con los dedos. Hay quien supone que D. Ramón, en una travesía por el mar, viendo esos tiburones que siguen al barco esperando algo, les tiró el brazo por verles cómo se lo disputaban. Hay quien supone es uno de ésos de chapa de hierro que tienen unas llaves en la mano y señalan la puerta de la herrería. Hay quien supone que se lo cortó para rascarse, ayudándose con el otro, ese sitio al que no llega la mano y en que se desearía insistir largamente con la *propia mano*. Se cuenta la historia de una sortija inverosímil, envidia de todos, y que le robaron como sólo se le podía robar a D. Ramón, cortándole el brazo. Se dice también que se lo cortó por no servir a las armas en el ejército del rey constitucional. Se dice también que por su catolicismo ferviente y siguiendo los preceptos de la Biblia, un día en que pecó se lo arrancó y se lo tiró a los perros.

Parece que todos los días D. Ramón cuenta una historia más y que, a veces, cansado de contar nuevas historias, dice algo así como que ha olvidado cómo se le perdió... Que quizá se le perdió en la calle o se lo dejó en la manga de un gabán viejo y estrecho que se quitó con prisa o quizás no ha tenido nunca ese brazo.

Lucubraciones sobre la muerte

¡Qué solo está uno! —piensa uno a veces—, pero más solo va a estar porque va a estar ni consigo mismo.

Después de todo nada importan las variaciones de nuestro destino porque la medida del féretro va a ser la misma.

La muerte nos ronda, y cometemos la descortesía de hacerla rondar, a veces, demasiados años.

El genio de la muerte es el supremo genio, que lo atisba todo. Tener la genialidad de la muerte sería sobrepasar todas las medidas. ¿Qué prodigioso genio es ése, que se lleva el ánima, la escamotea y no la deja tocar ni encontrar a los mejores detectives?

¿Qué podría suprimirse? Dado cómo es el hombre y sus instintos es completamente necesaria.

Si el hombre no muriese —no hubiese muerto hace muchos siglos— no hubiéramos visto la luz del día, pues haría muchos milenios que los supervivientes en un mundo tan chico hubiesen matado al nacer a toda criatura que les viniese a estorbar.

La muerte es tan importante que el asesino es el que queda muerto en el que ha matado, porque ha hecho un ser superior y fulminante del muerto, que es el único que, además, no sabe que es muerto y por qué es un muerto.

¿Que después de todas esas disquisiciones deberíamos desposarnos con la muerte? Desposarse con la muerte es sólo tener enrollado en el anular un gusano como un anillo.

Se han lanzado pensamientos consoladores de la

muerte, aunque ninguno es capaz de consolar bastante.

No se sabe quién tiene más razón, si los consoladores o los agravadores; yo me inclino a los agravadores, y aun creo que hay que agravar más la idea de la muerte.

La muerte, después de todo, es la única solución contra la locura que sé que se produce en los seres, si no en forma específica, en forma de vanidad, avaricia o paternidad-maternidad absorbente.

No hay más allá para los oscuros, y de lo que sí no me queda cada día ninguna duda, es que no entrarán en el cielo los avaros y los ricos, o los que pudieron ejercer caridad y no la ejercieron por cualquier miserable razón; ésos son los únicos absolutamente desahuciados.

Si todos fuésemos iguales, mediocres, mediatizados, oscuros, ¿qué importaría la muerte de uno más si quedaban tantos idénticos? El dolor de la muerte en el hombre es como una secuela de su superación, habiéndose hecho digno, civilizado, bondadoso.

No hay nada que más despierte que vivir sobre la muerte.

Por eso podemos colocar frente a nosotros la calavera que no tiene arquitectura regular, ni románica ni gótica y que no por eso es cosa grotesca, ya que su forma es la debida a la afirmación de vivir.

Este producto barroco de la propia vida es el camino de lo supremamente sincero.

Lo ojival sale de las ventanas de la nariz del cráneo calaveral y por eso la ojiva devuelta al mirar humano se refleja en el alma como un puente en un río.

Despertador de la muerte, aunque no es seguro que nos despierte bastante, nos debe recordar que hasta a los aún no nacidos les está aguardando ya la muerte y que todos nos vamos volviendo calavera minuto a minuto.

Gracias a la suposición de esta armazón escondida —sub-antifaz del antifaz—, no todo es frivolidad y orgulloso presumir.

Cuando la humanidad sea infiel a sus grandes símbolos, ese pequeño símbolo la volverá a la razón última y trascendente.

El español sobre todo no puede vivir sin tener una calavera delante como tintero para su pluma. Reloj de arena y calavera son los complementos de su vivir.

En mi adolescencia ya rodaban por el Rastro madrileño calaveras verdaderas y calaveras de talla, sueltas, desprendidas de su retablo y yo tenía una tremenda, mayor que de tamaño natural, con dientes como almenas, con buracos de conejera.

El cráneo mondo y pelado es una respuesta que el español se da a sí mismo y con la que corrige su vanidad.

Por encima, viéndole desde lo alto, se ve por el dibujo que hacen sus suturas sobre su ovoide que tiene algo de caparazón de escarabajo pálido o de tortuga primitiva.

Al ver la calavera sufrimos una diplopía extraña, pues nos parece que vemos doble, nuestra calavera y otra.

Bajo la luz se ve lo bien que le entra el sol por la nariz, ¡pero ya no tiene pituitaria!

Al ver el esqueleto se ve que todo en él queda desamparado y vacío, menos el cerebro que guarda su habitación.

Sólo sucede que están esquirlados los huesos, sobre todo el de la nariz como si fuese tan duro el boxeo de la muerte que en él se astilló la nariz.

Todos los cráneos serán reclamados y correrán hacia sus esqueletos como si llevasen dentro las víboras de los cuentos de Bécquer y Valle-Inclán.

¿Víboras o ratones? Quizá los segundos, porque yo he supuesto que en las órbitas o cuencas vacías de las calaveras se ocultan los ratones de la muerte.

El imperio de la calavera —pisapapeles ideal de

la vida— significa un deseo de ver desesperado antes de estar ciego. Ver todo lo que se pueda con la no ceguera.

Somos unos equilibristas que llevamos por unos momentos en vilo y en suspenso lo que sabemos que muy pronto se ha de disgregar.

Tanto inhumar como exhumar es convertirse en humo.

La muerte es irse a los promontorios desconocidos. Por eso no me gusta ver promontorios antes de morir.

Estar ante la muerte es como estar ante las olas del mar en ese momento en que se siente su frío, el frío en que va a entrarse de un momento a otro.

Según avanza la Historia, los vivos no ganan más tranquilidad, pero los muertos, sí.

Ante la muerte hay que pensar que la vida merece una sinceridad y un delirio fantásticos porque se puede pasar de un momento a otro a muertos.

Aprovechemos que aún estamos desenterrados y pensemos lo inaudito.

El viento, que es un acusador de la muerte, nos dice: «¡Aprovecharos y vivid toda la extensión del presente con deudas o sin deudas, con guerra o sin guerra, porque de todos modos viviendo morís; ya estáis muerto... Ya... ya... ya!».

Si no se puede conseguir la gran verdad, da lo mismo morir a una hora que a otra.

Expectamus Dominum... Parece que los muertos, desde que pasaron a serlo, comienzan a hablar latín y toman ensalada de ciprés.

Nada. Somos iguales al más sabio y al más ignorante. Nos moriremos después de haber sido lo mismo. «Nuestros ojillos mirones» fueron el todo, podemos decirnos antes de que suceda el óbito y como si nos recordásemos a nosotros mismos.

¡Pobre Ramón!, me he dicho muchas veces. Se nos fue.

En el falso silencio en que no había nadie más que

yo, esas palabras resonaron con sinceridad y me vi ido y representado en aquel momento nada más que por el hombre genérico.

«Vamos a pensar en la muerte» —me digo yo a veces, y en vez de coger la cabeza pelada de los anacoretas, entro en el figón y pido unas cuantas cabezas de cordero.

Ante los cráneos de los corderos hago mi meditación. Es mucho más agradable que hacerlo sobre el pelado e incomestible cráneo humano.

Las cabezas de cordero tienen la cosa natural del cráneo calavereño y algo de crimen. Con la antropofagia de abrirlas para buscar el sesillo, la cercioración de la muerte se hace más brutal, más embotada, más consolatriz.

Estoy cansado de la muerte, saltamontes que ni tirándole un sombrero de copa con ancha cinta de luto es posible atrapar.

Morir es no saber qué hacer con uno mismo, dónde esconderse. Si nos evaporásemos, el concepto de la muerte no sería tan abrumador. El despojo mortal es el que compromete la idea de morir.

¿Pero qué pasará muriendo?

La primera sensación de muerto no se parecerá ni a los sueños, ni a las pesadillas, ni a los celos. Otra lámina sensible dada a otras sensibilizaciones. Nueva percepción sin ni siquiera una memoria irónica y pequeñita de lo que sucedió.

Nada de aniquilamiento. Y si pudiéramos volver a sonreír dedicaríamos la última sonrisa a los que se quedaron temiendo la anonadación.

Todavía muchos grados sin ver a Dios porque a Dios no se le ve si no se le siente alcanzado como un estado sumo y límpido de poesía y amor.

La muerte es un milagro.

No nos enteraremos de que hemos muerto, pues eso sería tan horrible que la eterna piedad ha hecho que así como en el dolor imposible logre la víctima el desmayo de no sentir, en la muerte logre el muerto la anestesia ultratemporal interviniendo el propio cloroformo del alma.

Sólo sabremos, alegres y con otra composición esencial y sin mezcla, que estamos en otra vida, a la que apareceremos milagrosamente adaptados como ya viejos en ella, porque la inteligencia esparcida y ambiental nos ayudará a comprenderlo todo en una amenidad sin cansancio. ¡Lo que nos cansaba estará lejos de nosotros!

¿Se acuerda la mariposa de cuando fue gusano? ¿Vuelve siquiera a mirar sus despojos? ¿Cree que dejó unos hijos gusaniles y volverá a verlos? Nada de eso. Es otra cosa que nada tiene que ver con todo eso y que vuela liberada.

Siempre creí que a cualquier hora que saliese de este mundo saldría de la noche a la mañana, algo así como cuando al irnos a acostar dejamos claridades de niebla en la vida del panorama y al despertar nos encontramos un día azul y luminoso.

Quedará de mí un gallo muerto que nadie irá a poner en arroz.

Al morir se es otra ventana en otra parte.

Se es algo así como el filo de un cuchillo en una luz desconocida.

Metal, alma, luz sin limítrofe oscuridad, luz sin contraluz.

Como en alta mar, al poco rato de salir por primera vez del puerto: otro elemento, otro pánico, otro abismo, ¡pero ya en la muerte la suspensión sin naufragio!

Entrar en una hermosa vida de pura y grande sinceridad. ¡Entrar en la inmensa sinceridad!

Será como haberse tirado por el balcón y, en vez de caer y bajar, subir en línea recta u oblicua hacia un horizonte invisible e imprevisible.

La descalcez suprema.

El ir a pronunciar un nombre y no poder pronunciarlo y el comprender inmediatamente lo inútil de lo que se iba a decir.

Inauguración de luz y no de mundo, sino de cosmos nuevo, libre —porque ya no tendré instintos transgresores y no intentaré robar ninguna belleza al inconmensurable Museo.

La aureola que todos tenemos, y que es la que comunica su esencia espiritual a la corteza cerebral, se desprenderá libre y buscará nuevos horizontes, otro espacio que el que vemos.

Esa aureola o halo al que además yo llamo en mi original concepción de la muerte: «Disco acusativo», denunciará hasta el último de nuestros secretos pensamientos y todo lo sucedido en nuestra vida.

Era un oprobio achacar a Dios el llevar nota de nuestras mezquindades, idea invalidada con esta suposición del disco total que se revelará automáticamente a la Divinal Inteligencia. (No vaya a creer nadie que se necesitará gramola y agujas nuevas.)

Comprobada la grandeza o pequeñez de nuestra alma —nada de menudos pecados— caeremos o ascenderemos y todo sucederá en menos del tiempo que lleva el saltar por el balcón.

La muerte no es un doble antropomórfico, sino una dilución en lo absoluto en que nos salvamos del último engaño.

Es *otra cosa,* un espectáculo diferente, algo mucho mejor que el mejor amigo, olvido, libertad y el desprecio supremo de saber lo que sucede. ¡Qué pequeños los objetos y los libros!

Como prólogo de esta variedad inacabable, bien estuvieron los libros como consuelo ciego y entretenimiento que nos entretuvo en el fervor y nos sirvió de merecimiento para que se nos concediese la amenidad ilimitada.

De esa afinidad con la Gran Inteligencia no gozarán los espíritus traidores o que se hayan degradado. Como habrán perdido su «calidad» caerán apagados en la «casi nada» y en el tormento.

Extrañeza y benevolencia serán las dos emociones

del espíritu bueno al sentirse descerebrado, ya onda y no receptor.

Nada de monigotadas porque el monigote se quedó yerto.

El emisario de la muerte es como el que cobra dos recibos de luz, un tipo así. Llama dos veces al timbre. Se le abre, y dice: «Aquí está el papelito del *se acabó*». «¿Pero qué se acabó?» «Se acabó la luz...» «Pero si yo no he pagado el último recibo...» «No tiene que ver... Se trata de la luz natural... Ya no verá ni la luz del día ni la luz de la noche.»

¡Muerte! La fatal despedida de los amantes, sin que valgan celos, ni suplicaciones, ni lagrimones como badajos. La muerte se venga del amor y de sus promesas de reencuentro. Aunque para el amor y la muerte no hay cosa fuerte, la muerte puede con el amor.

Como dice el proverbio burlón: «Cuando uno se muere es para mucho tiempo». Lo peor del morir es ese primer silencio bárbaro que se produce en el que acaba de morir. ¿Cómo afrontar ese silencio impenetrable y desconectado de todo?

Al muerto le sale en seguida una cara de actor de la muerte. (Labio apurado. Famelia de la muerte.)

Toma la seriedad de quien acaba de pagar su última factura, pero poco a poco, y por más que los ojos de su nariz se pongan negros, parecerá iluminado por un foco del más allá con su luz de diamante.

Lo grave es la urgencia de enterrarle.

Lo único que no debemos temer es que nos dejen sin enterrar. Que no se apure nadie por eso. En el miedo de los demás está la inevitable expedición.

Si no fuese por el alma, el despojo mortal sólo sería como la carne muerta del sábado cuando llega podrida al otro sábado.

Frente a la caducidad de las cosas humanas, mi confianza está en Dios, que además de ser el padre de los vivos es el padre de los muertos, que se quedarían inadmisiblemente huérfanos si no fuese por El. ¿Qué confianza se puede tener en los vivos que no hacen nada por los vivos, para pensar que harán algo por los muertos?

En esas «quintas del chato» pasan cosas como ésta que cuenta Bierce:

«Una mujer, con manto de viuda, estaba llorando junto a una tumba.

»—Consuélese, señora —dijo un forastero compasivo, y añadió—: La misericordia del cielo es infinita... en algún sitio habrá otro hombre, aparte de su marido, con quien puede aún ser feliz.

»—Lo había —sollozó ella—, lo había, pero ésta es su tumba.»

Sobre todo, la tierra tiene la misión de apisonar a los avaros.

El cementerio está lleno de monstruos, pero no se les ve.

Las coronas de pluma son como bisoñés para cubrir las calvas de los muertos.

Lo peor de la muerte es la primera noche de cementerio, y más si llueve y el muerto naufraga en un segundo naufragio.

Después el muerto se acostumbra y puede pasar todas las demás.

Hay muertos que no entienden lo que les ha sucedido, pero los más sensatos les dicen: «No voy a cometer la tontería de ponerme a estudiar lenguas vivas después de muerto».

Según pasan los años, intimamos más con la muerte, que es la ventana que da a Dios.

Gracias a esa constancia en la meditación, evitamos la tanatofobia, el miedo patológico a la muerte, que arredra al hombre.

«Recuerda que eres una inteligencia que lleva de paseo un cadáver», dijo Epicteto.

La calavera es la imagen de la muerte, pero, en realidad, no es más que una prueba de la innumerable alfarería de la vida.

Hay en las calaveras una fraternidad recóndita: todas, al fin, de la misma especie, pues ni los negros tienen la calavera negra.

Se ha quedado bizca ante lo sucedido y también porque se busca la nariz que no se encuentra.

Contra la muerte no hay más que la modestia, tener el corazón lleno de modestia, y como consuelo momentáneo un viejo proverbio que dice: «Se tarda mucho en ser esqueleto».

Vi un día un árbol de cementerio revoloteado de mariposas con alas membranosas que eran de murciélago, una clase de mariposas indeterminadas e inclasificadas.

En vez de decir «murió», tenemos que decir «pasó de largo».

Los niños no lloran en la noche del cementerio, no se despiertan ya, duermen de un tirón. ¡Niños embalados hacia el París de donde vinieron!

¡Todos los niños están callados! La nodriza seca les ha cantado el que da el sueño eterno. ¡Parece mentira que, no habiendo manera de dormirlos nunca, alguien los haya dormido de ese modo absoluto!

Los conejos de la muerte huyen por todos lados.

Hay esqueletos que hacen calceta, pero la hacen sin que salga formado el calcetín, y menos, por lo tanto, la media; la hacen por hacer que hacen, porque es inevitable. Venga mover y mover los dedos como agujas de media.

¿Qué calavera le saldrá a ese hombre? Le saldrá una calavera de antílope o de chacal, pero de la que nadie se enterará. Eso quedará en el secreto de su sepultura perpetua.

Seremos un huesecito en la inmensidad.

«Sucumbir» es peor que morir. Cuando yo muera no digáis nunca que yo sucumbí. Para sucumbir tiene que haber caído sobre el muerto una catedral.

Se rompe la gomita que sube y baja del corazón, y cátate muerto.

Hay muertos de cuyo nombre y de cuya lápida se deduce que son «muertos de pastaflora».

Lo que mejor le va a una calavera es el sombrero hongo.

¡Qué ágil un esqueleto si cogiese una bicicleta por su cuenta! Ganaría todas las carreras.

Hay que saber ser cadáver, pues es el oficio en que más vamos a durar. Pensemos en lo más largo de vivir que es la muerte y no hablemos tanto de la breve vida.

Cata que vendrá a deshora
la tragedia del vivir.
No te descuides ahora,
ensáyate cada hora
para que sepas morir.

Ante el muerto que pasa hay que pensar que hemos muerto igual, aunque uno no se haya muerto todavía.

Se cierra la tierra sobre uno igual que el mar sobre un barco.

Un recién muerto es como un recién nacido. Se te lleva allí de donde viniste.

Todo para ir al patio final.

No se agoniza solo. Siempre se pertenece a un coro de agonizantes que agonizan en todo el mundo en ese preciso instante.

Lo que se dice un muerto en el fondo de la tumba: «¿Para qué habré discutido tanto?».

La muerte es como un rayo eléctrico que nos electrocuta sin electricidad.

La muerte borra toda hipocresía. Las gentes que pasan no son después de todo más que «opositores» de cementerio. Estamos haciendo las mismas oposiciones.

JUAN RAMON JIMENEZ (1881-1958)

Juan Ramón nació en Moguer, de donde salieron las carabelas de Colón que llegaron a las costas del Nuevo Mundo. No es un azar dicho nacimiento porque Juan Ramón Jiménez, consciente de su oriundez, había de encarnar la máxima poesía española moderna que ha florecido en las regiones litorales. Sobre todo, es el tercer Juan Ramón el que interesa poéticamente: el que comienza con los poemas de la Estación total *(1923) y culmina en* Espacio, *su logro poético mayor.*

Espacio *es algo aparte en la produción juanramoniana y no sólo por su estructura sino por la presencia constante de la crítica.* Espacio, *poema extenso, autobiografía espiritual del poeta, es uno de los textos capitales de la poesía moderna. Puede muy bien considerarse texto en prosa, y, en este caso, junto con* Cuadernos *y* Españoles de tres mundos, *constituye la cima de la prosa creadora de Juan Ramón. En general sus obras en prosa no han recibido toda la atención crítica que merecen. Esto se explica porque anduvieron siempre dispersas en periódicos y revistas de España y América.*

Leyendo esta prosa creadora, adornada de todas las cualidades poéticas que podemos exigir en una prosa inteligente, no comprendemos y además extrañamos que el otro Ramón (nos referimos a Gómez de la Serna) haya podido escribir un juicio tan precipitado como ése: «Todo Juan Ramón es filfa». ¡Qué va a ser filfa JRJ y menos su prosa aforística y sus caricaturas líricas! Antes se trata de una de las me-

jores prosas escritas en España en los tiempos modernos. Y además, en ella aparece el Juan Ramón hiriente, mordaz y cáustico. En menos palabras, el zumbón andaluz de la salada claridad.

Es curioso ver cómo los poetas se querellan en la arena lírica y cómo se adueña de ellos la pasión de la rabia literaria. JRJ padeció tal vez más que ningún otro poeta el morbo del hipercriticismo ibérico. El mismo, en más de una ocasión, se ha referido a las rebatiñas que se dan a cada paso entre poetas. No dudan en repetir la historia de la quijada bíblica. JRJ ha escrito en uno de sus aforismos: «Todo es quijada y lo seguirá siendo siempre, más cada vez... en el individuo, sobre todo si es poeta, entre cada él, y entre cada él con sus dioses».

Podríamos referirnos a los muchos aspectos de la prosa creadora juanramoniana, pero, sobre todo, a su espíritu crítico y hasta a su arrogancia y agresividad que le ganaron la animosidad de sus contemporáneos. Es, en esas prosas, donde encontramos las manías y las fobias de su espíritu sincero. El lepidóptero lírico que fue nos muestra el furor de su espiritrompa. Las picaduras juanramonianas escuecen, y escuecen porque además de certeras las encontramos bastante exactas. A Juan Ramón muchos de sus contemporáneos le molestaban —lógica, exasperadamente— en algo. El uno, porque era poeta demasiado celebrado y vertiginoso; el otro, por su tendencia al envaramiento y a la expresión acartonada; el otro, por siempre moverse a ras de tierra. No usaba de remilgos JRJ al hacer sus críticas. Ya entonces consideraba un diletantismo inconcebible la exaltación de Castilla (y sobre todo de la Castilla de los hidalgos hampones, tan de la picaresca) por los escritores del litoral, Unamuno, Azorín, Antonio Machado, Ortega mismo.

En Españoles de tres mundos *nos da a conocer los retratos de héroes españoles. Héroe, para JRJ, no es el bélico aventurero ni menos el héroe gracianes-*

co: llama héroes «a los españoles que en España se dedican más o menos decididamente a disciplinas científicas o estéticas». Deja bien sentado que sus vidas no se deslizaron entre rosas, ni mucho menos. Un medio hostil les aguardaba desde la cuna. Pero esos tales, que hubieran podido merecer sus ditirambos, conocieron algunas de sus picaduras de ofensivo lepidóptero.

No menos hirientes son las series de sus aforismos ético-estéticos, que estimamos sumamente importantes porque nos revelan la agudísima penetración juanramoniana y su fino humor andaluz. Sus dicterios, que nunca faltan, interesan tal vez menos que el modo «indirecto», cáustico, de gran poeta. No es a una crítica a lo que se entrega sino a una despiadada comprobación. Es curioso ver hasta qué punto llegan sus juicios y cuál es el género de justicia que dispensa. Una fidelidad a su propio furor oculta algo. ¿Tal vez una fobia congénita, una enfermedad, un narcisismo, qué sé yo?... Busquémoslo...

Semana Santa

La procesión avanza. Sibilas y civiles
preceden al Calvario; después pasa la muerte,
el tiempo... y un espacio... y entre dos alguaciles
el diputado a cortes por... «nuestra mala suerte».

¡Oh, diputado a cortes, hombre de drama y coche!,
¿tú no ves a Saturno? ¿A tu alma no llega,
en medio de la música divina de la noche,
la carcajada que Voltaire dio a Micromega?

La Fe... La Magdalena... La mascarada avanza.
Se orina un angelito. Luna. Silencio. El viento
caliente por los cirios. Al fin, tras la Esperanza,
viene, a una marcha fúnebre, todo el Ayuntamiento.

Capellán

Acento de Jaén; sombrero de Villasante;
vueltas de ormesí, enteritis y querida.
Canta misa y rosario, a un compás rasgueante
de guitarra. Su ¡Gloria! suena a ¡Olé, mi vida!

Se comulga las hostias que consagrara *el otro,*
para yantar divino de las de Santa Ana;
—pasa la madre, «muslo de dama», y hace el potro—;
y se remanga por el riesgo la sotana.

Sermón. «La Voz del púlpito» le da el tema euca-
[rístico,
que él rellena de escombros de bazofia latina.
Se vuelve a las novicias y, en un arrobo místico:
«Bien así como la pasajera golondrina...»

Escritor

Tiene algo de fogón o de locomotora...
Entre la mugre intento dilucidar si es bizco.
Es humo lo que habla, es tinta lo que llora.
Fuma una pipa y creo que lo que fuma es cisco.

Da la mano (y la deja pegada entre la nuestra...)
¡La mano negra! Y son de ver los corredores
de su casa estrellados con esa dulce muestra...
—Tome asiento. ¿Yo? ¿Dónde? ¡Qué pringues y
[qué olores!

Después habla de lutos, de muerte... Hace una glosa
de la bohemia... y toma un huevo en el tintero.
Los versos... de Villon, sin conocerlo. Es cosa
de encomendarlo a las funciones de un manguero.

El cuello bien subido —y es verano. Unas botas
cambiadas en el Rastro. Director de revista.
«Que si la pluma, que si Verlaine...» Sí, unas gotas
de sublimado —mon ami— y hasta la vista.

Católica

Los ojos de curiana, clavados en el suelo,
dijérase, en su arrobo, más blanca que una enjundia
de gallina católica, mas... ¡se le olvidó el cielo,
y es punta del orgullo y fin de la iracundia!

Cree —¡pues no faltaba más!— en las gradaciones
sociales. Y es esclava en su casa la pobre...
Botó su castidad — ¡hay que verla en... calzones!—,
huele a baño de sábado y a manejo de cobre.

A sus pobres gallinas las lleva —¡así sea!— cuenta
corriente... ¿Que no pone una? ¡A la guillotina!
¿Están caros los huevos? Se improvisa la venta...
¡Se regatean... y se pesan!

¡Ay, vecina,
mucho te pesan los zapatos! ¡Jesucristo
es muy blanco y muy dulce! Y pretendes que entre
hasta tu corazón —¡esa pasa, ese pisto!—...
¡Qué triste debe estar cada día en tu vientre!

Las tres diosas brujas de La Vega

ESTABAN ALLÍ, en un banco de la estación granadina de Málaga; estaban las tres viejas, tapadas casi del todo con sus negros paños; estaban con sus tres cántaros, llenos de agua espejeante hasta la boca destapada, en el suelo, uno ante cada una. Mudas, rígidas como ciegas para fuera, encentradas en tres y en una, como una trinidad de diosas fatales de las brujas granadíes, estaban allí.

Federico García Lorca y yo nos paseábamos por el andén deslumbrante aún de las cinco de la tarde del verano, aguardando el tren malagueño en el que llegaría Manuel de Falla («Don Manué», decía Lorca) de vuelta de su mes del año, agosto, en que acostumbraba encerrarse en el habitual hotel marino, para contestar (con esa letra chata de plumilla de cuarta) todas sus cartas anuales. Pasando los dos junto a las tres diosas ennegradas, las tres nos ofrecieron al mismo tiempo, en rito evidente, sus cántaros destapados, aquellas bocas como ojos. Yo, como no soy de Granada la supersticiosa, sino de Moguer el tartesio realista, dije la verdad redonda, que yo no tenía sed de agua.

Mi respuesta hizo saltar diez centímetros al banco que la trinidad sacudiera como con una descarga eléctrica. Y se levantó de las diosas una nube negra de corona, que empezó a caminar hacia nosotros, dando al andén una extraña calidad oscura. En la nube, las tres frentes arrugadas, los seis ojos de vista interior de las tres viejas; y relámpagos y rayos; no truenos, palabras: «No tien zé de agua er zeñorito, tenrá zé de anizete. Ze va a envenená er probezito zi bebe de ejta agua. Po mejó zerá que no la cate con eze bigote y eza barba del demontre».

La nube se ennnegrecía más, más. Se veían brazos y manos de ocreante carne amojamada y costrosa, saliendo de los talones negros. Una mano llegó a mi cara a tirarme de la barba, Federico me dio un empujón con el hombro y me dijo seco: «Lo mejó zerá irno, ejto ze ejtá poniendo mu feo. Ya le dije a uzté que eran laj bruja de la Vega».

Pitó el tren en esto, entró jadeante y destartalado; y Falla, dos veces chiquito, apareció en el estribo ya cogido a la portezuela abierta, con su risa de toda la boca, toda la cara, sus ojos infantiles guiñados, sus cortes costrados de sangre de la navaja de afeitar, su sombrerito de paja en la otra mano; Falla, agotado siempre del empuje de su música, su único vicio no medicinal, su única concesión a la muerte. Al momento vio a las viejas y se le torció la risa. El, que se asustaba de un moscardón, se erguía tembloroso. Pero Lorca dijo: «Menoj má; ya zomo tre dioze contra tre dioza. Noj hemo zarvao. La leyenda dize que sólo el núúúmero imparrr iguallI conjura er rayo sin tronío».

Entonces las tres viejas volcaron los cántaros y derramaron el agua por el andén. Una gritó por las tres: «¡A la tierra otra vé ejta hija de la grandízima real; que ejtá mardezía!».

Historia de España
(Ataques velados a Lorca y Alberti)

La poesía española —como su prima política la francesa, hasta el día de Baudelaire— raras veces ha alcanzado las sétimas órbitas de la gran poesía, donde giran, perdurables, la inglesa, por ejemplo, o la alemana.

En los últimos tiempos —Góngora sólo pudo sublimar la forma—, algún orgulloso poeta descontento había tenido la fortuna de ascenderla totalmente, con ansia y fervor, al suelo universal de la estabilidad y el ejemplo. Otros, tres, cuatro, cinco, cogieron después, con más o menos decisión, el camino firme. Ahora, de pronto, desgraciadamente, y como si esto no hubiera sido nada, parte de una juventud asobrinadita casi toda ella, y desganada, tonta, pobre de espíritu, vana, inculta, en general, pretende limitarla, en nombre de lo popularista o lo ingenioso, a la arenilla fácil, al azulillo bajo del aro y el globo infantil; niveles, grados, planos que han dado, siguen dando, y parece que darán todavía semejante aburrimiento a tal y cual y tal por cual obras.

Lo que suele llamarse popular y, en otra escala, lo injenioso, deben estar asumidos en todo poeta, como una savia y un capricho, esencia o jesto tendido, no, nunca, arranque, no copa, no ideal. Sus guirnaldillas de encanto, de dos encantos distintos, adornan y completan, en su tono menor, la obra plena de un artista verdadero. Pero, cuidadito, injeniosillos, popularistas, que esas lijeras gracias aisladas y a todo trapo, cansan y terminan, como las gracias repetidas de los niños.

Recuerdo a ciertos jóvenes actuales que puedan

y quieran todavía entenderme —a riesgo de su enemistad y con la evidente ilusión de que no se queden adormilados para siempre contra el olé y el ay del arbolé, contra el acróstico y la charada, contra el eco y el humo, contra el diletantismo del xismo: contra tanta idea minúscula—, la hermosa galería secreta de la frente reflexiva, el mirador difícil de los horizontes abiertos, el alto ámbito casi desierto del ala poderosa: los planos, los grados, los niveles de la poesía suprema.

Notas a la portadilla

ESPAÑA, no más Madrid. En los Estados Unidos de América y en Italia, dos países, uno latino y uno sajón, y por las razones que sean, que esto no es ahora lo que me interesa, un poeta, un científico, un hombre puede vivir en Chicago, Boston, Nueva York; Roma, Florencia, Milán... ¡España, Francia, países de absurdo centralismo intelectual y triste!

Obligado desertor de Andalucía, por eso, y nostálgico habitante simultáneo de toda mi grande, hermosa, eterna España, detesto más cada día nuestra ridícula necesidad madrileña. En mi movimiento interno, toda idea de capitalidad la relaciono siempre con una Sevilla posible o con una imposible jeneralidad.

En todo caso, puedo asegurar que muchas veces no escribo en Madrid cuando escribo en Madrid...

Héroes españoles

Llamo héroes a los españoles que en España se dedican más o menos decididamente a disciplinas estéticas o científicas.

Ambiente inadecuado, indiferente, hostil como en España no creo que lo encuentre el poeta, el filósofo en otro país de este mundo. Acaso esto conviene y corresponde al tan cacareado sentido realista español. Que en España la ciencia haya sido y sea escasa y discontinua, concesionario el arte, se debe a la erizada dificultad que cerca a quien quiere cultivarlos en lo profundo. Ruido, mala temperatura, grito, incomodidad, picos, necesidad de alternación política, falta de respeto, pago escaso, etc., todo contribuye a que el hombre interior español viva triste. (La tristeza que tanto se ha visto en mi obra poética nunca se ha relacionado con su motivo más verdadero: es la angustia del adolescente, el hombre maduro que se siente desligado, solo, aparte en su vocación bella.) Como en los tiempos de Larra (lugar común, ¿verdad?, sí, sí, ya lo sé), hoy y en todos los tiempos seguramente, escribir, pintar, filosofar, esculpir, mirar los astros, crear o investigar, en suma, es, en España, llorar.

(¿Qué significa, por ejemplo, en la sociedad jeneral española un astrónomo, un matemático, un filósofo, un poeta? Sus señoras deben sentir vergüenza de responder: «astrónomo, filósofo, poeta, matemático». Todavía un pintor, un escultor, hacen... retratos. El médico puede salvarse moral y materialmente porque se supone que cura esto o lo otro; y aun así, si siente la ilusión de la apartada investigación pura, si no quiere ir en su mula vendiendo salud, vive también en héroe.)

Esta cuarta raza, la heroica, sigue existiendo en la tierra y en gran número, más quizá cada día. Los griegos ofrecían a sus héroes miel, vino, leche, después de muertos, y les sacrificaban el animal negro con la cabeza baja. En el mundo actual, España principalmente, leche, vino, miel, debieran ofrecerse en vida a los héroes. El animal negro de cabeza baja puede quedar, con el artículo necrolójico y la marcha fúnebre, para el héroe español muerto.

A los logrerillos

Triste es ver una juventud medio poética vender su critiquilla a tal truquero Neroncete tercerón, lírico de escayola, medrador timista, por una beca, bolsa de viaje, colaboración vergonzante, conferencia nacional o inter, un viajecito de boda, etc. Y más triste todavía oírselo decir a tales jóvenes en lo privado con jactancia paralelística.

Al topiquista español

Lo popular, avinado académico, empachado retórico de calleja, poetón aportuguesado, no es necesariamente lo plebeyo.

Pablo Neruda

Siempre tuve a Pablo Neruda (¿por qué no Neftalí Reyes, por qué Gabriela Mistral y no Lucila Godoy?) por un gran poeta, un gran mal poeta, un gran poeta de la desorganización; el poeta dotado que no acaba de comprender ni emplear sus dotes naturales. Neruda me parece un torpe traductor de sí mismo y de los otros, un pobre explotador de sus filones propios y ajenos, que a veces confunde el original con la traducción; que no supiera completamente su idioma ni el idioma de que traduce. Por eso cuanto escribe, bueno y malo, tiene una evidente aparición sucesiva de fallas de lo ignorado. Le he oído a Rafael Alberti que a él le gusta leer libros extranjeros que no entiende del todo. Creo que suple con algo mejor suyo lo que no entiende del otro. Pero Alberti es más lince que Neruda, es el asimilador universal. Neruda, más hacia sí, no entiende ni lo que sabe leer y lo interpreta con olvido de lo existente. Un poema entendido y escrito, traducido u original, es una unidad organizada que Neruda no ha conseguido, a mi juicio, hasta ahora.

Yo no he visto nunca a Neruda sino en fotografía, en escultura o en dibujo. Hago su caricatura estando él vivo, contra mi norma, porque lo he oído por teléfono cantar contra mí en coro de necios o beodos, cuando yo no quise firmar su desairado documento de respuesta a Vicente Huidobro. Que luego se cambió por otro que yo hubiera firmado, porque no había motivo para que la «Revista de Occidente» rechazara los consabidos poemas de Neruda. (No quise firmarlo porque ni Huidobro ni Neruda ni Lorca tenían razón en lo peor de todo aquello. Por ser honrado con los tres, Neruda me cantaba, con los varios suyos de entonces, coplas soeces por teléfono. Yo le digo sin soecia lo que es para mí como escritor, por ser honrado con él y conmigo.)

Tiene Neruda mina esplotada y por esplotar; tiene rara intuición, busca estraña, hallazgo fatal, lo nativo del poeta; no tiene acento propio ni crítica llena. Posee un depósito de cuanto ha ido encontrando por su mundo, algo así como un vertedero, estercolero a ratos, donde hubiera ido a parar entre el sobrante, el desperdicio, el detrito, tal piedra, cual flor, un metal en buen estado aún y todavía bellos. Encuentra la rosa, el diamante, el oro, pero no la palabra representativa y transmutadora; no suple el sujeto o el objeto con su palabra; traslada objeto y sujeto, no sustancia ni esencia. Sujeto y objeto están allí y no están, porque no están entendidos. Es acaso un rebuscador que encontrase aquí y allá, por su camino, un pedazo de carbón, un vidrio, una suela de zapato, un ojo perdido, una colilla, etc., y los fuera uniendo y pegando sin ton ni son sobre el tablero de su taller (dejándose olvidado también entre ello el útil ajeno, un lápiz, una tijera de sastre, una goma, un pedazo de periódico, un jaboncillo, que allí no sirven de nada; todo eso que Picasso sabe transmutar). Queda un mosaico suelto, rico a veces de aspecto pero acabado sin convencimiento profundo. Habría que cambiar aquello por la propiedad del alma de cada ser o cosa, que el coleccionista no ha podido poner porque no tiene el soplo verbal que corresponde a cada parte de la unidad ni el de la unidad; no puede encontrar la unidad circundante porque no la tiene en sí mismo. Todo lo encuentra el poeta en y con su verbo, la lengua, que es el espíritu en la cabeza. Las partes de la unidad no se unen cuando les falta el toque de la varita mágica (la batuta de Toscanini, por ejemplo, viva de inefabilidad inmanente). Varita mágica y contención en la mano que la tiene, maravillosa contención que tanto falta

¡poetisas del amor! en América. A Neruda, para ser lo que algunos, bastantes creen o dicen que es, le faltan algunas cosas menores que la contención; le sobran más que faltan, sobre todo irresponsabilidad mayor. ¡Qué monótona irresponsabilidad la suya!

Es curioso ver que los mismos que creen que el sobrerrealismo pasó, moda al fin, en la pintura (la pintura va siempre delante y los críticos literarios detrás) piensan, como en una plenitud de mar, de biblia, de cosmos, en la escritura caótica, periodística, palúdica de Pablo Neruda, gemela, entre lo nuestro, del feto o la membrana de Joan Miró y no de la presidiaria Venus sicalíptica de Salvador Dalí siquiera, porque, y esto es lo grave, Neruda no goza de la calidad técnica del catalancito terrible. No tiene calidad Neruda porque no es estático ni dinámico, sino sólo estanco. ¿Y cómo un escritor estancado podrá nunca ser guía de una patria, expresión de una tierra, representación de un continente, un continente, además, bastante nuevo? ¿Cómo, Martí, Rubén Darío, Rodó, podrá ser tampoco Neruda el «poeta de América», aunque sea tan diferente y superior a aquel pasado Chocano de cartón piedra? ¿Qué anhelo de belleza, de luz, de existencia mejor puede despertar una escritura, verso y prosa, ay qué prosa, como la de Neruda? ¿La inmanencia engañosa de un posible jeroglífico palpitante? ¿Qué es lo que allí palpita? No, no es posible confundir tampoco su verso (y éste es otro caso que el de León Felipe) con el de Whitman, saturación de esencia, sustancia, estilo y sobre todo conciencia. Pablo Neruda no es en realidad sino un abundante, descuidado escritor realista de desorbitado romanticismo; en sus mejores momentos, un realista casi mágico, sin llegar a lo de Perse, Eliot, Joyce. No es, como ellos, un consciente profundo de lo subconsciente, un castigador que sume y funda sorpresa y poder, con la entrada aquí y allá de lo inefable, en un verdadero, subyugador, resuelto (realismo mágico».

Xenius

El amanuense, el clasificador Xenius, la pluma Orsman, estilográfica, dijo Vegue.

No tengo fiebre, doctor, pero póngame usted el termómetro.

Peluquero, tíñame los rizos de violeta.

Fósil número tres, vitrina número 1 de profesor de nada.

Pío Baroja
viene

No ha querido entrar. Se ha quedado orinando en un árbol, dice Ortega.

Entonces, en vez de verlo a él ausente en lo cercano mientras entramos despacio, las manos en los bolsillos, por el jardín, vemos en el árbol una de las figuras extraordinarias que él saca del desván de su pensamiento sentimental, a cada paso.

Pío Baroja no es él en él, ni en sus años. Sería difícil dar su edad personal y literaria y no preocupa la que tiene. Como un niño que se encaramara dentro de él, él se asoma a la vida como los niños a las páginas de un semanario pintoresco. Como un niño también, niega, con hociquito de ratón constante en su roer, lo que ignora.

Cuando dice lo que dice, no hay que hacerle caso, sino reírse con él por la fantasía que pone en su mentira. Porque lo ignora todo es que no es su mundo. Por lo demás, él no tiene el afán de calar hondo ni de volar alto. Va, va, va, como en un hormiguero. Y su obra toda, viaja ante nosotros con un interminable vuelo bajo, con su sombra al lado, como un tren de mercancías.

Ramón Pérez de Ayala

Se trae a sí mismo elaborado y desasido, en el bolsillo del gabán inglés. Fuma largo, y se diría que querría fumarse, y echarlo en humo, lo circundante. Cima de la acomodación en la literatura, lo que toca lo deja hecho a imagen y semejanza de lo que quiere hacer. Le he oído a un familiar suyo: «Ramón no puede trabajar si no tiene la mesa llena de libros y revistas». Asimilación, y asimilación es salud y prosperidad, sin duda, refleja esto y lo otro, espejo de basto bisel.

Tiene, dice Moreno Villa y sus como amigos y admiradores, el sentido de la lengua como nadie. Sí, el sentido de la forma de la lengua, del molde de la lengua, del vaciado, del yeso de la lengua: de la lengua en sí misma, no en relación de sujeto a objeto, de objeto a sujeto; el sentido de la forma crónica, académica, hábil, fría, seca. Su prosa está vaciada en una tumba.

Las «formas» son de agua, de viento, de fuego; las «formas» son origen, se propagan, corriendo abiertas, por cien cauces. La forma de Pérez de Ayala es pila recogedora, donde todo, anchamente, se remansa, mascarilla de lago. Todo llega a ella de todas partes, y se queda en sí sin derrame ni contagio, como en los pechos sin pezones manaderos de una estatua que lo fuera, y académicamente, de la difunta prosa.

Viene por la estepa, meseta, desierto. Solo, luchando furioso contra el huracán de la brisa con una capa imaginaria.

Un herrero de pueblo. Dice que ha escrito un tratado sobre la castración.

Un titiritero haciendo la culebra por la escalera del paraíso. Después pasa el platillo.

Siempre en la hora de la muerte. El es su sombra negra. Su sitio exacto: la caja negra pero abierta. El querría que lo tuvieran siempre, vivo o muerto, es lo mismo, de cuerpo presente.

Antonio Machado

Antonio Machado se dejó desde niño la muerte, lo muerto, podre y quemasdá por todos los rincones de su alma y de su cuerpo. Tuvo siempre tanto de muerto como de vivo, mitades fundidas en él por arte sencillo. Cuando me lo encontraba por la mañana temprano, me creía que acababa de levantarse de la fosa. Olía, desde muy lejos, a metamorfosis. La gusanera no le molestaba, le era buenamente familiar. Yo creo que sentía más asco de la carne tersa que de la huesuda carroña, y que las mariposas del aire libre le parecían casi de tan encantadora sensualidad como las moscas de la casa, la tumba y el tren,

inevitables golosas.

Poeta de la muerte, y pensado, sentido, preparado hora tras hora para lo muerto, no he conocido otro que como él haya equilibrado estos niveles iguales de altos o bajos, según y cómo; que haya salvado, viviendo muriendo, la distancia de las dos únicas existencias conocidas, paradójicamente opuestas; tan unidas, aunque los otros hombres nos empeñemos en separarlas, oponerlas y pelearlas. Toda nuestra vida suele consistir en temer a la muerte y alejarla de nosotros, o mejor, alejarnos nosotros de ella. Antonio Machado la comprendía en sí, se cedía a ella en gran parte. Acaso él fue, más que un nacido un resucitado. Lo prueba quizás, entre otras cosas, su madura filosofía juvenil. Y dueño del secreto de la resurrección, resucitaba cada día ante los que lo vimos esta vez, por natural milagro poético, para mirar su otra vida, esta vida nuestra que él se reservaba en parte también. A veces pasaba noche en su casa ciudadana de alquiler, familia o posada. Dormir, al fin y al cabo, es morir, y de noche todos nos tendemos para morir lo que se deba. No quería ser reconocido, por sí o por no, y por eso andaba siempre amortajado, cuando venía de viaje, por los trasmuros, los pasadizos, los callejones, las galerías, las escaleras de vuelta, y, a veces, si se retardaba con el mar tormentoso, los espejos de la estación, los faros abandonados, tumbas en pie.

Visto desde nosotros, observado a nuestra luz medio falsa, era corpulento, un corpachón naturalmente terroso, algo de grueso tocón acabado de sacar; y vestía su tamaño con unos ropones negros, ocres y pardos, que se correspondían a su manera extravagante de muerto vivo, saqué nuevo quizás, comprado de prisa por los toledos, pantalón perdido y abrigo de dos fríos, deshecho todo, equivocado en apariencia; y se cubría con un chapeo de alas desflecadas y caídas, de una época cualquiera, que la muerte vida equilibra modas y épocas. En vez de pasadores de bisutería llevaba en los puños del camisón unas cuerdecitas como larvas, y a la cintura, una cuerda de esparto, como un ermitaño de su clase. ¿Botones? ¿Para qué? Costumbres todas lógicas de tronco afincado ya en cementerio.

Cuando murió en Soria de arriba su amor único, que también comprendió su función trascendental de paloma de linde, tuvo su idilio en su lado de la muerte. Desde entonces, dueño ya de todas las razones y circunstancias, puso su casa de novio, viudo para que fuera, en la tumba, secreto palomar; y ya sólo venía a este mundo de nuestras provincias a algo muy urgente el editor, la imprenta, la librería, una firma necesaria...

La guerra, la terrible guerra española de tres siglos. «Entonces» abandonó toda su muerte y sus muertos más íntimos y se quedó una temporada eterna en la vida general, por morir otra vez, como los mejores otros, por morir mejor que los otros, que nosotros los más apegados al lado de la existencia que tenemos acotado como vida. Y no hubiera sido posible una última muerte mejor para su extraña vida terrena española; tan mejor, que ya Antonio Machado, vivo para siempre en presencia invisible, no resucitará más en genio y figura. Murió del todo en figura, humilde, miserable, colectivamente, res mayor de un rebaño humano perseguido, echado de España, donde tenía todo él, como Antonio Machado, sus palomares, sus majadas de amor, por la puerta falsa. Pasó así los montes altos de la frontera helada, porque sus mejores amigos, los más pobres y más dignos, los pasaron así. Y si sigue bajo tierra con los enterrados allende su amor, es por gusto de estar con ellos, porque yo estoy seguro de que él, conocedor de los vericuetos estrechos de la muerte, ha podido pasar a España por el cielo de debajo de tierra.

Toda esta noche de luna alta, luna que viene de España y trae a España con sus montes y su Antonio Machado reflejados en su espejo melancólico, luna de triste diamante azul y verde en la palmera de rozona felpa morada de mi puertecilla de desterrado verdadero, he tenido en mi fondo de despierto dormido el romance «Iris de la noche», uno de los más hondos de Antonio Machado y uno de los más bellos que he leído en mi vida:

> Y Tú, Señor, por quien todos
> vemos y que ves las almas,
> dinos si todos un día
> hemos de verte la cara.

En la eternidad de esta mala guerra de España, que tuvo comunicada a España de modo grande y terrible con la otra eternidad, Antonio Machado, con Miguel de Unamuno y Federico García Lorca, tan vivos de la muerte los tres, cada uno a su manera, se han ido, de diversa manera lamentable y hermosa también, a mirarle a Dios la cara. Grande de ver sería cómo da la cara de Dios, sol o luna principales, en las caras de los tres caídos, más afortunados quizás que los otros, y cómo ellos la están viendo la cara a Dios.

Aforismos
ético-estéticos

Qué bien descansa un muerto sobre la tierra. Parece que está pegado todo a ella.

No digas nunca, poeta, que lloras con el alma; porque entonces ¿qué les dejas a los sencillamente ciegos?

¡Pobre ciencia sin poesía y triste poesía con suficiencia!

El sexo, bestia Sempronio, sirve para la reproducción y para el deleite de la especie, como sirve el estómago para el deleite y la digestión.

Pero ni el estómago ni el sexo deben evidenciarse de una manera jactante en la poesía ni en ninguna otra disciplina superior.

Por estar dominado por el sexo, por ser animal inferior, el español en particular, ha sido tan poco aceptado en el alto oasis de las abstracciones universales, bestia Sempronio.

Toda concepción de Dios es fatalmente narcisista.

Dios, creador del mundo, según los textos, a su imagen y semejanza, ¿quién es sino el Narciso primero? La explicación mística de la Santísima Trinidad ¿qué es sino una teoría narcisista?

Y todo verdadero poeta que es verdadero creador de un mundo poético, su propio mundo, y que, por lo tanto, es un dios y una trinidad, es fatalmente Narciso.

Pero en ninguna parte se ha dicho ni es concebible que Dios fuera maricón. No hay que confundir su narcisismo con otros.

Vivimos encima de nuestra muerte, morimos debajo de nuestra vida.

¿Qué es la vida? Poder hablar de la muerte. ¿La muerte? No poder hablar de la vida.

Supongamos que encontrásemos en nuestro camino a Dios. ¡Qué fracaso para El y para nosotros! Pues así es esa monserga de la poesía acabada, cerrada, perfecta «Las doce en el reló.»
Doce tiros a la poesía y al lector.

Me está volviendo loco la razón.

Hay copleros, de más o menos «inspiración», que son a los verdaderos poetas —conjunto de genio, arte y crítica— lo que los curanderos a los médicos verdaderos. Copleros que, en nombre de la yerbabuena, el cantueso, el tomillo, y otras cosas más o menos sencillas, «naturales» y aromáticas, que ellos creen únicamente ¡ay! oler y poseer, se pasan su trashumante vida tabernaria dando patadas con barro —«naturales» también: formación cotidiana de tierra, bota y agua— al arte puro del poeta completo, como los curanderos a la ciencia.

A veces, en la cruz y raya de la vida nos encontramos con tal o cual cuervecillo ciruela (que sin saber leer ni escribir quieren poner escuela), y que después de habernos chupado la sangre durante algún tiempo nos mosquitean un poquito con su arbitraria trompetilla y su venenuelo de roncha. Pero (y ya lo sabe mi «antiguo» seguidor y hoy perseguidor y jocoso intermedista «católico» Sepepito Bergamín, de una vez para siempre) estos asuntos de mosquitos no son de mi competencia; para ellos están la camarera y el Flit.

Quien sale seis veces entre hombres, vuelve a casa con la boca cinco veces sucia.

La civilización nos hace ser o parecer cuerdos, pero la naturaleza es verdaderamente para estar, para ser locos.

El mundo debiera separarse en dos reinos: locos y tontos. (Claro que habría muchos tontos que se creyeran locos.)

Este adoquinador cazurro le llama inconsistente ¡al diamante!

No soy hombre de odios dominables, sino de repugnancias invencibles.

A veces pienso que toda mi vida no ha sido más que un poner algodón en rama entre mi sien y el martillo de la muerte.

Grave cosa es que para arreglar esta gusanera de la Vida no haya más que la gusanera de la Muerte.

El mar, que levanta a Venus, depone la lapa. De modo que la lapa puede considerarse también como símbolo (bajo) del mar. Todo es cuestión de gustos, y hay gustos que merecen lapas. Buen provecho, jóvenes lapistas de allende y de aquende; ahí queda «eso». ¡Y viva la Lapa y la Pepa y la Papa y la Pipa y la Popa y la Pupa!

ANTONIO ESPINA
(1894-1972)

A Espina le tocó la misma suerte que a muchos escritores óptimos de la generación anterior a la Guerra civil del treintaiseis: ser famoso y al mismo tiempo mal conocido. Su muerte, acaecida un día de febrero de 1972, no encontró el eco que otros decesos, menos ilustres, han despertado. A decir verdad, don Antonio murió injustamente olvidado. El rencor, la envidia y el revanchismo de ciertos adalides «intelectuales», de los que dicen luchar por la causa noble que sus obras irrisorias no ennoblecen, le insultaron, le vejaron, le impidieron cualquier tipo de manifestación en nuestro país. Le condenaron al anonimato prohibiendo sus escritos, retirando sus antiguos libros, tejiendo la conspiración del silencio en torno a su nombre.

Pero aun así, sus libros a veces asomaban para deleitarnos con una de las prosas más agudas y mejor cortadas de los últimos años. Los que hemos gozado leyendo sus biografías y sus penetrantes ensayos, no podemos olvidar el nombre de Antonio Espina.

Espina, ese silenciado aviesamente por razones que no son del caso, llevó siempre una actividad literaria remozadora. A Espina, muy joven, lo encontramos en la gran batuda de las letras españolas de entonces, cuando soplaban acá vientos ultraístas. Entonces, suscribe un pequeño manifiesto que ya le pinta: «Ni todo lo pasado es malo ni es bueno todo lo actual. Del pretérito quedará todo lo que tenga valor de permanencia. De lo actual, lo plenamente logrado». Y luego añade: y lo conseguido con sinceridad. He aquí la palabra clave que le define y la que ha de ser el norte de toda su existencia literaria, más batalladora de lo que a primera vista pudiera parecer. Siendo uno de los literatos más conocedores del instrumento literario (entre los que corren en aquellos días). Espina no hará los juegos malabares de turno y menos concesiones al público pasatista o impregnado de la peor academia. Se limitará a encauzar sus dones —y esto de manera portentosa— de modo que el lector paladeará sus frutos. Hay páginas de Espina que son un ejemplo de la mejor doma y además tan limpias como linfa de manantial.

Pero acaso lo más estimable de Espina no sea su coruscante prosa. Tal vez su mayor contribución a nuestras letras sea su misterioso humor, su constante ironía, su pesimismo entrañable. La amarga experiencia, por que han pasado tantos espíritus afines al suyo, le acentuó el desgarro que hace de Espina un segundo Fígaro.

JRJ en 1928 le ve así: «Veo a Antonio Espina, reveo a Fígaro... Mucho Larra natural en Espina, ácido, encogido de hombros; mejor algo en Espina de lo que haría hoy Larra». Y después de unas cuantas observaciones muy juanramonianas, JRJ se pregunta: ¿no es Antonio Espina, acaso, un duelista consigo mismo, un suicida de armas tomar?

Antonio Espina, donde clava su estilete, causa dolor. Y es doloroso lo que dice porque le sale de tan adentro como el que tiene las entrañas angustiadísimas —él que no pareció nunca un atormentado y menos un desmelenado. Por eso, su amigo Bergamín le vio en toda su hondura cuando escribió que el arte literario de Espina es de una finísima piel —de la piel del Diablo, piel espiritual, cáscara amarga.

Inmortal a la española

El primero que dijo de otro aquello de «No tiene donde caerse muerto» era un poeta. Un gran poeta. Esa imagen poética es magnífica, perfecta.

No tener donde caerse muerto es el colmo de la pobreza, es lo absoluto del no tener. Porque un trapense, símbolo de extrema pobreza, y más aún, el anacoreta que vivía en el desierto y se alimentaba de raíces y dormía sobre el duro suelo, guareciéndose en cualquier agujero, disponían de unos palmos de tierra para su cadáver.

Pero el otro pobre, nuestro desventurado hiperpobre, carece hasta del lugar indispensable para que el desplome definitivo de su cuerpo se realice.

¿Qué ocurrirá, entonces, con este hombre? ¿Qué será de él? Una de dos: tendrá que continuar en pie después de morir, erguido su cadáver, pronto descompuesto, sin más base de sustentación que las plantas de sus pies esqueléticos, lo cual es un imposible físico, o se verá obligado a no morir, ya que la muerte le haría caer en alguna parte y esa parte no existe para él.

Es evidente que ningún acto natural o vital puede realizarse si «no ha lugar»; es decir, si no encuentra el espacio indispensable para producirse. Lo contrario significaría, no ya una imposibilidad física, sino metafísica

Resulta, pues, que por esta singular circunstancia nuestro pobrecito pobre conseguiría nada menos que la inmortalidad. Una especie de inmortalidad forzosa, lograda de mala manera, de guagua, pero inmortalidad al fin.

Observemos en este punto la trascendencia de la frase.

Su autor anónimo no la dijo, seguramente, con propósito de hacer filosofía ni lirismo, pero como era todo un gran poeta le salió una hermosa hipérbole que al transformarse en poesía adquirió sentido metafísico, como ocurre siempre que la obra de arte alcanza su más alto grado.

Fulano «no tiene donde caerse muerto». ¡Qué frase! ¡Qué bárbaro! Sería interesante saber si hay en algún otro idioma una expresión igual o parecida para significar ponderativamente la indigencia absoluta de un individuo.

Creemos que no. Es una frase que lleva cuño celtibérico inconfundible. Tiene ese tono acerbo, esa brutalidad, esa intromisión de la muerte en la burla, y viceversa, que caracteriza con frecuencia nuestros dichos.

Y también con frecuencia, pero ya sin burla, nuestros hechos.

Cuando aquel simón (Simón) desvencijado y vetusto subía por la calle de los atochares (Atocha) tirado por el pegaso (Jamelgo), nada de H. P., iba pensando en muchas cosas.

Simón de Atocha y Jamelgo —Jamelgo era su segundo apellido— pensaba, por ejemplo, que todos los pueblos de fondo cruel cuando se ponen sentimentales resultan cursis.

Que la vida es mala no tanto por mala como por inexplicable.

Que la serenidad brota del acuerdo con uno mismo, incluso en la desventura.

Que la sutileza en el pensamiento tiene siempre dimensión de profundidad, aunque a veces no lo parezca.

Que eso de la España y la anti-España es algo así como si se cortase un queso en dos partes y a una la llamásemos queso y a la otra antiqueso.

Que todo hombre lleva dentro un miserable seguro y un monstruo posible.

Y que él, Simón de Atocha y Jamelgo, iba casi siempre a las cosas que hay que hacer como el que va al patíbulo.

La gente de mala leche
habla quedito,
y al jorobado llama
«jorobadito».

Yo tenía, yo tenía,
tenía que acabar mal.
¡Sólo le pedí a la vida
motivos para soñar!

* * *

Alcalde a gobernador civil.
(Urgente):
«El sol es perseguido de cerca por el horizonte.
Envía V. E. Guardia Civil.
Ya casi no queda tarde.»

* * *

En este mundo todo es truco y veremos.

* * *

Pensamiento que declaro
en el bazar tragicómico:
hay tristeza en lo económico
sin ser alegre lo caro.

* * *

Raro misterio insoluble,
último fin sin saber.
La luz ignora que luce,
el agua no tiene sed

y en el fondo del espíritu
nuestro ser
ignora el ser.

* * *

Pasaron los días,
pasaron tres meses
y pasarán seis.
¡De alivi, señores!
Ríe la viuda,
la mima don Luis,
se relame el gato,
pues
comió los confites
que hay en el cuarto.

Nuevo Epitafio

No supe llevar mi vida
al son de mi ritmo interno
Porque fui romántico.

Ni oxigenar de alegría
la cárcel de mi cerebro,
placentero en cualquier tierra,
burlador de cualquier tiempo.
¡Porque fui romántico!

Y liquidé irremediable
mi vano historial diciendo:
¡Qué necia vida hice fuera,
qué hermosa alma llevé dentro!
¿Por qué fui romántico?

Brindis promiscuo

La sociedad.
La sociedad no es lo suficientemente injusta, mísera,
[opulenta (militar y contraria)
a todos esos lemas feos, tristes, de libertad, igualdad
[y fraternidad
que funden el púrpura y el negro
en los betunes grises de la mediocridad.

Sí, debe haber esbirros y camisas de fuerza,
muchedumbres siena y carmín de nobleza que ejerza
señoril dominio prepotente
bajo el absolutismo
de un rey
chistólico, fanático y
demente.

La tradición tiene un prestigio,
un realce de arte,
que en la vida polifómica moderna
no aparece por ninguna parte.
No importan los Derechos del Hombre
ni la ley equitativa.
La cuestión es
que el azar fluctúe y que el vivir suscriba.

Que la melancolía y la supercheria
agucen los estímulos del malestar
y que existan siempre motivos serios para protestar.

Música es la pereza

literatura, filfa,
la pintura es banal.
Y el tedio es igual a lo igual,
a lo general,
a lo formal, a lo legal.

Que sufra y calle,
o gima,
el oprimido,
el vencido, el caído.
Para eso ha nacido.

Que goce y sueñe
y triunfe
el favorecido, el elegido.
Para eso ha nacido.

La gravitación universal
¿es elegante?
No creo.
Es mejor que esté el globo sostenido por el Gran
[Elefante.

Que un Alguien sea infalible
es un hermoso rasgo.
Como lo es la existencia
del basilisco y del trasgo.

E
irrespetuosa la hora del reloj, en su puntualidad.
Debe ser siempre la hora que quiera su Majestad.

Abogo
por el rojo y el negro
y por el Mañana y el Ayer,
y por el «¡Vivan las caenas!» y por el
«¡Muera Gutenberg!».

Brindo
por un mundo aún más cóctel
de aguafuerte y de pós.

¡Ah!
Siendo yo millonario,
y magnate y poeta.
Por
la gracia de Dios.

Crítica a la anilina para críticos a la pipeta

Hagamos tinta de diversos colores: rojo, verde, azul, amarillo, etc. Para lo filosófico, el rojo; para lo lírico, el azul; para lo satírico, el amarillo. La aplicación a la pieza literaria es fácil. Tomemos un artículo, por ejemplo, y copiémoslo enteramente, empleando para cada concepto o período la tinta que le corresponda.

¿Qué veremos?

Por lo pronto, un bello mosaico. Ya la impresión visual resultará elocuente.

Luego, previas unas tablas de equivalencias, que podrían formarse a base de la relación entre la diversidad de los colores y la cantidad de palabras de cada párrafo, podríamos verificar el análisis del artículo. Investigar su composición cualitativa y cuantitativa, como se hace con la orina. Y fijar los coeficientes y el índice medio de valoración.

Con el empleo de este método, tan vistoso como práctico —que tengo el gusto de brindar al Consejo Superior de Investigaciones Científicas— la tarea de los críticos se simplificaría extraordinariamente.

Quedaría reducida a realizar un pequeño cálculo. Y a extender una ficha para el archivo. Y un certificado para el autor de la pieza analizada.

He aquí un modelo de certificado:

«Analizada en este Laboratorio la novela titulada......, original de D......., que habita en......, provincia de......, calle de......, número......

Ha resultado contener, en la proporción que se indica, los siguientes elementos:

Castellano nutricio	0,03
Lirismo	0,13
Magma filosófico	1,00
Residuos clasicoides y otras substancias nocivas	0,24
Total en 300 páginas de prosa .	1,40

Yo creo que este método, que pudiéramos llamar de crítica «a la anilina», es algo que debe tenerse en cuenta. Requiere, como es natural, críticos «a la pipeta».

Pero éstos no faltan, felizmente, a la hora de ahora, en España.

JOSE BERGAMIN
(1897-)

Raro talento, cultivador del aforismo, del disparate poético, y de la crítica luminosa, Bergamín es uno de los prosistas más inconfundibles de la literatura española contemporánea. Quienes con una sola nota quieren catalogarle dicen de él que es un crítico. Pero decir eso y no decir nada es lo mismo, pues, aunque crítico, Bergamín no sigue la misma senda de los críticos que se quedan sordos a la llamada de la poesía. Su crítica, para decirlo con palabras de su amigo Ayala, ya no es crítica, es ya propiamente poesía, ¡y qué poesía!

Bergamín es un enamorado de la palabra y por puro juego hace con los vocablos monerías. Por eso, pasa por muy juguetón. Pero esta tendencia, que en otro que no fuera él podría parecer vicio, le libra de toda seriedad y pesadez. Y sobre todo hace que su prosa no tenga ningún monótono discurrir.

La criba de Bergamín es de las más finas. Por eso, no se ha dejado engatusar —como tantos otros— por los cantos de sirena de cierta cultura profana: la del dos más dos son cuatro. Como Unamuno, gran maestro del pensar analfabeto, Bergamín no quiere lógica a secas, ni literatura de letrado. Así, invoca el disparate frente a la lógica. Por razonable o por racional: o por razonablemente irracional. Ni que decir tiene que entronca con todos los genios disparatados del país que han inventado disparates aunque no desatinos.

No acertamos a comprender, pues, por qué no se le tiene por humorista, cuando su actitud toda y el uso que hace de la palabra no le acreditan de otra cosa.

En el uso que hace del signo sigue de cerca a Ramón Gómez de la Serna. Pero, a diferencia de las greguerías ramonianas, en los aforismos de Bergamín el pensamiento está dentro de las palabras. Las greguerías a ratos se nos antojan acéfalas; los aforismos bergaminianos nos entregan casi siempre los contenidos más íntimos y preciosos del poeta.

Bergamín pasa por católico, pero de los que no están enemistados con el diablo. Según sus afirmaciones, el poeta no puede pasarse muchos ratos sin tan necesaria compañía. Esto, que puede sonar a paradoja en un católico, presta una singular tensión, o mejor, retorsión a su prosa. Y hasta diríamos que un especial encono.

El pensamiento de Bergamín no se presenta en forma discursiva y extensa y rara vez sus ensayos alcanzan grandes proporciones. Para tratar a fondo del diablo en «La importancia del demonio» le bastan unas pocas páginas; para poner en su lugar y trenzar el elogio del analfabetismo («La decadencia del analfabetismo») no necesita tampoco muchas páginas. Salinas, que le vio con limpios ojos, dice que hay que insertarle en el linaje de preocupados o de atormentados espirituales (como Unamuno y Ortega), pero con muy profundas diferencias en cuanto a la tonalidad del pensamiento y a la calidad artística. Realmente, el «quintaesencismo», la ambición de la brevedad y el apego a la concisión hacen de él un lacedemonio de las letras. Bergamín, desde luego, está del lado de la quintaesencia y contra el fárrago.

Si Ramón es el inventor de la greguería, Bergamín es quien más claro ha visto lo que era el aforismo poético. Más bien desconocido en España, él le ha dado carta de naturaleza y ha establecido los lindes que lo separan de la máxima. Para Bergamín, el aforismo poético debe ser considerado como una dimensión figurativa del pensamiento que hace de él algo inconmensurable. Hay que añadir algo atañedero a su sustancia: el aforismo es la poesía que de líquida pasó a sólida. La poesía puede ofrecerse líquida en verso y sólida en aforismo. Según el sentir bergaminiano, el carácter específico del aforismo consiste en su solidez poética. Para emplear un símil, diríamos que debe tratarse de un monolito poético.

El aerolito bergaminiano cae y, al caer, tiene su caída efecto irremisible. Asombra y nos da el susto. Y es sobre todo travieso. Tira a menudo a lo cómico porque propina una paliza. Da la muerte, una muerte dulce, a las ideas y a las personas que se la merecen, anulando con su gracia el porque y el comentario.

El aforismo es de suma importancia para comprender la pasión contenida y la posición espiritual de Bergamín, con todo lo que ella tiene de juego gracioso, de juego de palabras en que va envuelto todo el trágico juego humano.

El cohete y la estrella
(Afirmaciones y dudas aforísticas, lanzadas por elevación)

La verdadera enseñanza de la vida no la dan los padres a los hijos, sino los hijos a los padres.

Dios mismo nos lo muestra, que, gracias a su Hijo, supo hacerse cargo de las cosas.

Una vez que creí encontrar al Diablo en un momento de sinceridad, le pedí que me dijese con franqueza quién era. *Francamente* —me contestó— *el único amigo verdadero que tiene Dios.*

La Teología es la lógica del diablo.

Encender una vela a Dios y otra al Diablo es el principio de la sabiduría.

Hay que tener un Dios, una amante y un enemigo, dice un poeta. Exactamente: hay que tener tres enemigos.

Para que la creación del mundo no hubiese tenido defectos, le faltó a Dios la malicia. No ponerse de acuerdo con el Diablo fue su equivocación. Es un secreto que conviene decir al oído: al Diablo, la única forma de ganarle es contar con él.

Jesucristo lo entendió así en la importante entrevista que los dos tuvieron. Dando al César lo que es del César, a Dios lo que es de Dios y al Diablo lo que es del Diablo, se es justo verdaderamente. A cada cual lo suyo.

La fisonomía alucinante de Lenin mereció una Verónica que la perpetuase.

Cristo al morir puso el grito en el cielo.

Lo más parecido a un reformador es un transformista.

El mar y todo lo que es suyo sigue siendo anterior a Nuestro Señor Jesucristo.

No podía acostumbrarse a la idea de que muriese, pero a su muerte se acostumbró en seguida.

La momia perpetúa de un modo abstracto la expresión concreta de la muerte. El esqueleto perpetúa de un modo concreto la expresión abstracta de la vida.

PROMETEO. — Si quieres pensar libremente procura estar encadenado.

La lógica es un esqueleto que no espera resurrección.

El arte, cuando es poético, es una diablura que perdona Dios.

Dios se hizo hombre y dio su sangre para redimirnos del nacionalismo internacional babélico: la raza, la historia, la lengua y los confines.

Detrás de un patriota hay siempre un comerciante.

Fueron los judíos nacionalistas los que crucificaron a Cristo; y lo crucificaron nacionalmente: por patriotismo.

El verdadero estado popular es el de estar a lo que Dios quiera, a la buena de Dios. ¿Qué mejor ley? Porque lo que no está a la buena de Dios estará a la mala del Diablo: no hay otro remedio.

SOCIOLOGIA: ciencia vaga *(sin domicilio conocido).*

La política es un hueso duro que roer para los perros economistas.

El *antisemitismo* —decía Engels— *es el socialismo de los estúpidos.* ¿No será el socialismo un semitismo de la estupidez o una estupidez de los semitas? O sea, un semiestupidez.

Huyendo de las moscas venenosas, Zaratustra subió a las alturas. Y encontró arriba tantas, que se dio a todos los diablos: pobladores de las montañas.

Cuando sientas desfallecer tu fe católica incipiente, toma adrenalina y lee a Nietzsche.

El cuerpo desnudo que ante el griego era una respuesta ante el cristianismo es una interrogación.

Los que pretenden entender la vida, que es, por definición, lo que no se entiende, son los que no entienden el arte poético, que es, en definitiva, lo único que se entiende.

El Minotauro musical devora a los incautos del ritmo y de la armonía.

¡*Cuidado* con ese violín, que *tiene gatitos en la barriga*!

Los violines deben manejarse con cuidado, como las escopetas. Porque el Diablo los carga.

Todo lo que es joven y alegre se ríe del violín. Y eso es lo que le pone más triste.

—Se ha equivocado usted, señora: al concierto no se viene a rezar.

Lo más idiota del violinista es el empeño atroz que pone en serlo.

Amigos míos, os pido
que escuchéis mi último ruego:
el día que yo me muera
no vayáis a mi entierro.

Porque yo no iré en la caja
en la que me lleven muerto;
ni mi alma irá tampoco
siguiendo el triste cortejo.

Me echarán la tierra encima.
pero sin dejar un hueco
por donde pueda escucharse
cómo se ríen mis huesos.

No pondrán losa ni nombre,
ni flores en mi recuerdo.
Sólo una cruz y su sombra
en la desnudez del suelo.

Y nadie busque mi alma
perdida en un cementerio;
porque mi alma estará
en otra parte muy lejos.

Estará en el Purgatorio,
el Paraíso o el Infierno:
pero no estará en el sitio
donde se le pudre el cuerpo.

«Madrid, con su buen aire, todo es viento»
Hurtado de Mendoza

Madrid, grande de España te han nombrado
A mí más me gustabas cuando chico:
que ahora, con presunción de nuevo rico,
me pareces más pobre que agrandado.

—«Torres, desprecio al aire, he levantado,
mi grandeza con ellas edifico»—
dices, perdóname si rectifico
tu lenguaje de niño mal criado.

Tus ínfulas son viento, son señuelo,
ardid de pardo gato de tronera,
para arañar, más que rascar, el cielo.

Con tu buen aire diste en ventolera:
padeces aerofagia de buñuelo
y flatos de arrogancia verbenera.

Europa no habla griego, que habla gringo
creyendo que está hablando el europeo:
babélico balido y balbuceo
que se americaniza de vikingo.

Nunca soñó un Imperio Carolingio
tan incontinental cocacoleo.
Ni encontró un Bonaparte a su deseo
tal respuesta, responso, ni respingo.

Respuesta que es apuesta y desatina.
Responso a la difunta Gran Bretaña.
Respingo que lo da quien más se empina.

Y mientras se la ignora o se la extraña
a una Europa, que, al serlo, fue latina,
ya no se habla en cristiano ni en España.

Dicen que España está españolizada,
mejor diría, si yo español no fuera,
que lo mismo por dentro que por fuera
lo que está España es como amortajada.

Por tan raro disfraz equivocada,
viva y muerta a la vez de esa manera,
se encuentra de sí misma prisionera
y furiosa de estar ensimismada.

Ni grande ni pequeña, sin medida,
enorme en el afán de su entereza,
única siempre pero nunca unida;

de quijotesca en quijotesca empresa,
por tan entera como tan partida,
se sueña libre y se despierta presa.

Reflexiones sobre la independencia de la tortuga

La tortuga es independiente de todo, menos de su propio caparazón. Al político, propenso al sofisma de Zenón de Elea, puede sucederle lo mismo. Como al escritor, al pensador, propenso al mito de bastarse a sí mismo, de sostenerse en el vacío; propenso a sustentarse de la plenitud de su vanidad. Pero, el escritor y el político, independientes como la tortuga, se hacen, sin saberlo, como la tortuga, dependientes de su caparazón. Para el escritor es un escudo pintarrajeado de salvaje. Para el político, una coraza; modernamente un caparazón blindado. Uno y otro se escudan en su independencia, es decir, se esconden en su caparazón. El caparazón es la máscara de la independencia para el escritor y el político; máscara que por serlo se convierte, como en la tortuga, en la expresión auténtica de su personalidad, en la verificación definitiva de su personalidad. Y «debajo de un caparazón —escribí una vez— siempre encontraréis alguna viscosidad». El escritor que se mete dentro de su caparazón blindado, creyéndolo lo más político, como el político por creerlo lo más intelectual o racional, se ablanda, se pudre como si se hubiese sepultado a sí mismo se hace viscoso dentro de la ostentación vanidosa de su propia tumba. Sepulcros pintarrajeados; pensador-galápago, político-tortuga.

Pero no es esto lo peor. Lo peor es cuando el escritor galápago, el político atortugado, el hombre tortuga en una palabra, asoma su tímida cabecita para ver y oír y hasta oler cómo marcha el mundo, cómo anda el mundo, cómo pasan las cosas. Porque es indudable que las cosas no pasan lo mismo para un hombre tortuga, para un escritor o político atortugado, que para los demás. La percepción del tiempo y del espacio —del tiempo en el espacio— es muy distinta para la tortuga o galápago que, por ejemplo, para la liebre o el caballo. Es cuestión de velocidad. También la revolución en la Historia, según nos decía Carlyle, es cuestión de velocidad. Y así anda el mundo, así pasan las cosas; de muy diverso modo aparente para el hombre tortuga, hombre caparazón, hombre tumba, que para cualquier hombre libre que es o puede ser, como si dijéramos, hombre liebre. El hombre liebre, escritor liebre o político liberal, no corre riesgo de atortugarse, pero sí corre, y por eso corre, riesgo, y hasta oventura o aventura de persecución. La enfermedad mortal del hombre libre o liebre, escritor o político, es la monomanía de la persecución. Como la del hombre tortuga, escritor, político, es la de paralizarse, momificarse en una trágica seguridad, encerrado en su concha invulnerable como una tumba. La independencia de la tortuga puede llegar por aislamiento a la imposibilidad de enterarse de nada de lo que pasa; por no poder entrar ya en nada, por no poder salir del caparazón. La excesiva dependencia de todo de la liebre, puede extremarse también hasta correr, por correr tanto, el peligro de llegar a meterse en todo; y por meterse en todo, cae en todas las trampas, en todos los lazos mortales; en definitivos tropiezos de perdición fatal. Mas el hombre liebre tiene buen oído, y más aliento para correr y saltar, destreza para huir. El hombre liebre pasa, como todo. No hay más que dejarle pasar; como a sus ideas. Ideas corrientes y hombres corrientes, como liebres, como río, aclaran y fecundan las corrientes vivas de las aguas del pensamiento. Su oficio, su misión es pasar; su misión histórica, que es sumisión histórica; dependencia viva; interdependencia total. En cambio, las razones galápagos de los hombres tortugas, con su empeño de permanencia independiente, pueden lograr estancarlo todo, paralizar y encenagar el movimiento vivo de las aguas, revolviéndolas y enturbiándolas con ese esfuerzo serpentino de contracción paralizadora, esterilizadora de sí misma; con ese atortugado ensimismamiento mortal. El hombre-tortuga independiente suele despertar de ese modo el fervor renacuajo de los encharcados. Sobre todo, si tiene el buen o mal gusto de sensualizar o sensibilizar su concha, por dentro y por fuera; con refinamientos esteticistas de exquisiteces de filosofía o moralidad. ¡Qué invulnerable irresponsabilidad entonces la suya! ¡Qué tranquilidad y qué paz! La de los sepulcros blanqueados; pues la moral tortuga, la independencia de la moral, es eso y eso sólo: un caparazón, un sepulcro. Tartufo fue tortuga, como el secretario florentino, el maestro visual de la superficialidad política más atortugada, el sordomudo del pensamiento: Maquiavelo. En cambio, Rousseau, el auditivo, el más profundo pensador, escritor político conocido —y aún no reconocido en la actualidad— fue hombre liebre hasta enfermar de serlo; hasta tropezar vivamente, por correr, con su propia sombra fugitiva; hasta quedarse ciego o cegado, como el apóstol, por la espada ardiente, el dardo encendido, de la perseguidora luz. Y es que el hombre-liebre se dispara sin apuntar, sin haber apuntado. Cuando apunta, apunta después, como el del cuento. El hombre-tortuga, por el contrario, no hace más que apuntar: sin dispararse nunca. Porque no puede salir de su concha de apuntador teatral en el drama o comedia que los demás actores representan. Saca su cabecita de galápago o tortuga, de cuando en cuando, para dar señales de vida; pues buen apuntador, dictador oculto, debe permanecer invisible siempre; no ser visto ni oído. Si no quiere correr el riesgo —que es correr una tortuga— de ser descubierto en la íntima ternura, blandura viscosa de su ser, y hasta de perder su mismísima cabecita.

El estado de hombre-tortuga, como el del hombre-liebre —estados del alma— tienden, naturalmente, a personalizar el Estado con el mismo estilo, que a ellos les caracteriza o expresa. Con la misma máscara. «El Estado soy yo», dijo la tortuga. El Estado independiente. El Estado-tortuga o galápago y el Estado-liebre surgen, han surgido, en la Historia como representaciones o figuraciones humanas, como máscaras de ese pensamiento o voluntad social de ser y conservar o de vivir y convivir, cuando no de contraer y conllevar, pues el tortuguismo o galapaguismo estatal se contrae, como el liberalismo se conlleva. Y tan malo es pasarse de liebre como no llegar a tortuga. Aunque los atortugados y agalapagados, escritores, políticos, nos afirman que la tortuga llega siempre o está llegando siempre; está siempre al llegar.

Lo cierto es que para el observador callejero —alerta al toque de clarín, al solo de clarinete popular— la llegada de las tortugas y galápagos, no muy bien avenidos en sus cestos, suele coincidir, las primaveras, con otros puestos ambulantes en que llegan, de cuando en cuando, en excelentes ediciones malbaratadas, libros de escritores y políticos más o menos independientes, liebres o tortugas. Coincide también con la llegada habitual madrileña de las rojas rosas de olor. Estas tortuguitas y galapaguitos se ofrecen, como todos sabemos, para la higiénica misión y sumisión doméstica de perseguir y acabar con las cucarachas donde las haya. Y hay a quienes repugna tanto el remedio como la enfermedad. Tal vez por una sensibilidad, por una susceptibilidad exagerada. No está tan mal, después de todo, que haya una tortuga en la casa que nos libre de cucarachas, y hasta que se nos dé de este modo, en vez de gato, pues no se trata de cazar ratones, tortuga por liebre. Consolémonos también pensando que puede ser plato de gusto para algunos encontrarse un día hasta en la misma sopa. Y consolémonos, sobre todo, esperando que las tortugas y galápagos, después de todo, y aunque no lo parezca, también pasarán. Como pasaron «galopes» y «cuadrillas». Un buen día, bueno o malo, encontraremos melancólicamente a nuestros pies cualquier caparazón vacío. Y digo melancólicamente porque ni siquiera podremos llevárnoslo al oído como un sonoro caracol, armonioso de música celeste. Que el susceptible caracol, aunque rampe y babee, mientras vive, como la tortuga, en la irresponsable independencia de su empeño; aunque se embabe suciamente a sus solas, y a sus soles, en la babosería delicuescente de sí mismo, nos deja al cabo, cuando muere, un vacío testimonio divino, de que, una vez eliminada su babosa, asquerosa presencia viva, tuvo un caparazón, un oído capaz de acoger y transmitir el mensaje melodioso de los astros o el de la voz del mar. «El caracol susceptible.» El poeta caracol. Susceptible, picajoso, pegajoso de baba. Caracol o babosa monomaníaca de contactos. Doña «Mírame y no me toques» —«no la toques ya más»—; *noli me tangere* de la babosería que no se despega de nada sin dejar tras sí el reguero ineludible, la señal evidente de su paso baboso, pegajoso; de su blanda, temblona, repugnante viscosidad. Mas esto de la susceptibilidad del caracol es tema distinto que necesitaría reflexión aparte, y apartada, aunque nos la ofrezca también el estupendo repertorio favorito —solos de clarinete— de danzantes del «Bal Chisard».

Hamlet o variación y fuga del fantasma

1

El que la sigue, la mata.

Elsinor. Explanada delante de palacio. Es de noche. Sale Hamlet, a la luz de las estrellas, leyendo los *Pensamientos* de Pascal.

Hamlet *(solo.)*

H. «El silencio eterno de los espacios infinitos me espanta»... ¿Me espanta o no me espanta? Esta es la cuestión.
Otra cuestión: el espacio infinito.
Otra: la eternidad. —¿Por qué silenciosa? ¿El silencio de la eternidad? Todo lo demás es silencio. ¿Todo lo demás? ¿La eternidad está de más? ¿Y el silencio? ¿Están de más o están de menos? ¿Se afirman o se niegan? ¿Son negación o positividad? El silencio será positivo o negativo según su polarización. El silencio es polar; y un silencio polar me hiela: un silencio glacial; el silencio glacial ártico y el silencio glacial antártico.
¡Todo lo demás! —Porque el silencio es una cuestión y lo demás —todo lo demás— es otra; otras cuestiones —todas las demás— a resolver en otro monólogo.
¿Quién va?

(Entra Un soldado.*)*

Hamlet y Un Soldado

S. Soy yo, señor.
H. ¿Qué quieres?
S. Los soldados que hacemos la guardia de palacio durante la noche hemos visto ya varias veces aparecer...
H. ¿Qué habéis visto?
S. Un fantasma.
H. ¿Y qué es un fantasma?
S. No lo sé.
H. Entonces, no digas que lo has visto.
S. ¡Señor!
H. Vete.

(Sale el Soldado.*)*

Hamlet *(solo.)*

(Silencio.)

H. *(Mirando al cielo.)*
¡Silencio atronador, ensordecedor! ¡Silencio de estrellas fantasmales! ¡Silencio, invisible fantasma!
Decidme, estrellas del silencio, ¿qué es ser fantasma?
Decídmelo vosotras, estrellas mías, vosotras que estáis separadas por un silencio —espacio infinito—, y tan juntas, que apenas cabe un ángel para separaros, un cuerpo de ángel.
¿Qué es ser fantasma?...

(Se oye gritar: ¡Hamlet! ¡Hamlet! *Entran varios* Oficiales.*)*

HAMLET Y LOS OFICIALES

O. Te buscábamos por todas partes, señor, para decirte lo que sucede.

H. *(A sí mismo.)*

Suceder... suceder..., ¿qué es suceder? —¿Qué sucede?

O. Sucede que los soldados que hacen la guardia de palacio han vuelto a ver aparecer esta noche el fantasma que ronda, desde hace tiempo, por los alrededores...

H. Y si no saben ellos lo que es un fantasma, ¿cómo han podido verlo? Y si vosotros no sabéis lo que es suceder, ¿cómo decís que ha sucedido?

O. Es que también nosotros lo hemos visto. Desde la muerte de vuestro padre, todas las noches aparece, y os llama.

H. ¿Y ha de ser el fantasma de mi padre?, ¿soy yo el hijo de un fantasma? —¿Para eso decís que queréis contarme lo que sucede? —Lo que sucede, no es lo que debía suceder, pues soy yo Hamlet, hijo de un fantasma, el que debía haber sucedido, el único que puede haber sucedido.

O. ¡Señor!

H. *(Para sí.)*

¡Suceder! ¡Suceder! ¿Y qué es suceder? Si yo no sucedo —y no le sucedo—, ¿cómo podré ser sucedido?, ¿cómo podré ser o no ser? ¿Cómo podré ser Hamlet, el nombre de un fantasma —el nombre vano, el nombre y el hombre—, el fantasma que es sólo sombra; fantasma, hijo de fantasma?

—¿Dónde está el Rey?

O. ¡Señor!

H. *(Para sí.)*

¿Y ése fue el Rey, el otro, el sucesor? ¿Y el sucedido es un fantasma? Lo sucedido es una mentira, es un cuento, una historia, un sueño de fantasmas...

O. Lo sucedido puede ser un presagio de que vuestro reinado se acerca...

H. Entonces, tendréis un reinado mágico, ilusorio; un vago reinado fantasmal. Y vuestro Rey será fantasma: el fantasma de otro Rey Mago.

O. ¿Qué decís?

H. Que los Reyes Magos consultaban sus decisiones con los astros y seguían el rumbo del silencio que les marcaban las estrellas. ¡Dejadme!

(Salen todos.)

HAMLET *(solo.)*

(Silencio. Se siente pasar un rebaño invisible.)

H. ¡Silencio con esquilas! Las palpitaciones del mundo se precipitan en tu tintineo como sonora taquicardia; y las estrellas, una a una, tiemblan al unísono de tus latidos; de los latidos de mi corazón; porque el latir de mi sangre en las arterias me atruena los oídos como si mi cráneo fuese la corteza del globo terráqueo. —¡Oh, Montgolfier, Montgolfier, inflado de orgullo y presunción que soy! ¿Qué soy?, ¿qué soy?—; ¿soy o estoy, perdido en la noche, en las tinieblas sin entrañas? Y tú, ¿dónde estás y qué eres, fantasma que no he visto? ¿Soy yo tu hijo, el fantasma de Hamlet vivo, el fantasma de un nombre?...

(Aparece FANTOMAS.*)*

H. ¡Ah!...

F. Tú eres el nombre de un fantasma.
H. ¿Y tú qué eres o qué has sido?, ¿dónde están tus huesos?
F. Ya el Señor me los ha contado.
H. ¿Y eres fantasma mío, o tuyo? ¿Eres el fantasma de mi padre?
F. Soy tu padre: el fantasma.
H. ¡Hijo de fantasma soy yo!, ¡ay de mí! ¿Qué haré?
F. Aprende a ser fantasma.
H. ¿Cómo lo aprenderé?
F. Siguiéndome.
H. ¡Ah, no, padre o fantasma mío! ¡Aparta de mí tu desventura!
F. El que me sigue anda en tinieblas.
H. ¡No puedo seguirte!

(Cae de rodillas, implorando.)

F. ¡Sígueme!

(Desaparece.)

H. ¡No puedo!, ¡no puedo! ¡Ay de mí!, ¡no podré ser fantasma!

(Cae desmayado y rueda por el suelo. Canta un gallo.)

2

Una sala en el interior de palacio. Entran HORACIO y HAMLET.

HAMLET Y HORACIO

H. Si le sigo, me huye; y si le huyo, me persigue.
Hr. Esas son figuraciones vuestras.
H. Figuración mía es —figura de mí mismo—; figuración que yo me creo; figura de mi fe, imagen de mi fantasía. Pero entre mi figura y la suya, ¿qué misteriosa luz es la que proyecta su sombra? Sombra de un fantasma, si es mía, ¿soy yo fantasma?; y si soy yo su sombra —una sombra, la sombra de un fantasma—: ¿de dónde proyecta su luz en mí?; ¿qué luz, qué divino fuego la enciende? ¿Soy yo una sombra? —¿me hizo sombra a mí?—, ¿sombra o fantasma?...

(Entra POLONIUS.*)*

HAMLET, HORACIO Y POLONIUS

P. A vuestras órdenes, señor.
H. Escúchame este enigma.
P. ¿Cuál, señor?
H. ¿Ves el sol?
P. Lo veo.
H. Y ¿cómo puedes tú ver el sol con ojos de topo?
P. Veo, señor, una gran mancha luminosa.
H. ¿Cómo puedes verlo tan bien, que hasta distingues una mancha en su pura lumbre?
P. Veo la mancha solamente.
H. Aprende este enigma.
P. Ya oigo, señor.
H. *No es mancha lo que hay en el sol: es la sombra de los cuernos del caracol.*
P. ¡Ah! ¡ah! ¡ah!
H. Escucha este otro: *cuando la luna abre y cierra los párpados, formando un paréntesis luminoso, para hacerle guiños al sol y, volvién-*

dole su faz radiante, dejar clavado en el cielo su cuerno refulgente... es que va a hacer buen tiempo para los fantasmas...

P. ¡Oh! ¡oh! ¡oh! ¡oh!

H. Escúchame mejor: *el ángel de la luz quiso ser reflector celeste; y se quedó a oscuras y sin nombre —y le salieron cuernos como al caracol.*

—¿Cómo te llamas?

P. Polonius.

H. ¿Y estás seguro de que es ése tu nombre?

P. Ya lo creo; así me llama todo el mundo.

H. ¿Y si yo te llamase de otro modo?

P. Sería mejor para mí porque tendría otro nombre.

H. No se puede tener más que un nombre.

P. Entonces, mejor todavía, porque además de un nombre, tendría un título.

H. Está bien, Chambelán; serías dos veces aristócrata; porque la aristocracia no es tener nombre, es tener título, tener títulos; y el Diablo es el aristócrata de la creación porque no tiene nombre; tiene títulos. ¿Tú sabes cuál es el título de un Rey?

P. No lo sé, señor.

H. Ninguno; porque la aristocracia de un Rey es tener nombre.

¿Cómo me llamo yo?

P. Hamlet, Príncipe de Dinamarca.

H. ¿Y qué nombre es ése?

P. El vuestro, señor.

H. *(Furioso.)*

¿El mío?, ¿qué dices?, ¿el mío?, ¿el nombre de un fantasma?

(Lo persigue, HORACIO *se interpone y* POLONIUS *huye.)*

(Entran los CÓMICOS.*)*

C. ¿El Príncipe Hamlet?
H. Yo soy.
C. Ya hemos cumplido tu encargo, señor, y aprendimos lo que mandaste.
H. ¡Muy bien, muy bien! —Vamos a ensayarlo.
Cuando coloquemos el escenario tendréis que gritar, ahora bastará con que declaméis.
¿Quién de vosotros hará Hamlet?
C. Yo, señor.
H. Hamlet en persona. Pues harás lo que Hamlet no puede hacer; la persona dramática de Hamlet.
C. Bien, señor.
H. Tendrás cuidado de no equivocarte más que una sola vez.
C. Yo no querría equivocarme ninguna.
H. Y si no te equivocas, ¿cómo podrías ser Hamlet? ¿Hamlet, la persona mía, mi error, yo mismo? Si no te equivocaras no serías una persona, serías un fantasma. Pero si te equivocaras más de una sola vez, no serías persona, ni fantasma: serías un desdichado; el detestable histrión que eres.
C. ¡Señor!
H. Lo que tú haces es postizo; por eso eres actor; pero tú haces lo que yo no hago, lo que no puedo hacer; tu acción es pasión viva, y mi pasión, ¡ya ves!, ahora, es un suceso muerto.
Monta un escenario, una plataforma desde donde gritar, y tendrás conciencia. Eso quiero: mostraros lo que es una conciencia, una conciencia viva. Así gritaréis vosotros, y yo tendré la culpa de todo —las culpas de todos—. ¡Qué solemne peso! Pero mi escenario es el vuestro, el escenario de mi historia: la conciencia especular de la culpa.

¡Un escenario dentro de un escenario! ¡Sublime empresa!
Vamos a empezar el ensayo.

C. *(Declamando.)*

¿Quién eres tú, soberbia, destrozo...

H. No, así no; figúrate que eres un gallo que canta; como yo cuando grito: ¡Hamlet! ¡Hamlet! ¡Hamlet!...

C. *(Declamando.)*

¿Quién eres tú, soberbia, destrozo,
corazón, luz, espantable hermosura?
Como un estío ardoroso, te acercas;
como una aurora de agudas espadas;
como el viento que pasa o la noche,
espigadora de angustias secretas.
Siento latir en mi pecho tu lumbre,
y traspasar el ocaso, su anhelo,
—rastro fugaz que las alas extiende
para morir, desdeñoso de nube—.
Palpitación de mi estatua de sombra,
¡cómo te siento latir en tu nada!

(Mientras lo dice, van entrando en escena OFELIA, *enmascarada en un capuchón rosa con antifaz negro, las damas que la siguen y gentes de palacio.)*

HAMLET, HORACIO, LOS CÓMICOS, OFELIA Y EL CORO

H. ¡Palpitación de mi estatua de sombra,
cómo te siento latir en tu nada!

CORO. *(Con tono monótono de suave salmodia.)*

Eva,
evasiva,
fugitiva
esposa
terrenal
—provisional—
caprichosa:
consensual
bilateral
conmutativa
y onerosa.
Tentación
en capuchón
rosa.
Inocencia.
Preparación
para la penitencia.

(HAMLET *se echa atrás y mira estupefacto.)*

CORO. *(Como antes.)*

Eva,
evasiva;
disyuntiva.
Rosa
irreal,
inmaterial,
—milagrosa—.
Ignorada,
pignorada
y delictiva.
Locura
oscura
y conjunción
copulativa.

Misteriosa
aparición
en capuchón
rosa.
Inconsecuencia.
Preparación
para la penitencia.

H. *(A* OFELIA.*)*
¿A qué baile vas, mascarita?
O. Voy a un convento.
H. Te conozco, te conozco. ¡Dime quién eres!
O. Déjame pasar.
H. Vas a la fiesta de palacio. Vas a un baile de máscaras como tú.
O. Me voy a un convento.
H. ¡Antes sabré quién eres!

(Va hacia OFELIA *para quitarle el antifaz, pero ella se arranca el capuchón en que ocultaba su cuerpo desnudo, ceñido por el mallot negro como* FANTOMAS.*)*

H. ¡Fantasma desnudo!
¿Cómo ante todos apareces, en la luz, en el día? O es que no te ven. No lo veis. Yo solo te veo, ¡fantasma mío! Ahora podré seguirte.

(Va hacia ella y OFELIA, *de un movimiento brusco se separa, corriendo a la ventana por la que se tira.* HAMLET *intenta asilarla y luego arrojarse detrás, pero entre todos le sujetan.)*
(Pausa.)

CORO.

(Muy lentamente, murmurándolo como un rezo.)

Huyendo de la muerte, cuerpo frío,
—frío, frío, frío, como el agua del río—,
te lleva su corriente y te delata.
A enemiga fugaz, puente de plata.

(Entran el cuerpo muerto de OFELIA, *ceñido por el mallot negro, con la cabeza descubierta, coronada de bucles rubios, y lo visten, como de un hábito, con el capuchón rosa.)*

H. ¡Ofelia! ¡Mi fantasma! ¡Fantasma corporal! ¿Cómo no te he visto hasta ahora? ¡Dulce, dulce fantasma mío! ¿A qué agua, a qué dulce río echaste tu vida? Ahogada en agua dulce —¡dulzura tuya!—, ¡amor mío!; ¡dulce fantasma triste!...

(Se abraza al cuerpo muerto, sollozando.)

3

Un cementerio. Es de noche. Entra HAMLET llevando a rastras el cadáver de POLONIUS. Sopla un fuerte viento.

HAMLET *(solo.)*

H. El viento es el furor divino; Dios enfurecido,

fuera de Sí: Dios santo. La locura furiosa del Señor; la locura divina, que es la santidad; la mayor locura; porque, ¿qué mayor locura que la santidad?, ¿qué mayor santidad que la locura?

(Al cuerpo muerto de POLONIUS *que lleva arrastrando.)*

¡Cuidado! No pierdas el equilibrio.
Te llamarían desequilibrado como a mí, cuando me miro al espejo y veo mi rostro desencajado; desencajado y desequilibrado, que es estar vivo.
No sonrías. —Voy a enterrarte.

(Lo suelta.)

Ese sí que entra en caja, el que se muere: entra en su caja y le equilibran dentro.

(Empieza a cavar la fosa para POLONIUS.*)*

Ya sabes a dónde viniste a parar. ¡Ojalá lo supiera yo lo mismo! Porque yo no sé a dónde voy a ir a parar; si lo supiera, es que estaría muerto; muerto y enterrado. *(Saca una calavera.)* ¡Te conozco, intelectual! El tiempo fue la carcoma de tu cabeza y las ideas se te pudrieron en el cerebro llenándotelo de gusanos; de fantasmas de tus pensamientos, de gusanos de ideas; porque una idea es el fantasma de un pensamiento y un pensamiento es un gusano. Ahora sí que estás solo con tus pensamientos; solo con tus gusanos.
¡Tristes ideas, fantasmas de mis pensamientos, gusanos de luz que arrastráis en la noche vuestras luminarias, tened cuidado no os apa-

gue el furor divino!... Porque el Señor se ha vuelto esta noche loco furioso, se ha puesto furioso conmigo, ¡pobre de mí!

(Entra el cortejo fúnebre de OFELIA, *con antorchas encendidas; viene descubierto el ataúd y el cuerpo negro de* FANTOMAS *envuelto en el capuchón rosa; lo traen enmascarado en capuchón rosa y antifaz negro.)*

HAMLET Y EL CORTEJO FÚNEBRE DE OFELIA

CORO DE PENITENTES EN CAPUCHON ROSA

(Rezando.)

Ni tuyo,
ni mío,
ni nuestro,
—huída inútil,
imposible encuentro—:
lo mismo que antes,
que siempre,
que nunca.
¿Está vivo o está muerto?
Lo tuyo,
lo mío,
lo nuestro,
lo vuestro;
—huída imposible,
inútil encuentro—:
ahora y nunca
—¡siempre!—
persiguiéndolo;
persiguiéndonos.

HAMLET, EL CORTEJO FÚNEBRE Y HORACIO

H. ¿A quién vais a enterrar?
Hr. *(Que se le acerca, separándose del cortejo.)*
A Ofelia.
H. ¡Qué locura! ¡Enterrar a un fantasma vivo en un cuerpo muerto!
¡Fantasma virginal!

(Se arrodilla ante el féretro y llora, acariciando bajo el capuchón rosa la negra forma pura del fantasma.)

H. ¡Fantasma de un fantasma!... ¡Fantasma mío!

(Besa los bucles rubios y las manos de la muerta.)

H. ¡Virginidad! ¡Virginidad! Forma santa de la inocencia, flor espiritual intacta: ¡locura!

(Le separan del ataúd y empiezan a descenderlo en la fosa, silenciosamente.)

H. Yo cantaré la última canción para mecerte, ¡amor mío! Para mecer tu cuerpo negro en el blanco lecho fantasmal; y la losa inmaculada sobre tu cuerpo será la pantalla transparente de tus locos sueños virginales.

(Dice a compás de los terrones de la tierra sobre el ataúd.)

Tierra sobre el cuerpo.
Tierra sobre al alma.
—Tierra sobre tierra.

(Rezan todos.)

H. ¡Silencio!

Y el cielo —¡todo el cielo!—
encima, siempre,
—y debajo.

(Poco a poco el fuerte viento de la noche va apagando todas las antorchas y el cortejo se deshace, perdiéndose en la oscuridad.)

HAMLET Y HORACIO

Hr. Señor, ya debemos retirarnos.
H. Antes oye un consejo:

ponte del lado de la muerte
—del lado de la muerte en la vida;
del lado de la vida en la muerte...

Hr. ¡Señor!...
H. ...y serás fuerte
—siendo débil...
Hr. ¡Vámonos, señor!...
H. ...y serás débil
—siendo fuerte.
Hr. ¡Vámonos!
H. Todavía no; aún me queda que hacer aquí. Escucha este enigma:

puse sobre su cuerpo duro el peso
suave de mis dedos;
su cuerpo contra el mío.
en un solo punto:
—punto contra punto—;
como un solo cuerpo
cuerpo a cuerpo, solo.

¡Esposa fantasmal! ¡Como el hierro en la herida abierta —abierta y llagada— entró su amor en mí! ¡Amor de fantasma!

(Tropieza con el cuerpo muerto de POLONIUS.*)*

H. Hay que enterrar también al topo; volverle a su tumba.

(Lo coge y le habla, intentando ponerle en pie.)

H. ¿Ves esa nube que oscurece, de pronto, la luz de las estrellas? Es un fantasma negro que arrastra el viento furioso, la ira de Dios. Con él los murciélagos vienen cantando:

Diaes irae! Diaes illa!
Solvent saeclum in favilla!...

¡Mírala con tus ojos de topo sobre la tierra! Es un fantasma; el fantasma de un elefante. Sí, sí, de un elefante que es una altísima jirafa... ¡Qué disparate; la jirafa disparatada es una vaca grande, es una grandísima vaca!...

(Suelta el cadáver de POLONIUS, *que* HORACIO *recoge y entierra en la fosa que* HAMLET *le había abierto.)*

H. Entra en la tierra. Empieza a entrar en juicio —en tu juicio— para que puedas salir al final. Y aprende este enigma:

El juicio final es un juicio sintético a priori;
pero los monjes no hacen caso
y, por si acaso,
siguen cantando el gori gori.

Hr. ¡Vámonos de aquí!
H. Vuelve, tiempo, a tu olvido. Vuelve, silencio, a tu virtud. ¡Varita mágica del silencio que enciende las estrellas y abre los ojos cerrados de los sueños para mostrarnos los fantasmas!...
¡Todo lo demás es silencio!
¿Dónde están tus huesos, Señor, si no eres un fantasma, un fantasma sin nombre?

Tú contaste todos mis huesos, Señor, uno
por uno; y no me faltaba ninguno.
Yo te pagué todas mis deudas, Señor, una
por una; y no me perdonaste ninguna.

¡Oh, furia, furia del vendaval, que nos arrastra, furia celeste y divina, furia fantasmal!
¡Ya soy, ya soy fantasma!
¡Yo estoy también furioso, llevado por el viento, fuera de mí, en la furia del vendaval, del viento fantasma!

(Se coge del brazo de HORACIO, *diciéndole al oído.)*

H. Si me pongo fuera de mí es porque quiero entrar dentro de Dios; quiero ser fantasma.
Dios es un fantasma; una burla; una blasfemia.
Sí; como el aguijón de la abeja, dolorosamente enconado en el alma, siento en mi corazón la voluptuosidad punzante de la blasfemia.
Hr. ¡Vámonos!
H. Sopla el viento, fantasma de la noche, barriendo el silencio eterno de las estrellas.
¡Vámonos con él!
¡Vámonos, vámonos en el viento, bajel divino, en el viento fantasma!
Hr. ¡Vamos!

(Le coge de un brazo, tirando de él.)

H. Dime, viento, el nombre de Dios.
Y si yo soy su nombre, ¿por qué no me llama?
Y si soy un fantasma, ¿por qué no me nombra?
¿Qué hiciste Tú de mí, Señor? ¿Qué hice yo sin Ti?
¿Qué haré sin mi fantasma?
¿Lo hice tan mal, Señor, para que me silbaras en el viento?

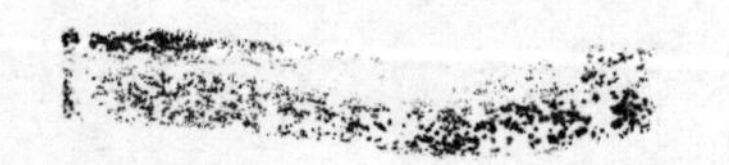